Appel, Huberts, Raupach, Standke (Hrsg.) · Welt|Kriegs|Shooter

Daniel Appel, Christian Huberts,
Tim Raupach, Sebastian Standke (Hrsg.)

Welt | Kriegs | Shooter

Computerspiele als realistische
Erinnerungsmedien?

vwh
Verlag Werner Hülsbusch
Fachverlag für Medientechnik und -wirtschaft

D. Appel, C. Huberts, T. Raupach, S. Standke (Hrsg.): Welt|Kriegs|Shooter

Bibliografische Information der Deutschen Nationalbibliothek
Die Deutsche Nationalbibliothek verzeichnet diese Publikation in der Deutschen
Nationalbibliografie; detaillierte bibliografische Daten sind im Internet unter
http://d-nb.de abrufbar.

© Verlag Werner Hülsbusch, Boizenburg, 2012

 Verlag Werner Hülsbusch
Fachverlag für Medientechnik und -wirtschaft

www.vwh-verlag.de

Korrektorat und Satz: Werner Hülsbusch
Umschlag: design of media, Lüchow
Druck und Bindung: Kunsthaus Schwanheide

Printed in Germany

ISBN: 978-3-86488-010-0

Inhaltsverzeichnis

Vorwort

„Der Krieg ist nie ein isolierter Akt."
(nach „Vom Kriege" von CARL PHILIPP GOTTLIEB VON CLAUSEWITZ)

Die digitalen Erben des analogen Kriegsspielzeugs unterstreichen das Zitat des preußischen Generals und Militärtheoretikers VON CLAUSEWITZ: Knapp sieben Jahrzehnte nach seinem Ende ist der Zweite Weltkrieg auf den Fernsehbildschirmen und Monitoren so präsent wie nie – der Krieg ist eben kein isolierter Akt, sondern fest verankert in Schulbüchern, Dokumentar- wie Spielfilmen und besonders in digitalen Spielen.

Jedoch wird im Genre des (Welt-) Kriegsshooters das geschichtliche Ereignis seitens der Kritiker oftmals nur als austauschbare Hintergrundkulisse wahrgenommen. Es sei egal, so der Vorwurf, ob man gerade als britischer Soldat im Zweiten Weltkrieg gegen das nationalsozialistische Regime kämpft oder ob man als US-Soldat in den vietnamesischen Dschungel eindringt: Das Spielprinzip bestünde ja doch nur aus der Wahl zwischen Angriff und Verteidigung.

Dem ist zu widersprechen. Wenn ein Computerspiel historische Ereignisse aufbereitet, so wird die Spielerfahrung nicht nur durch die gezeigten Bilder oder die Narration gelenkt, sondern insbesondere durch das Gameplay und -design. Dieser Sammelband möchte einen Beitrag zur Aufklärung der Frage leisten, wie und was Computerspiele uns über die Geschichte erzählen können. Kurz gefragt: Können Computerspiele als realistische Erinnerungsmedien dienen?

Der erste Teil des Buchs wird sich explizit mit dem Genre des Weltkriegsshooters und den damit verbundenen (Spiel-) Erfahrungen auseinandersetzen. Grund dafür ist, dass dieser Band zunächst als studentisches Buchprojekt seinen Anfang nahm. Die Idee dazu entwickelte sich im Rahmen eines Seminars an der Universität Hildesheim zum Thema „Computerspiele als Vermittlungsinstanzen von Geschichte" unter Leitung von Dr. TIM RAUPACH. Gerade das Genre des Weltkriegsshooters erschien uns für die Analyse, bedingt durch die Vielfalt an Forschungsmaterial, besonders geeignet. Hierbei stellte sich insbesondere die Frage, wie der Zweite Weltkrieg ‚authentisch' dargestellt werden kann, obwohl ein Spiel in erster Linie Unterhaltung bieten soll.

Allerdings entstanden außerhalb des universitären Rahmens ebenfalls weiterführende Texte, die sich mit der Geschichtsvermittlung in Computerspielen im Allgemeinen auseinandersetzen und damit den zweiten Teil des Buchs bilden. Hier werden einerseits zwei weitere in Shootern repräsentierte Weltereignisse – namentlich der Vietnamkrieg und die Katastrophe von Tschernobyl – behandelt, andererseits werden Definitionsmodelle zu den Begriffen des Realismus, der Realität und der Authentizität im Spiel vorgeschlagen.

Der thematischen Vielfalt ist auch die abwechslungsreiche Schreibweise geschuldet: Sowohl literarische, essayistische als auch strenger dem wissenschaftlichen Stil verbundene Beiträge sind in diesem Buch vertreten. Wir hoffen, dass sich durch diese Symbiose aus verschiedenen Zugängen der Leserschaft neue Blickwinkel auf Computerspiele (und speziell: Shooter) eröffnen lassen.

Besonders wollen wir uns bei WERNER HÜLSBUSCH für die sehr gute Kommunikation, sein ausführliches Korrektorat sowie seine Geduld bedanken; in diesem Zusammenhang auch bei Dr. RUDOLF THOMAS INDERST für seinen Hinweis auf den vwh. Ebenso sind wir unseren AutorInnen zu Dank verpflichtet, die den Sammelband mit ihrer investierten Zeit und ihren individuellen Perspektiven enorm bereichert und unterstützt haben. Ferner wollen wir uns besonders bei PD Dr. MATHIAS MERTENS für die erkenntnisreichen Fachgespräche bedanken.

DANIEL APPEL, CHRISTIAN HUBERTS,
Dr. TIM RAUPACH, SEBASTIAN STANDKE
im Februar 2012

Einleitung

‚Weltkriegsshooter' als genrespezifische Bezeichnung eines bestimmten Typus von Computerspielen in die Elemente ‚Welt', ‚Krieg' und ‚Shooter' aufzuspalten, darf im Fall der vorliegenden Textsammlung nicht als eine unmögliche Extension des Gegenstandsfelds missverstanden werden. Es geht bei der methodischen Dreiteilung des Ausgangsbegriffs vielmehr um den Versuch, Shooter als Kriegsspiele mit historischem Setting mittels einer semantischen Durchleuchtung ihrer unterschiedlichen Bedeutungsebenen näherzukommen als dies mittels einer definitorisch festgelegten, tendenziell in Formelsprache übergehenden wissenschaftlichen Terminologie möglich wäre. Methodisch als ein erkenntnistheoretisches Leitbild ausweisbar wäre dazu die ADORNOsche Ästhetik als eine Form deutender Philosophie. Im Bewusstsein des PARMENIDESschen Satzes, dass kein einzelner Begriff für sich, sondern nur deren diskursive Verkettung die Wahrheit zur Entfaltung bringen könne, unternimmt sie den Versuch, den Kern ihres Erkenntnisobjekts einzukreisen, ohne ihn jedoch in ihren begrifflichen Kategorien festzurren zu wollen (vgl. ADORNO 1966: 164 ff.). Hierin liege nach ADORNO die Gefahr, einem dem begrifflichen Denken inhärenten Herrschaftsmoment nachzugeben, das sich in einer erstarrten Beziehung von Begriff und Gegenstand zu verabsolutieren sucht. Um den Herrschaftscharakter des begrifflichen Denkens zu minimieren, präsentiert ADORNOs Essayismus ein Denkmodell, das nach traditionell wissenschaftlichem Verständnis die stehende Wendung von *Theorie und Praxis* in ihrer Bezüglichkeit zueinander hinterfragt (vgl. GRIPP 1986: 35 ff.). Denn Theorie scheint stets vorgängig, Prozesse erscheinen als Umsetzung von Theorie oder indem sie implizit als von Theorie geleitet interpretiert werden. Die Theorieebene absorbiert folglich immer schon alles, was von der Praxisebene ausgeht. Wenn man versuchsweise von *Praxis und Theorie* spräche, könnte das andere Implikationen haben: keine Ableitung und Wiedereinspeisung, weder am Anfang noch am Ende von Prozessen. Wie aber könnte man diese Theorie dokumentieren, wenn sie weder mit Praxis identisch, noch ihr vor- bzw. nachgelagert sein soll (vgl. MERTENS 2010: 16)?

ADORNO gibt mit seinem Essayismus der einkreisenden Beobachtung die Antwort, da sie zugleich Theorie wie auch ästhetische Praxis ist: die Beobachtung als Kaskade ästhetischer Praktiken über ästhetischen Praktiken. Auf

die Summe der vorliegenden heterogenen Herangehensweisen an eine werk-
immanente Quelleninterpretation von Shootern bezogen, wird sie als implizi-
tes Leitbild sichtbar. Literarische Herangehensweisen, wie der von PHILIPP
WINKLER vorgelegte Auszug aus einem fiktiven Kriegstagebuch, übersetzen
die multilineare Struktur der Shooter als Möglichkeit, mehrere ‚Wege des
Spiels' zu spielen, in eine lineare Abfolge, die zur Narration eines subjektiven Schlachterlebnisses dramaturgisch verdichtet wird. Die erlebte Form und
Intensität von Geschichte innerhalb der Shooter-Spielwelten dient dabei als
Ausgangsmaterial. Geschichte wird in diesem ästhetischen Aneignungspro-
zess wieder zum Stück von Gegenwartskultur, da sie als etwas auftritt, das
durch Menschen als etwas Sinnhaftes hergestellt wird. Geschichte im Computerspiel erscheint als herstellbares, in dauernder Herstellung befindliches
Sinnkonstrukt.

Dieses bezieht sich mitunter gar nicht so sehr auf die Geschichte, die das
Spiel erzählt. Die entstandenen Texte des vorliegenden Bands sind dort, wo
sie von den erlebten Spielwelten erzählen, mimetisch – lesbar soll werden,
wie sich Shooter ‚anfühlen'. Sie sind Transpositionen des Spielgefühls in ein
anderes Medium und reflektieren gleichzeitig die Eigenschaften des Gameplays. Entsprechend schwer fällt es, Shooter als Archive oder Aufschreib-
systeme gesellschaftlichen Wissens zu denken, aus denen sich passivisch
Formen des kulturellen Gedächtnisses moderner Gesellschaften ableiten ließen. Gepaart mit einem fehlenden Zugang zum Medium mag diese Vorstellung zur eigentümlichen ‚Quellenkritik' an Computerspielen mit historischem Inhalt geführt haben, wie sie in den Geschichtswissenschaften noch
oft zu finden ist. RICARDA TESCH argumentiert in ihrem Beitrag gegen entsprechende Ressentiments seitens des Fachdiskurses, in deren medialitätshis-
torisch überholter Optik Shooter oft als mehr oder weniger zuverlässige Ge-
dächtnisspeicher ins Visier genommen und damit von der spezifischen
Medialität der Spiele notwendig enttäuscht werden. Vom Gegenstand her
plädiert TESCH daher, dass Shooter vor allem als virtuelle Räume wahrgenommen werden sollten, in denen die kulturellen und medialen Erfahrungen
der Spieler abgerufen und dabei auch modifiziert werden. Gedächtnis ist für
TESCH entsprechend weniger bloßes ‚Füllhorn' als vielmehr ein lebendiger
Prozess der Kulturalisierung von Geschichte, der Informationen auf der Basis
eigener Operationen und des eigenen kulturellen Vorwissens immer wieder
neu erzeugt.

Wie MAREN LACHMUND in ihrer Arbeit herausstellt, spielt sich diese
Kulturalisierung von Historie bei Shootern häufig auf dem Hintergrund eines

intermedialen Verweiszusammenhangs ab. Shooter zitieren in ihrer Darstellungsästhetik andere Medien wie zum Beispiel den populären Kriegsfilm. Ihre Anspielung auf den ‚Look' des Filmischen spekuliert mit seinem Verweischarakter auf eine stärkere Akzeptanz des synthetischen Computerbilds, die die immersive Wirkung des Spielganzen erleichtern soll.

Ob Immersion dabei als reiner Bildeffekt im Sinne einer immer perfekteren, fotorealistischen Darstellung von Spielkulissen und -landschaften zu begreifen ist, stellt das zentrale Thema des Beitrags von ARTUR M. PAKOSCH dar. Dass First-Person-Shooter, von ihrer Darstellungstechnik her betrachtet, lediglich eine nicht-immersive virtuelle Realität liefern, ist für den Autor bildtheoretischer Ausgangspunkt. Es geht nicht um eine unerkennbare Wahrnehmungssimulation – d. h. das perfekte immersive Bild, das keine Differenz mehr zwischen Realität und Simulation spüren lässt, ist für PAKOSCH mitnichten geeignet, um als ästhetisches Leitbild der gegenwärtigen Spieloptik von Shootern zu fungieren. Im Unterschied zum Besuch im Cyberspace mittels einer Datenbrille, dem sogenannten ‚Head Mounted Display', kann der Spieler nicht nur wissen, sondern auch an der Begrenzung des Monitors wahrnehmen, wo die Grenzen der virtuellen Welt verlaufen, in der er sich mittels seines Avatars bewegt. Für immersive Effekte sorgt der Spieler nach PAKOSCH vielmehr selbst, denn der Anlass in die Spielwelt einzutauchen und die historischen Begebenheiten als eine Art Reenactment durchzuspielen, impliziert in vielen Fällen zumindest ein Interesse und Vorwissen an militärhistorischen Ereignissen.

In den letzten fünf bis zehn Jahren ist es zu einer bemerkenswerten Zunahme von Historienspielen gekommen, die mit 134 Neuerscheinungen im Jahr 2006 ihren bisherigen Höchststand erreicht hat (vgl. SCHWARZ 2010: 11 ff.). Die Hersteller werben neben dem obligatorischen Unterhaltungsanspruch mit dem Versprechen, Vergangenheiten als eine für das jeweilige Spieler-Publikum nach-erlebbare und relevante Geschichte aufzubereiten. An die Frage, wie bewaffnete Konflikte nach historischen Vorlagen im Spiel dargestellt werden, lassen sich zwar leicht für die Grundlagenforschung der Geschichtswissenschaften relevante Fragen anschließen – allerdings ist es, wie RUDOLF THOMAS INDERST in seinem Beitrag feststellt, keineswegs bereits Usus, dass Historiker Computerspiele geschichtlichen Inhalts zum Forschungsfeld wählen und hier bereits belastbare Studien vorgelegt hätten. Um aufzuzeigen, wie diese Spiele mit dem historischen Setting, das ihnen zugrunde liegt, umgehen, wie es ‚authentisch' präsentiert wird, welche Gewichtung ihm im Gesamtbild der Spiele zukommt und mit welchen Mitteln der Eindruck evoziert werden soll, dass im Spiel eine individualisierte, ‚historische Kriegserfahrung' simuliert wird, ist ein interdisziplinärer Forschungsbereich aus Geschichts- und Medienwissenschaft angesprochen, der den Zugriff auf historische Themen mit der Art ihrer Darstellung und diese wiederum mit spezifischen Medienfunktionen korreliert. Im Sinne dieser interdisziplinären Programmatik eruiert INDERST, inwiefern PC- und Videospiele als historische Quelle der Geschichtswissenschaft dienen können und welchen theoretischen Mehrwert es hat, Computerspiele in deren etablierten Quellenkanon aufzunehmen. Methodologisch weist INDERST der Geschichtswissenschaft über die Medienwissenschaft mit ihren kulturwissenschaftlichen Bereichen einen Weg, um ihr über eine Reflexion auf Technik und Kommunikation einen weiteren Zweig von ‚neuen' Medien als populärkulturelle Form historischen Wissens kategorial zu erschließen. Dazu muss freilich auch die rein erzeugungstechnische Sicht auf die digitalen Bilderwelten aufgegeben werden. Aus der Perspektive der Datenverarbeitung fungieren digitale Bilder vornehmlich als reines Ausgabeinstrument und Visualisierungsinterface, das den ansonsten unanschaulichen Binärcode in ikonischer und damit besser erfassbarer Form aufarbeitet. Sie repräsentieren damit das Modellhafte sowie Simulative und stehen in klarer Opposition zu den analogen Bildern, die real vorgefundene Referenzobjekte mit einer kausal-optisch verankerten Aufzeichnungstechnik konservieren können (vgl. MAULKO 2009: 27 ff.).

CHRISTOF ZURSCHMITTEN problematisiert die Form des Dokumentarischen in PC- und Computerspielen mit historischem Setting in seinem Essay hinsichtlich der Frage, wie die Herstellung von Referenzialität der Bilder trotz ihres rein synthetischen Illusionierungscharakters von Realität als Kategorie, die eben nicht im Fiktiven aufgeht, produktiv bleiben kann. Dazu stellt ZURSCHMITTEN heraus, dass die Zuschreibung von Zeugenschaft oder Indexikalität der Bilder per se als sozialer semiotischer Prozess zu begreifen ist und nicht als etwas, das sich aus der medialen Form der Bilder selbst ergibt und damit als unhintergehbares Merkmal einer kausal-optisch fundierten Bildtechnologie belegbar wäre. Das Bild des Computerspiels ist vielmehr nicht nur ein Bild, das eine Bewegung wiedergibt, sondern auch ein interaktives Bild, das selbst bewegt werden kann (vgl. GÜNZEL 2008: 118 ff.). In einer kleinteiligen Mensch-Maschine-Interaktion kann der Spieler gezielt Sinn- und Bedeutungsaspekte einbringen und verarbeiten, die einmal mehr verdeutlichen, dass die digitalen Bilder des Spiels nicht nur rein erzeugungstechnische, sondern auch anthropologische Aspekte vereinen. Auf der Ebene einer symbolischen Betrachtung zeigt ZURSCHMITTEN daher, wie das Spiel

Fiktion und Narration aus einer Wechselwirkung von fiktionalen Bestandteilen und Prätexten des kollektiven Gedächtnisses als Form von kulturellem Wissen generiert.

In Shootern mit historischem Spielszenario ist die Darstellung des Kriegs durch eine anachronistisch-nostalgische Form gekennzeichnet. Daher sind die Bezugspunkte der Ausformung ihrer digitalen Bildästhetiken und -welten nicht die von PAUL VIRILIO und JEAN BAUDRILLARD bereits in den 1990er-Jahren beschriebenen ‚Medienkriege‘, in denen der Kriegsschauplatz für die Beteiligten nur auf den Schirmen ihrer Radare sowie Zielvorrichtungen präsent ist und die Kriegsereignisse ins Ungewisse geraten. Im Vordergrund steht vielmehr der bewaffnete individuelle Krieg des Avatars. Aus dessen Gefechtsperspektive analysiert der Aufsatz von CHRISTIAN HUBERTS, wie die in Singleplayer-Modi geskriptete Sukzession von Missionen und Kriegsschauplätzen ein individuelles, in Kontinuität gebrachtes Nacherleben von Fragmenten des Zweiten Weltkriegs ermöglicht. Ihre Visualisierung vollzieht über das mit der Waffe fixierte Objekt die Konstruktion eines Fluchtpunkts, der eine egologische Ordnung des Bildraums beschreibt. Auf diese Weise fallen Blick- und Zielpunkt zusammen, das Raumsehen des Avatars wird zur unmittelbaren Voraussetzung für das Töten des Gegners und umgekehrt (vgl. ebd.: 120 ff.). Diese Zuweisung von Handlungsmacht setzt sich, wie HUBERTS darlegt, auf verschiedenen Ebenen des Spiels fort und unterminiert als Anforderung des Gameplays ein ‚authentisches‘ Erleben von Geschichte. Schließlich kann aus der egologischen Perspektive der Shooter jeder Krieg mit ausreichend Zeit und Durchhaltevermögen des Spielers irgendwann gewonnen werden, da der getötete Avatar immer wiederkehren kann (vgl. KLEIN 2010: 72 ff.).

Obwohl diese Konsequenzlosigkeit des Spielens im Kontrast zur Narration des Kriegs einen unglaubwürdigen, antirealistischen Zug markiert, sind gerade ‚Realismus‘ und ‚Authentizität‘ im Kontext von Weltkriegsshootern häufig bemühte Begriffe. Weder Werbung und Fachpresse noch der wissenschaftliche Diskurs innerhalb der *Game Studies* scheinen auf ihre Verwendung verzichten zu können. Dabei reicht das Spektrum der Verwendung vom undifferenzierten, quasi synonymen Gebrauch in der Werbung bis hin zu sehr speziellen Definitionen, die sich lediglich im spezifischen Kontext einer bestimmten wissenschaftlichen Fragestellung als sinnvoll und tragfähig erweisen. Ziel des Beitrags von DANIEL APPEL ist es, anhand einiger grundlegender Überlegungen ein schematisches Ordnungsmuster zu bestimmen, durch das sich der Begriff der ‚Authentizität‘ hinsichtlich seiner etymologischen Herkunft und semantischen Bezüglichkeit auf die ästhetischen Darstellungswelten von Weltkriegsshootern sinnvoll applizieren lässt.

Diese typologisierende Arbeit setzt MARKUS ENGELNS in seinem Essay fort, indem er einen ordnenden methodischen Zugriff auf Realismuskonzepte unternimmt. Dieser unterscheidet Realitätseffekte im Sinne einer alternativen, virtuellen Realität von Realismuseffekten im Sinne einer Nachbildung von historischer und gesellschaftlicher Realität. In der virtuellen Realität einer digitalen Simulation tritt der Betrachter mit den Bildobjekten in Interaktion. Er kann die Bewegung der bildlich gezeigten Sache nur noch in Grenzen bestimmen, denn das Bildobjekt, obwohl es nichts anderes als eine Sache aus reiner Sichtbarkeit ist, hat dennoch – eben simulierterweise – Materialeigenschaften und unterliegt damit einer künstlichen Physik (vgl. WIESING 2005: 121 ff.). Diese in die Bildwelt des Spiels künstlich implementierte Physik kann, muss aber nicht die Physik der außerbildlichen Realität sein. Denn in vielen Verfahren der Computeranimation lassen sich auch ganz andere Ästhetiken – etwa abstrakter oder surrealer Natur – realisieren, die ENGELNS ebenfalls unter dem Begriff eines Realismuseffekts diskutiert, dessen Evidenzstiftung sich hier jedoch auf die kohärente Darstellung einer spielimmanenten Wirklichkeit bezieht.

Der Darstellungsmodus solcher Spielwirklichkeiten kann verschiedene Strategien der Realismusillusion enthalten, die zum einen auf die ‚äußere Richtigkeit‘ in der Darstellung eines Gegenstands wie auch auf dessen ‚natürliche‘ Bewegungsabläufe referenzieren (vgl. MAULKO 2009: 28 ff.). Bei dieser fotorealistischen Illusionierung realer Gegenstände werden Computeranimationen an die gewohnten Wahrnehmungsstandards der analogen Leit- und Vorbilder angepasst, Darstellungs- und Sichtweisen des filmischen Bewegtbilds synthetisch remodelliert (vgl. ebd.).

Die Illusionierung des Filmisch-Fotografischen steht gerade bei Computerspielen mit historischem Setting in Zusammenhang mit dem Prozess der Remediation – jener an zahlreichen Beispielen nachweisbaren Entwicklung, in der sich ‚alte‘ und ‚neue‘ Medien keineswegs einen Verdrängungskampf liefern, sondern vielmehr Elemente auf ihrer Inhalts- und Darstellungsebene gegenseitig austauschen und anpassen (vgl. BOLTER 2001; BOLTER/GRUSIN 2002). Prozesse der Remediation werden zwischen Computerspielen und ‚traditionellen‘ Medien an den Schnittstellen von Realität und Virtualität untersucht (vgl. MÜLLER 2009: 273 ff.; SANDKÜHLER 2009: 55 ff.). Aus der Sicht des Remediations-Ansatzes wäre der Authentizitätsanspruch von Computerspielen mit historischem Setting als visuelle Strategie der Evidenzstif-

tung im Sinne der Erzeugung von ‚Glaubwürdigkeit', ‚Wahrhaftigkeit' oder
‚Echtheit' des Dargestellten zu interpretieren: Wie schon bei den Formaten
Zeitung, Film und Fernsehen zählt auch bei den Weltkriegsshootern die Evidenz erzeugende Visualisierung durch integrierte narrative Anteile, die mittels Fotografie und Film in das Spielkonzept eingeschrieben sind, zu ihren
tragenden Authentifizierungsstrategien, die bereits in älteren Medientechniken ihre Anwendungen fanden und nun neu modifiziert werden. Exemplarisch nach ihren remeditativen Anteilen werden diese Strategien im Film *Der Soldat James Ryan* (1998) und in der Spieleserie *Brothers in Arms* (seit 2005) von OSKAR HENDRIK VORETZSCH untersucht und auf ihr Potenzial der Geschichtsvermittlung befragt.

Auch der Beitrag von SEBASTIAN STANDKE ist unter dem Aspekt der Remediation zu lesen, wenn auch auf ganz andere Art: Er vertritt die Auffassung, dass das Genre des Weltkriegsshooters sich vorrangig dramaturgischen wie szenischen Elementen des bürgerlichen Lachtheaters im 19. Jahrhundert bedient. So stellt sich in beiden Formaten ein einzelner Protagonist gegen ein geschlossenes, eingeschworenes Kollektiv, Gewalt (und Tod) werden verharmlost gleichwie sämtliche Figuren als Karikaturen gestaltet. STANDKE versucht medienspezifische Komik-Kategorien der Spiele ausfindig zu machen, die nicht auf pädagogische oder psychologische Bewertungen abzielen. Objekt seiner Analyse ist dabei der gleichnamige erste Teil der populären Spielereihe *Call of Duty* (seit 2003), der durch das episodenhafte Erzählen des Zweiten Weltkriegs aus der Sichtweise von US-amerikanischen, britischen und russischen Soldaten dem Spieler eine möglichst realistische Spielerfahrung zu bieten versucht.

Dass in jedem Weltkriegsshooter ein Spannungsfeld zwischen der real-linear abgelaufenen Geschichte und dem interaktiven Eingreifen des Spielers steckt, wird also jedem Spieler früher oder später deutlich vor Augen geführt. Der Weg des virtuellen Soldaten ist genau vorgegeben, die Story so gut wie nicht beeinflussbar und die Reaktionen der Gegner und Verbündeten sind auf die Handlungen des Spielers zugeschnitten. Einige wenige Weltkriegsshooter versuchen jedoch dem monotonen Aufbau der Inszenierung durch kooperative Multiplayer-Kampagnen – sogenannte Coop-Modi – entgegenzuwirken. Anstatt immer wieder den einzigen Helden einer Einheit spielen zu müssen, kann diese Aufgabe zeitweise auch an den vom Mitspieler gesteuerten Verbündeten abgegeben werden. Auch ausgefallenere Taktiken, Positionen und Aufgaben sind erprobbar. Es scheint, dass der Coop-Modus dem einzelnen Spieler mehr Freiheiten einräumt und durch kooperativ ausgeführtes, strategisches Verhalten relativ komplexe Gefechts- und Schlachtszenarien erlebt und bestritten werden können. Der Frage, in welchen Situationen ein kooperativer Spielmodus das Kriegsgeschehen deshalb auch ‚authentischer' erscheinen lässt, wendet sich der Beitrag von Andreas Koch zu. Da der Coop-Modus ebenfalls narrative Strukturen enthält, die die Missionselemente umreißen, diskutiert Koch auch die Anschlussfrage, inwieweit die Story des Spiels mehreren Avataren auf dem Schlachtfeld spielerische Freiheiten einräumen kann, ohne damit ihren eigenen linearen Erzählverlauf als vorgegebenen Plot zu gefährden.

Die Darstellung von Geschichte – so ließe sich zusammenfassen – hat sich mit dem Erscheinen neuer Medientechnologien seit dem 19. Jahrhundert vom Primat der Erzählung und des Textes gelöst und appelliert gegenwärtig auch im Bereich der Video- und Computerspiele an Analysen, die sich auf die komplexen Beziehungen von Bild und Text, auf die Organisation von Ereignisserien und zeitlichen Folgen konzentrieren und hier den Realismus der Bildlichkeit als Produktionsstrategie des Authentischen immer wieder neu diskutieren müssen.

Die vorliegende Textsammlung versucht in ihrer essayistischen Umkreisung von ‚Welt', ‚Krieg' und ‚Shootern' genau dies und ist in toto als Bild von vernetzten Kommunikationssplittern einer historisch-reflektierten Medienanalyse zu begreifen, die die technischen Voraussetzungen der Hybridisierung digitaler Bilderwelten mit einer ausgewählten Untersuchung ihrer ästhetischen Implikationen verbindet, um so die Digitalisierung der Bildproduktion als historisierende Form kulturellen Wissens kategorial einzuholen – ohne sie in ihren gefundenen Begrifflichkeiten, im Sinne Adornos, gewaltsam fest- oder stillzulegen.

Forschungspolitisch plädiert dieses Buch damit für eine interdisziplinäre Zusammenarbeit zwischen Geschichts- und Medienwissenschaft. Die Medienwissenschaft tritt hier allerdings nicht als Supplement oder Hilfswissenschaft der Geschichtsforschung auf, sondern ist eine Herausforderung des Umgangs mit Geschichte selbst, insofern sie das Bewusstsein schärft, dass unser Wissen von der Vergangenheit eine Frage der medialen Vermittlung ist. Weltkriegsshooter kommen also nicht nur medientheoretisch und mediengeschichtlich in den Blick, sondern auch als „Medien der Geschichte" (PETERS 2009: 82).

TIM RAUPACH
Marburg, im Februar 2012

Quellenverzeichnis

Bibliografie

ADORNO, THEODOR W. (1966): *Negative Dialektik*. Frankfurt a. M.: Suhrkamp.

BOLTER, J. DAVID (2001): *Writing Space : Computers, Hypertext, and the Remediation of Print*. Mahwah: Lawrence Earlbaum Associates, Inc.

BOLTER, J. DAVID; GRUSIN, RICHARD (2002): *Remediation : Understanding New Media* (5. Auflage). Cambridge: MIT Press.

GRIPP, HELGA (1986): *Theodor W. Adorno : Erkenntnisdimensionen negativer Dialektik*. Frankfurt a. M.: Suhrkamp.

GÜNZEL, STEPHAN (2008), „Raum, Karte und Weg im Computerspiel", in: DISTELMEYER, JAN; HANKE, CHRISTINE; MERSCH, DIETER (Hrsg.): *Game over? : Perspektiven des Computerspiels*. Bielefeld: Transcript, S. 115–133.

KLEIN, THOMAS (2010), „Wie ich den Krieg immer wieder neu gewinnen kann: Das World War II Combat Game.", in: RIEDEL, PETER (Hrsg.): *„Killerspiele" : Beiträge zur Ästhetik virtueller Gewalt*. 46. Marburger Hefte zur Medienwissenschaft. Marburg: Schüren, S. 54–72.

MAULKO, RÜDIGER (2009), „Referenz und Computerbild. Synthetischer Realismus in den Bildmedien", in: SEGEBERG, HARRO (Hrsg.): *Referenzen : Zur Theorie und Geschichte des Realen in den Medien*. Marburg: Schüren, S. 26–51.

MERTENS, MATHIAS (2010), „„Wie ein Flugschreiber in Flugzeugen': Kulturbeobachtung", in: Stiftung Universität Hildesheim (Hrsg.): *Das Magazin. Stiftung Universität Hildesheim*. I, 2010, S. 16.

MÜLLER, JÜRGEN E. (2009), „Remediation in sekundären und (primären Welten). Zur gattungsspezifischen Paratextualität digitaler Spiele", in: GWÓŹDŹ, ANDRZEJ (Hrsg.): *Film als Baustelle : Das Kino und seine Paratexte*. Marburg: Schüren, S. 273–287.

PETERS, JOHN DURHAM (2009): „Geschichte als Kommunikationsproblem", in: *Zeitschrift für Medienwissenschaften*. I, 2009, S. 81–92.

SANDKÜHLER, GUNNAR (2009), „Der zweite Weltkrieg im Computerspiel. Ego-Shooter als Geschichtsdarstellung zwischen Remediation und Immersion", in: MEYER, ERIK (Hrsg.): *Erinnerungskultur 2.0 : Kommemorative Kommunikation in digitalen Medien*. Frankfurt a. M.: Campus, S. 55–65.

SCHWARZ, ANGELA (2010), „Computerspiele – ein Thema für die Geschichtswissenschaft?", in: dies. (Hrsg.): *„Wollten sie auch immer schon einmal pestverseuchte Kühe auf ihre Gegner werfen?" : Eine fachwissenschaftliche Annäherung an Geschichte im Computerspiel*. Münster: Lit, S. 7–28.

WIESING, LAMBERT (2005): *Artifizielle Präsenz : Studien zur Philosophie des Bildes.* Frankfurt a. M.: Suhrkamp.

Filmografie

SPIELBERG, STEVEN (1998, USA): *Der Soldat James Ryan.*

01

Feldpost aus dem digitalen Krieg

Philipp Winkler

Geringer Widerstand

Eintrag vom 15. September 1944, White Beach, Peleliu
Pvt. Miller, 1. Marinedivision

Liebes Tagebuch,

fühlt sich immer wieder gut an, in diesem gottverdammten Krieg deinen Einband aus gutem, altem Omaha-Rindsleder in der Hand zu halten. Ein Stück Heimat. Unter zahlreichen Verlusten haben wir heute die Insel eingenommen. Ich kannte einige der Toten. Manche mehr, manche weniger. Alles anständige und verlässliche Männer, soweit ich das beurteilen kann. Selbst wenn dem nicht so sein sollte: Meine Mutter hat mir immer gesagt, dass man nicht schlecht über die Toten spreche. Zumindest etwas verbindet all die toten Männer: Sie sind im Einsatz für ihr Land gestorben. Nicht etwa zu Hause bei ihren Familien, umringt von ihren Kindern und Kindeskindern, nach vielen glücklichen Jahrzehnten im Kreise ihrer Lieben – sondern auf einer exotischen Insel irgendwo im Pazifischen Ozean. Verstehe mich nicht falsch, liebes Tagebuch, ich bin mir der Sinnhaftigkeit unserer Mission, die Vereinigten Staaten zu verteidigen, bewusst, doch manchmal frage ich mich dann doch, ob dies auch für eine Insel irgendwo im Pazifik gilt, die sowieso nie zu den USA gehört hat. Doch vielleicht habe ich auch einfach nur zu viel Zeit und denke zu viel nach.

In der Frühe ging es ins Landungsboot. Mein Trupp bestand natürlich aus mir, Roebuck und Sergeant Sullivan (jeden Tag, den wir mit ihm verbringen, menschelt der ein Stück mehr; langsam mag ich den Alten sogar ganz gerne) und ansonsten großteils neuen Gesichtern. Junge Gesichter, das muss man sagen.

Da sind wir also vor der Küste von Peleliu. Der Strand auf zwölf Uhr. Viel von einem weißen Sandstrand hat das alles nicht mehr, denke ich mir. Alles voll mit Tschechenigeln. Der weiße Sand ist ebenfalls nur noch zu erahnen und wohl größtenteils von Mörserfeuer rußgeschwärzt.

Wir nähern uns der Landungslinie am Strand, sind allerdings nicht die Ersten. Etliche andere Landungsboote befinden sich vor uns. Vielleicht sollte ich sogar dankbar sein, dass wir nicht die Ersten waren. Die meisten von denen haben es nicht einmal bis zum Strand geschafft. Der Sergeant schreit irgendetwas, aber ich verstehe unter all dem Gedröhne von Kanonen, Einschlägen und zerberstenden Landungsbooten nur „Roebuck", „Strand rauf", „Funkgerät her".

Auf einmal fliegt das Boot direkt vor uns in die Luft. Einer der Männer wird durch die Explosion förmlich aus dem Stahlsarg katapultiert. Nur einen Moment später schmiert einer unserer Flieger ab und kracht irgendwo außerhalb meines Sichtfelds hinter den Hügeln zu Boden.

Wir laufen auf Grund, dabei sind wir noch nicht einmal am Strand. Koopman beugt sich über die Seitenwand um nachzuschauen, wo genau wir aufgelaufen sind. Sein Kopf klappt plötzlich in den Nacken und sein Helm platscht auf den Boden des Boots, der schon von Wasser bedeckt ist. Ich habe noch eine lebhafte Erinnerung an das Loch in Koops Hinterkopf.

Ich will mich gerade zu ihm runterbeugen, da fliegt uns das Scheißlandungsboot um die Ohren. Als ich die Augen öffne, bin ich unter Wasser. Jemand packt mich am Arm. Es ist der Sergeant. Weil meine Ohren derart fiepen, kann ich aus seinem Gesagten nur das Wort „Raketenschlag" heraussortieren, aber er zeigt in Richtung Strand. Ich weiß noch nicht so recht, wie mir geschieht, da greift er auf meinen Rücken und hat plötzlich das Funkgerät in der Hand. Erst in dem Moment wird mir wieder bewusst, dass ich ja Funker bin. Umgehend fordere ich einen Luftschlag auf die Palisaden hinter der Strandlinie an.

Mit meiner ganzen Montur ist es wahnsinnig mühselig, durch das kniehohe Wasser und den nachgebenden Grund zu waten, doch dann kommt der Luftschlag. Die Palisadenwälle sprühen in alle Richtungen. Dadurch haben wir Zeit, um sicher an den Strand zu gelangen.

Dann ist da Houston. Er überholt mich, seine M1 hoch über den Kopf erhoben, damit sie nicht nass wird. Er ist bereits etliche Meter vor mir. Ein Mörsergeschoss schlät genau neben ihm ein und zerfetzt seinen Leib. Kein anderes Wort passt darauf. Es tut mir leid.

Hinter den Palisadenresten riecht es nach verkohlten Leichen.

Wir kommen an zwei Bunker mit MG-Stellung, doch Morrison hat es mit seinem Flammenwerfer irgendwie heil an Land geschafft und räuchert die Japsen aus. Als sie brennend und mit den Armen rudernd aus den Bunkern gerannt kommen, versuche ich ihre Schreie zu ignorieren. Ich folge dem Sergeant und Roebuck zum Eingang eines mit Holzstämmen gesicherten Schützengrabens der Japaner. Da kommen sie aus ihren Löchern. Ich glaube, dass es meine Patrone war, die in ein Ölfass neben einem der Eingänge eindringt und direkt neben den Japanern explodieren lässt.

Wir haben die Gräben gerade hinter uns, da zeigt Roebuck auf eine der etlichen Palmen und ich sehe gerade noch, wie ein Japaner tatsächlich da hochklettert, aber im nächsten Augenblick von Roebuck mit einem gezielten Schuss runtergeholt wird. Als er mit einem fürchterlich knackenden Geräusch am Boden aufschlägt, fährt mir ein Schauer über den Rücken.

Die nächste Stellung, an der ich einen Raketenschlag anfordern muss, ist ein ausgebauter Bunker, aus dem die Japsen nur so „wie die Scheißameisen" (so hat es Roebuck jedenfalls formuliert) strömen. Als der Bunker durch die Raketen fast komplett zerstört wurde, schmeißt Roebuck noch eine Granate von unserer Stellung gute sechzig Yards vor den Eingang, weil wir immer noch jemanden auf Japanisch schreien hören. Jetzt weiß ich auch, warum Roebuck ein Football-Stipendium in Michigan bekommen sollte. Leider hat er sich vorher in einem High School-Spiel so verletzt, dass sein Arm nie wieder derselbe war. So hat er es mir jedenfalls erzählt. Für die Japaner scheint es jedenfalls noch zu reichen, denke ich mir.

Als wir nichts mehr hören, wagen wir uns in die Tunnel, die ein Stück hinter dem Bunker liegen. Unter der Erde wir mir wirklich scheißunbehaglich und ich scheine nicht der Einzige zu sein. Nur Roebuck und Sergeant Sullivan scheint dieser Schlauch aus Erde nicht wirklich zu jucken. Roebuck hat sogar noch die Zeit, sich eine neue Portion braunen Kautabaks in den Mund zu stopfen. Der Sergeant geht voraus. Auf einmal kommt so ein Schlitzie um die nächste Ecke gesprungen und versucht, ihm sein Bajonett in den Bauch zu stoßen, aber er bekommt das Gewehr gerade noch zu fassen. Von den anderen reagieren Roebuck und ich am schnellsten und im Nu liegt der Japaner tot auf dem Sergeant. „Nehmt diesen verdammten Banzai von mir runter!" Ich ziehe den leblosen Körper von ihm runter und Roebuck hilft ihm auf. „Sergeant, ihr Arm", sage ich, als ich die lange, triefende Schnittwunde an seinem Unterarm bemerke, aber er stößt mich nur zur Seite und übernimmt sofort wieder die Führung.

Als wir endlich wieder Tageslicht sehen können, müssen wir sofort hinter zwei ausgebrannten Jeeps in Deckung gehen, weil wir unter MG-Feuer stehen. Es kommt aus einer Ruine, die als wichtige Stellung der Japaner dient. Ich glaube, wir saßen gute zehn Minuten verschanzt hinter den stinkenden Fahrzeugen. Wir berieten uns, während uns die Projektile um die Ohren zischten und mit lauten *Klongs* gegen die Autogeripge prallten. Schließlich teilten wir uns in zwei Gruppen und näherten uns von zwei Flanken dem

Gebäude. Das machte dem Japaner am MG-Nest Probleme und schließlich
war es meine allerletzte Granate, die das Schauspiel beendete. Wir betreten
die Ruine. Die überall verstreuten Japanerleichen, über die wir steigen müssen, sind unzählbar. Der Anblick von komplett unbewaffneten, toten Sanitä-
tern ist unerträglich. Kaum einer hat noch alle Gliedmaßen. Wir durchqueren
das Gebäude hin zur Rückseite und finden noch zwei weitere MG-Nester.
Genau diese brauchen wir nur ein paar Minuten später auch, denn die Japaner
kommen über die Hügel hinter dem Gebäude zu uns und sie haben drei Panzer dabei. Ich und Roebuck gehen an die Maschinengewehre, aber es werden
immer mehr, die sich im Schutz der Panzer über die Hügel trauen. Der Sergeant schreit mir entgegen, ich solle noch einen Luftschlag anfordern. Wenn
ich wieder an Bord bin, werde ich unseren Piloten die Füße küssen, denn sie
waren es, die unseren Arsch gerettet haben und die Panzer dem Erdboden
gleichgemacht haben. So gelingt es uns auch, die restlichen Japaner zurück-
zuschlagen.

Als es endlich vorbei ist, setzen wir uns alle im Erdgeschoss zusammen.
Sergeant Sullivan warnt uns vor, dass wir es uns nicht zu gemütlich machen
sollen, sicherlich erhalten wir bald weitere Befehle vom Major. Doch erstmal
reichen wir Zigaretten durch die Runde. Selbst unsere zwei Nichtraucher –
Polonsky und Brown – nehmen sich eine aus der zerknautschten Schachtel.

Ich genieße gerade den ersten Zug, als genau hinter der glühenden Spitze
der Zigarette die Tür aufschlägt. Der Sergeant steht direkt davor. Ich erkenne
sein schreiendes Gesicht hinter meiner glimmenden Zigarette. Vorne aus
seinem Bauch schaut das Bajonett des japanischen Soldaten. Einen Moment
später liegen beide tot vor der Tür. Das Tageslicht strahlt in die Ruine. Der
Rücken des Japaners ist übersät von ausgefransten Austrittswunden. Das
Bajonett steckt noch in Sergeant Sullivans Rücken. Vor seinem aufgerissenen
Mund liegt die noch glühende Zigarette.

Christian Huberts

"This is how you end a war, Chernov"
Das Ende des Kriegs in *Call of Duty: World at War*

Es ist die letzte Mission von *Call of Duty: World at War* (2008, im Folgenden *World at War* genannt) und ich stehe mit der sowjetischen Flagge in der Hand auf dem Dach des deutschen Reichstags. Am 30. April 1945 bin ich kurz davor, den Zweiten Weltkrieg symbolisch zu beenden, als mir ein unverbesserlicher Nazi noch eine letzte Kugel verpasst. Nicht, dass ich daran etwas hätte ändern können, der Schuss war vorprogrammiert. Aber nun krieche ich mit der Fahne langsam voran, während geskriptete Sequenzen ihren Lauf nehmen und die Stalinorgel aus den Lautsprechern dröhnt. Bis zu diesem Moment war der Weltkriegsshooter *World at War* ziemliches Mittelmaß. Besonders die Pazifikkampagne auf Seite der Amerikaner glänzt durch austauschbare Charaktere und platte Heldenmoral. Was in Europa die „kuschelig warmen und moralisch abgesicherten Bunker der Normandie" (HUBERTS 2010: 136) sind, ist für den Pazifik eben der mit suizidalen Japanern gespickte Dschungel. Hier wie dort keine Überraschungen, einfach nur „The Good War" (vgl. TERKEL 1984). In der russischen Kampagne stellt sich das Spiel ungleich spannender dar. Wohl auch, weil hier nicht mehr auf die Befindlichkeiten verehrter US-Veteranen geachtet werden muss. Bei den Sowjets konnten sich die Entwickler voll ausleben, sich geradezu grotesk in Klischees wälzen und Kriegsverbrechen für das Computerspiel salonfähig machen. Die „war-porn story of good and evil" (BISSELL 2011: 37) verliert auf Seite der Russen das eindeutige ‚Gut' und ‚Böse' und kann sich ganz der Übertreibung hingeben. Spielmechanisch ändert sich natürlich nichts. *World at War* bleibt in seinem Kern ein einfacher Shooter. Und jetzt, angeschossen und kriechend auf dem Dach des Reichstags, schreit mir das Spiel, in Gestalt von Sergeant[1] Viktor Reznov, genau diese Wahrheit episch, überdreht und/ oder selbstironisch mitten ins Gesicht. Andere Weltkriegsshooter tun sich da viel schwerer. So bemüht sich *Brothers in Arms: Hell's Highway* (2008, im Folgenden *Hell's Highway* genannt) über die ganze Spieldauer darum, Empa-

---

1 Die im Spiel verwendeten – und daher hier so wiedergegebenen – angloamerikanischen Dienstgradbezeichnungen „Private" (Mannschaftsdienstgrad) und „Sergeant" (Unteroffiziersdienstgrad) entsprechen natürlich nicht den realen sowjetischen Dienstgraden.

thie für seine Charaktere zu erzeugen und die schweren Opfer des Kriegs in Frage zu stellen, nur um dann ganz am Ende in kriegstreiberische Heuchelei zu verfallen. Aber nicht so *World at War*. In erfrischender Ehrlichkeit und Offenheit, kurz vor dem Ende des Kriegs, gesteht uns das Spiel, warum der Krieg schon von Anfang an am Ende war:

"You can make it, my friend. You always survive."

Wenn uns die akzentgeschwängerte Stimme von Gary Oldman alias Viktor Reznov diesen Satz siegesgewiss zuspricht, werden wir an das erste zentrale Problem des Weltkriegsshooters erinnert. Sterben ist keine Option. Ja, sterben ist noch nicht einmal wirklich möglich. Es gibt lediglich die Angst vor dem Kontrollverlust, "fear of failure, of crashing, of disaster, of down time" (BERNSTEIN 2001: 164), aber keine Todesangst. Selbst wenn wir uns ein paar Kugeln einfangen, so reicht eine kurze Pause aus und wir sind wieder vollständig regeneriert. Auch der tatsächliche Bildschirm-Tod ist nicht von Dauer. Eine kurze Ladepause und wir kämpfen einfach vom letzten Checkpoint aus weiter. Ein bisschen Zeit ist gestorben, aber nicht wir. Was ist das für ein Krieg, der keine ernsten Konsequenzen nach sich zieht? Oder besser: Ist das überhaupt noch Krieg? EVA HORN bringt es ganz gut auf den Punkt: „Kriege sind [...] definitiv kein Spiel und Spiele kein Krieg, sondern eben doch nur unernstes, probierendes und folgenloses Handeln, während es dagegen im Krieg um nicht weniger als Leben und Tod geht" (HORN 2007: 215). Dabei verfügen Computerspiele durchaus über spielmechanische Strategien, die Angst um den virtuellen Tod zu forcieren. Das Genre des Survival Horrors hat es vorgemacht, indem es Munition und Lebensenergie sowie entsprechende Items zum raren Gut erklärt hat. Die Sorge um die stets gefährdete Variable ‚Leben' und ihre seltenen Ressourcen ‚Gesundheit' und ‚Verteidigung' werden zum Substitut für Todesangst. Im Weltkriegsshooter sind Medipacks und nicht selten auch Munitionskisten mittlerweile fast gänzlich von den Schlachtfeldern verschwunden bzw. im Überfluss vorhanden. Leben ist ein automatisch nachwachsender Rohstoff und Waffen sind allgegenwärtige Wegwerfprodukte – somit ist kein Grund mehr für Angst vorhanden. Als Alternative zur Verknappung von Ressourcen gäbe es noch den *Permadeath*, jene Form des virtuellen Todes, die mit dem Löschen des Spielstands oder zumindest mit der Abwesenheit von Rücksetzpunkten einhergeht. Wenn nicht mehr nur Sekunden und Minuten der persönlichen Lebenszeit krepieren, sondern gleich Stunden oder Tage der eigenen Spielanstrengungen einfach so verschwinden, dann fühlt sich das zumindest ein wenig wie Sterben an. Doch auch diese Option meidet der Weltkriegsshooter wie der Teufel das Weihwasser. Die von den PR-Abteilungen der Publisher proklamierte authentische Kriegserfahrung einfacher Frontsoldaten hat keinen Platz für allzu intensive Angstzustände. In *World at War* ist der Krieg *casual*, ein lässiger Spaziergang. „[A]us Chaos wird zielgerichtete Bewegung, aus Zufälligkeit Regelhaftigkeit, aus Eskalation Kontrolle und aus der Unüberschaubarkeit des Kampfgewühls die gottgleiche Perspektive absoluten Überblicks" (ebd.: 216). Wir sind nahezu unsterbliche Supersoldaten und der Ausgang des Kriegs somit schon entschieden. Der Schwerpunkt liegt nicht im Überleben, sondern im relativ entspannten Wegballern des deutschen Kanonenfutters. Das Spiel erinnert damit mehr an die beliebte *Moorhuhnjagd* (1999) als an alles andere. Weltkriegsshooter sind Schießbuden oder noch viel mehr – unter Berücksichtigung ihres Effektfeuerwerks – spektakuläre *amusement rides*, die uns auf sicheren Schienen und fest angeschnallt durch den vermeintlichen Krieg befördern.

Doch nicht nur die Sorglosigkeit hat *World at War* mit den Fahrgeschäften von Freizeitparks gemeinsam, sondern auch ihre streng lineare und stets frontale Ausrichtung. Die Abwesenheit von Angst und Tod im Weltkriegsshooter hat immense Auswirkungen auf die Handlungsweise des Spielers, wie STEFFEN BENDER richtig feststellt: „Diese Möglichkeiten des ständigen Auffüllens der Lebensanzeige haben zur Folge, dass auch überaus riskante Aktionen, wie etwa das Feuern ohne Deckung, ohne gravierende Konsequenzen gewagt werden können" (BENDER 2010: 132). Die Abwertung von Deckung und die gleichzeitige Aufwertung von Frontalangriffen gipfelt in einer vollständigen Perversion der Räumlichkeit der Frontlinie. Markiert sie im Krieg – und selbst im Strategiespiel – noch horizontal die Grenze zum Feindesland und bedarf großer personeller Präsenz, um verteidigt zu werden, führt sie in den kriegsähnlichen Zuständen des Shooters frontal und ohne Unterbrechung bis nach Berlin. Ohne die ernsthafte Gefahr des Todes wird die Front zur Speerspitze und muss nur noch von einer Handvoll halbgöttlicher Soldaten bis zu ihrem Ende abgeschritten werden. Im tunnelhaften Level-Design von *World at War* spiegelt sich dieser Umstand unzweifelhaft wieder. *Hell's Highway* sanktioniert Himmelfahrtskommandos deutlich strenger und folglich sind die Level unweit breiter, um auch taktische Umzingelungsmanöver zu ermöglichen. Aber dem fast unsterblichen Spieler von *World at War* würde man damit nur Perlen vor die Säue werfen. Der Spieler folgt den Schienen des Spiels, deren Ziel schon längst feststeht, und muss sich lediglich mit dem lästigen, aber größtenteils harmlosen Widerstand der deutschen Wehrmacht auseinandersetzen. Im Grunde genommen ist der Krieg in *World at War* zu Ende, bevor er angefangen hat. Wir fahren nur noch einmal in historischer Kulisse die spannendsten Szenen ab. Derweil dreht sich sich alles um uns und für uns:

"As long as you live, the heart of this army can never be broken."

Sergeant Reznov will uns mit diesem Satz verdeutlichen, dass wir, der große und scheinbar unsterbliche Held von Stalingrad, ein zentraler Faktor der sowjetischen Truppenmoral sind. Doch noch viel mehr sagt er, dass wir – die Spieler – das Herz des Kriegs, der russischen Armee und des Computerspiels überhaupt sind. Alles dreht sich um uns, ist für uns da und kommt nur durch unser Handeln in Gang. Am anschaulichsten wird dieser Umstand, wenn der Spieler beginnt, seinen Input zu verweigern – beispielsweise, wenn ich mit der sowjetischen Flagge in der Hand auf dem Dach des Reichstags regungslos stehen bleibe: Kurz vor dem Punkt, an dem das Skript ausgelöst würde, dass mir eine letzte Kugel in den virtuellen Körper jagt, passiert nämlich etwas Bemerkenswertes. Das Ende des Kriegs verharrt in einer Endlosschleife. ALEXANDER R. GALLOWAY nennt diesen Moment in einem Computerspiel den „ambience act":

"Things continue to change when caught in an ambience act, but nothing changes that is of any importance. No stopwatch runs down. No scores are lost." (GALLOWAY 2006: 10)

Solange der Spieler also nicht handelt, bleibt der Krieg stehen. Zwar hagelt es immer noch Schüsse von beiden Seiten, Granaten schlagen ein und Soldaten fallen getroffen zu Boden, aber das Spiel geht dennoch nicht weiter. Ich könnte tagelang hier auf dem Dach des Reichstags Wurzeln schlagen, ohne dass mir ein Kampfgenosse entnervt die Fahne aus der Hand nimmt und selbst den Krieg beendet. Alles wartet auf mich. Der Spieler ist wahrlich das Herz von *World at War*. Krieg ist plötzlich keine Frage mehr der truppenmäßigen Überlegenheit oder der taktischen Finessen großer Generäle, sondern hängt von einer einzigen zentralen Person ab. Hier kommt quasi das Ego in den Shooter. Wo in den Geschichtsbüchern der einzelne Soldat kaum eine Rolle spielt, dreht sich in der *Call of Duty*-Reihe die Geschichte ausschließlich um einen Soldaten. *World at War* stellt uns in Gestalt von Private Chernov sogar einen persönlichen Chronisten an die Seite, der gut sicht-, hör- und lesbar unsere Taten in einem Tagebuch festhält, als stünden wir stellvertretend für die ganze Rote Armee: "His merciless brutality defines in more ways a savage, just like the rest of the Red Army. He is no hero".

Außerdem lässt Sergeant Reznov keine Gelegenheit aus, um Chernov vor unseren Augen als schwächlichen Feigling bloßzustellen und unserem eigenen heldenhaften Ego damit zu schmeicheln. *World at War* ist in diesem Kontext also keine Historie des Zweiten Weltkriegs mehr, sondern allein die Geschichte des Spielers vor einem historischen Bühnenbild.

Dennoch kann sich der Spieler nicht aussuchen, welches Stück er aufführen will. Das Spiel mag sich um uns drehen, aber *World at War* hat ganze klare Vorstellungen davon, wie wir zu handeln haben. Im Sinne von MARSHALL MCLUHAN haben Shooter zumindest eine Sache mit Krieg gemeinsam: "War is a sizeable component in the educational industry, being itself a form of education" (FIORE/MCLUHAN 2001: 124). Denn auch *World at War* erzieht seine Spieler. Zwar setzen wir die Achterbahnfahrt des Shooters in Bewegung, doch sind die Handlungen, die dazu notwendig sind, klar vorgegeben. Die scheinbare Freiheit des Spielers, das Voranschreiten des Spiels zu kontrollieren, entpuppt sich als Gefängnis, in dem der Kontrolle des Spielers enge Grenzen gesetzt sind. Erfolg und Fortschritt ist nur möglich, wenn wir uns der „selbstpädagogisierten Aufführung einer Programmpartitur" (PIAS 2002: 49) hingeben. Das heißt, wir müssen lernen zu erkennen, welche Inputs das Spiel von uns verlangt, um uns mit der Mechanik des Spiels gleichzumachen. Konkret bedeutet das, dass auch ich am Ende einsehen muss, dass ich nur Erfolg haben werde, wenn ich auf dem Reichstagsdach den Trigger-Rubikon überschreite und mich gemäß dem Skript von *World at War* anschießen lasse. Ich mag das Herz der Armee sein und mich wie ein großer General fühlen, der den Fortschritt des Kriegs steuert, doch am Ende bin ich nur ein einfacher Soldat, der die Befehle einer (Kriegs-) Maschine befolgt. Der Spieler von *World at War* ist jene Art der militärischen Führungskraft, wie sie MARSHALL MCLUHAN als typisch für das moderne Zeitalter charakterisiert:

> "He is big because he is geared to a war-machine of which he is the central nervous system. He is successful to the degree to which he can reduce his personal nervous equipment to the level of that machine. Success in this renders him a robot, a nobody, a vacuum." (MCLUHAN 2002: 37)

"Things will change, my friend."

Ebenso wie ihre Spieler muss sich auch die *Call of Duty*-Serie selbst gefallen lassen, als ziemlich luftleere Angelegenheit gesehen zu werden. Das Genre der Weltkriegsshooter ist trotz großer finanzieller Erfolge (die wohl zu großen Teilen auf soliden Multiplayer-Modi beruhen) festgefahren. Das zeigt sich spätestens dann, wenn sich andere Computerspiele problemlos über die offensichtlichen Genre-Manierismen lustig machen können. Der im Rahmen einer PR-Kampagne veröffentlichte Shooter *Duty Calls: The Calm Before the Storm* (2011) macht das sehr schön deutlich. Er kocht die *Call of Duty*-Serie auf ihre Essenz herunter und entlarvt das Franchise als "uncomplicated, athleticized version of war in which the messier questions of morality are set aside" (BISSELL 2011: 209) – inklusive tunnelartiger Level-Architektur und feindlicher Soldaten, die beim Sterben nur genervt „Boring!" skandieren.

Es ist also an der Zeit, dass sich etwas verändert, und glauben wir den Worten von Viktor Reznov, dann geschieht das unter Umständen sogar. Ein Novum – zumindest für den WWII-Shooter – hat sich schon klammheimlich in *World at War* eingeschlichen. So verfügt der Nicht-Spieler-Charakter Private Chernov über eine bemerkenswerte Doppelfunktion. Nicht nur ist er, wie bereits angesprochen wurde, ein Chronist der Spiel- beziehungsweise Spielerhandlungen, sondern er fungiert ebenfalls als moralische Instanz. Das ist für einen Shooter recht clever gelöst, da der eher unmoralische Akt des Zielens, Schießens und Tötens zumeist die zentrale Säule des Spielspaßes bildet und vom Spieler ungern mit der Moralkeule zum Einsturz gebracht wird. Mit Chernovs Hilfe muss der Spieler hingegen nicht selbst zum Spielverderber werden, der „die Relativität und die Sprödigkeit der Spielwelt [enthüllt]" (HUIZINGA 2004: 20). Das Gewissen wird ausgelagert, ohne dabei ganz zu verschwinden. In Gestalt des Front-Chronisten ist sie immer da und mahnt an die Grausamkeit des Kriegs und der Roten Armee. Von Zeit zu Zeit hat der Spieler dann sogar die Wahl. Er kann verletzte oder gefangene Wehrmachtssoldaten erschießen oder warten, bis sie von jemand anderem erschossen werden. Für den Spieler macht es keinen großen Unterschied, aber für Private Chernov sehr wohl. Seine Tagebucheinträge machen uns zum Helden, wenn wir zur Abwechslung mal binäre Gnade haben walten lassen: "His bravery on the battlefield is beyond question, but he has also shown mercy amidst the brutality of the Red Army. He is indeed a hero." Insgesamt bleibt dieser Moralanteil bestenfalls homöopathisch, aber er reicht aus, um die vollständige Abwesenheit jeder Moral auf Seite der Amerikaner in der Pazifikkampagne von *World at War* umso schmerzlicher spürbar zu machen. Der gemeine Japaner wird bereits in den ersten Spielsekunden unmissverständlich als sadistisches, grausames Wesen charakterisiert und damit bis zum Ende zum bedenkenlosen Abschuss freigegeben. Dass an der Ostfront von *World at War* die Idee der Gnade überhaupt in Zusammenhang mit Soldaten der deutschen Wehrmacht ausgesprochen wird, wirkt dagegen geradezu revolutionär. Will das Genre in Zukunft bedeutendere Erfahrungen bieten als eine Schießbude, sollte es seine beweglichen Zielscheiben wieder in Menschen verwandeln – und ebenso den Spieler.

Natürlich wird der WWII-Shooter auf diese Weise wieder ein ganzes Stück dreckiger und streitbarer, aber das gehört wohl einfach zum Krieg dazu. „Krieg ist Chaos, Zufälligkeit, Eskalation, Intransparenz und Kontingenz" (HORN 2007: 216). Folgerichtig wird ein Spiel, das den Krieg ernst nimmt, nicht jedem und immer Spaß machen können. Zivilisten, Kriegsgefangene, Verletzte und Tote stellen an Spieler wie Spieldesigner Herausforderungen, die sich nicht mit dem Finger am Abzug bewältigen lassen und die Handlungsfreiheit moralisch verengen. "Dash the naysayers, the shooter is an allegory of liberation pure and simple" (GALLOWAY 2006: 104). Wenn dem Spieler aber nun diese Freiheit genommen wird – wenn er sie denn spielmechanisch überhaupt je hatte –, droht der Konsumboykott spaßhungriger Gamer. Die vermeintliche Lösung der Entwickler sind drastische Provokationsversuche, die Bedeutsamkeit vortäuschen wollen, aber ohne spielmechanische Konsequenzen bleiben und damit wieder jegliche Bedeutung für das Medium Computerspiel missen lassen. Einen solchen gescheiterten Versuch im Genre des Weltkriegsshooters stellt die berüchtigte Mission „No Russian" aus *Call of Duty: Modern Warfare 2* (2009, im Folgenden *Modern Warfare 2* genannt) dar – zumindest wenn man das Szenario eines herannahenden Dritten Weltkriegs dabei gelten lassen will. Als Undercover-Agent nimmt der Spieler Teil an einem terroristischen Akt russischer Nationalisten, der in einem Massaker an Dutzenden Zivilisten gipfelt. "Yes, of course, it is affecting and provocative – but so is purposefully stomping on someone's big toe" (BISSELL 2011: 206). Denn leider lässt *Modern Warfare 2* dem Spieler weder moralischen noch spielmechanischen Handlungsspielraum. Es bleibt bei einem PR-Stunt, einer einfältigen Provokation, die nichts Bedeutungsvolles zu sagen hat über Gewalt, Terrorismus und Krieg. Die Mission ist ein Gewaltporno im negativen Sinne, der Spieler unbefriedigt lässt und Nicht-Spieler sinnlos empört. Für die Zukunft des Genres müssen sich die Game-Designer da schon mehr Mühe geben: "I hope the designers will have the maturity to recognize the difference between testing the conscience to make a serious point and shocking the conscience as a kind of pointless test" (ebd.: 210).

"The path towards our glorious victory has been a journey of blood and brutality. All of it has been necessary."

Was Sergeant Reznov zu Beginn der letzten Mission von *World at War* seinen Truppen zuruft, könnte genauso gut als Notwendigkeit für das ganze Medium gelten. Doch es reicht nicht, nur Bilder von Blut und Brutalität aufzurufen. "The violence of war is construed as brutal and regrettable, yet the performance of violence is the only way to achieve in-game success" (GISH 2010: 172). Letzten Endes müssen das Computerspiel im Allgemeinen und der Weltkriegsshooter im Speziellen einsehen, dass sie nur ernsthaft etwas über Krieg und Gewalt vermitteln können, wenn sie den Spieler mit den „ihnen eigenen und exklusiven Mitteln" (BENDER 2010: 138) bekriegen und ihm spielmechanisch Gewalt zufügen. Das kann über bereits angesprochene Mechaniken wie den *Permadeath* oder der dauerhaften Knappheit von Ressourcen funktionieren, um schließlich in der vollständigen Entmachtung des Spielers zu enden. Es wäre ein WWII-Shooter denkbar, in dem wir uns ohne Munition in einem Kleiderschrank verkriechen, bis die Wehrmachts-Patrouille vorbeigezogen ist und wir anschließend von unseren Kameraden als feiger Deserteur eine Kugel verpasst bekommen. Die Konsequenzen der Handlungen des Spielers dürfen nicht, so wie es bislang in der *Call of Duty*-Serie die Regel ist, allein die Spielwelt treffen, sondern im vollen Umfang auch den Spieler. Krieg spielen muss weh tun – zumindest symbolisch – und den Spieler persönlich betroffen machen. "Abusive game design confronts the conventional and reminds us that play is, above all, something personal" (WILSON/SICART 2010). Der Missbrauch, den die Game Designer am Spieler üben können, mag vom Spieler als unfair wahrgenommen werden, aber das ist genau der springende Punkt: Die spielmechanisch erzeugte Wahrnehmung, dass der gespielte Krieg keinen objektiven Regeln der Chancengleichheit oder Fairness mehr folgt. "Rather than give players what they 'want' or what they supposedly 'need', abusive game designers give players something idiosyncratic, weird, and confrontational" (ebd.).

Das Geschenk des Kontrollverlustes und der Machtlosigkeit ist es also, das die *Call of Duty*-Serie ihren Spielern machen sollte, wenn sie ernsthaft anfangen will, etwas über den Krieg zu vermitteln. Selbst das könnte am Ende noch zu viel Spaß machen: "Even if one hates war, the experience can be more exhilarating than anything encountered in civilian life" (CSÍKSZENTMIHÁLYI 1990: 69). Warum nehmen wir dann nicht gleich ganz die Rolle eines Zivilisten ein und verkriechen uns hilflos und ängstlich zwischen den

Frontlinien? Dem Ego-Shooter sein „M1 Garand"[2] oder die „Mosin-Nagant"[3] wegzunehmen, grenzt schon an Kastration. Doch dass ein First-Person-Shooter ohne Waffen funktionieren kann, hat das Survival-Horror-Indie-Game *Amnesia: The Dark Descent* (2010) eindrucksvoll bewiesen, auch wenn der Gameplay-Fokus hier mehr auf panischer Flucht als auf tapferen Heldentaten liegt. So wie der einzelne Soldat für den Krieg fast bedeutungslos ist, muss der Spieler zur bedeutungslosen Figur werden, die von der kriegerischen Spielwelt genötigt, getrieben und gequält wird. Aber der WWII-Shooter bleibt vorerst mit schon fast beeindruckender Kontinuität konservativ. „Anstatt mit der Interaktivität eines virtuellen Spiels die Chance zu nutzen, eigene Geschichtsbilder zu konstruieren" (BENDER 2010: 138), zeigt *World at War* nur audiovisuelle Referenzen einer „journey of blood and brutality". Der nötige Wandel zu einem wirklichen Kriegsspiel vollzieht sich letztlich nicht, dafür klingelt die Kasse und man belohnt den Spieler weiter mit Heldenrhetorik und Achievements.

> „Die modernen Ausbrüche der Verherrlichung des Krieges, wie sie uns leider nur allzu bekannt sind, kehren im Grunde zu der babylonisch-assyrischen Auffassung des Krieges als göttliches Gebot um des heiligen Ruhmes willen zurück." (HUIZINGA 2004: 103)

Erst ein WWII-Shooter, dem es schließlich gelingt, den Krieg halbwegs authentisch und mit allen Potenzialen des Mediums abzubilden, wird den Anfang und ebenso das Ende des Kriegs im Computerspiel bedeuten. Es wird jene Art des Kriegsspiels sein, in der die einzig erfolgreiche und vergnügliche Strategie ist, Krieg nicht zu spielen. "This is how you end a war, Chernov."

Quellenverzeichnis

Bibliografie

BENDER, STEFFEN (2010), „Durch die Augen einfacher Soldaten und namenloser Helden. Weltkriegsshooter als Simulation historischer Kriegserfahrung?", in: SCHWARZ, ANGELA (Hrsg.): *„Wollten Sie auch immer schon einmal pestverseuchte Kühe auf ihre Gegner werfen?" : Eine fachwissenschaftliche Annäherung an Geschichte im Computerspiel.* Münster u.a.: Lit Verlag, S. 123–148.

---

2 als Gasdrucklader entwickeltes Selbstladegewehr, war von 1936 bis 1957 Standardgewehr der US-Streitkräfte

3 russisches Repetiergewehr

BERNSTEIN, CHARLES (2001), „Play It Again, Pac-Man", in: WOLF, MARK J. P. (Hrsg.): *The Medium of the Video Game*. Austin, TX: University of Texas Press, S. 155–168.

BISSELL, TOM (2011): *Extra Lives : Why Video Games Matter*. New York: Vintage.

CSÍKSZENTMIHÁLYI, MIHÁLY (1990): *Flow : The Psychology of Optimal Experience*. New York: HarperCollins.

FIORE, QUENTIN; MCLUHAN, MARSHALL (2001): *War and Peace in the Global Village*. Corte Madera, CA: Gingko Press.

GALLOWAY, ALEXANDER R. (2006): *Gaming : Essays on Algorithmic Culture*. Minneapolis; London: University of Minnesota Press.

GISH, HARRISON (2010), „Playing the Second World War. Call of Duty and the Telling of History", in: *Eludamos. Journal for Computer Game Culture*. Band 4, Heft 2, S. 167–180.

HORN, EVA (2007), „Den Krieg als Spiel denken: Boyscouts und Wargames", in: HOLTORF, CHRISTIAN; PIAS, CLAUS (Hrsg.): *Escape! : Computerspiele als Kulturtechnik*. Köln; Weimar; Wien: Böhlau Verlag, S. 215–224.

HUBERTS, CHRISTIAN (2010): *Raumtemperatur : Marshall McLuhans Kategorien „heiß" und „kalt" im Computerspiel*. Göttingen: Blumenkamp.

HUIZINGA, JOHAN (2004): *Homo Ludens : Vom Ursprung der Kultur im Spiel*. Hamburg: Rowohlt Taschenbuch Verlag.

MCLUHAN, MARSHALL (2002): *The Mechanical Bride : Folklore of Industrial Man*. Corte Madera, CA: Gingko Press.

PIAS, CLAUS (2002): *Computer Spiel Welten*. München: sequenzia Verlag.

TERKEL, STUDS (1984): *The good war : An American oral history of World War II*. New York: Pantheon.

WILSON, DOUGLAS; SICART, MIGUEL (2010): Now It's Personal. On Abusive Game Design. http://doougle.net/articles/Abusive_Game_Design.pdf; verifiziert am 23.1.2012.

Ludografie

BLESZINSKI, CLIFF; CHMIELARZ, ADRIAN; JESSEN, TANYA (2011): *Duty Calls: The Calm Before the Storm*. People Can Fly; Epic Games; Electronic Arts. System: PC.

COOKE, JERAMY (2008): *Brothers in Arms: Hell's Highway*. Gearbox Software; Ubisoft. System: PC, Sony Playstation 3, Microsoft Xbox360.

GRIP, THOMAS; NILSSON, JENS; HEDBERG, MIKAEL (2010): *Amnesia: The Dark Descent*. Frictional Games. System: PC.

MESCHE, INGO (1999): *Die Original Moorhuhnjagd*. Witan Entertainment; phenomedia. System: PC.

TANG, MARGARET (2008): *Call of Duty: World at War*. Treyarch; Activision. System: PC, Sony Playstation 3, Microsoft Xbox360.

WEST, JASON (2009): *Call of Duty: Modern Warfare 2*. Infinity Ward; Activision. System: PC, Sony Playstation 3, Microsoft Xbox360.

Maren Lachmund

Stereotype, Artefakte, Kriegs-Feeling?
Realismus in Computerspielen durch ihre Verortung in Geschichte und kulturellem Kontext

Eine Maschinengewehrsalve peitscht an mir vorbei, bevor ich im gleißenden Sonnenlicht über einen Platz sprinte, durch ein Fenster klettere, nur um drinnen von Rauchgranaten begrüßt zu werden. Ich bin verwundet, schwanke, mein eben noch überlauter Herzschlag lässt nach und meine Sicht wird diffus – aber ein Pin-up-Girl lächelt von der gegenüberliegenden Wand. Zwischen noch mehr Rauch und Flammen erkenne ich meine verwundeten Kameraden, die mich an meine eigentliche Aufgabe erinnern: die Ausschaltung des italienischen Faschismus! Mit gezückter Waffe berserke ich durch das Haus, den allgegenwärtigen Duce zertrümmere ich, unterstützt von weiteren US-Alliierten, italienischen Partisanen und Widerstandskämpfern.

Glücklicherweise waren die Alliierten siegreich, so mein tröstlicher Blick der Gegenwart auf die Geschichte. Es ist egal, ob ich den Kampf einmal verliere: Ein simples Neuladen lässt mich so oft wie nötig das Schlachtfeld betreten. Sobald ich wieder beim Playmate-Poster angelangt bin, kann ich mich kurz ausruhen, meinen Stahlhelm und das Waffenlager begutachten, während zwischen römischen Säulen und der Trikolore fast sizilianische Urlaubsgefühle aufkommen könnten – wären da nicht die Schwarzhemden, die mit Granaten um sich schmeißen. Es gibt auch Palmen, eine Kapelle, Marmormosaike auf dem Boden und einen zerstörten Stand mit Wassermelonen. Ist das der Zweite Weltkrieg?

Hier soll untersucht werden, wie in Computerspielen, insbesondere in den sogenannten Weltkriegsshootern, auf Geschichte verwiesen wird. Diese Spiele nehmen ein historisches Setting für sich in Anspruch, das aber, wie sich zeigen wird, vollkommen unvollständig und selektiv nur als atmosphärisches ‚Feeling' genutzt wird. Das historische Setting wird zudem immer wieder für einen vermeintlichen Realismus und somit für eine besonders intensive Spielerfahrung verantwortlich gemacht. Angesichts vieldeutiger sowie unklarer Realismusbegriffe ist dies jedoch oft fragwürdig.

Geschichte wird in Computerspielen, die Themen des Zweiten Weltkriegs verhandeln, vorrangig im Sinne von Detailgenauigkeit der Abbildungen diskutiert, wobei diese Detailgenauigkeit oft als das Kriterium für Realismus angesehen wird (vgl. BENDER 2010: 128). Die Darstellung von Geschichte in Computerspielen steht also unter dem Druck, eine bestimmte Wirkung zu erzielen: Eine Illusion von Realismus soll geschaffen werden. Wenn wir annehmen, dass es mindestens zwei Dimensionen dieser Realismusillusionen im Computerspiel gibt, die sich erstens auf die Darstellung historischer Gegenstände und zweitens auf die (Bewegungs-) Abläufe beziehen, so wird schnell deutlich: Sowohl bei geschichtlichen Gegenständen, als auch bei Bewegungsabläufen, können wir davon ausgehen, dass sie nur wenigen Spielern tatsächlich bekannt sind – und beinahe niemandem aus eigener Erfahrung.

So sind auch meine Kenntnisse über die *reale* Geschichte des italienischen Faschismus begrenzt. Erst nach einer Recherche kann ich erkennen, dass Flagge und Uniformen der Schwarzhemden in *Mafia II* (2001) korrekter hätten dargestellt werden können. Allerdings habe ich eine ziemlich detaillierte *medial vermittelte* Vorstellung vom Zweiten Weltkrieg und bin damit nicht alleine, denn zahllose Filme vermitteln seit Generationen unterschiedliche Bilder der Kriegsrealität. Es sind populär-mediale Bilder, ein Code oder Stereotyp, bestimmt durch gewisse wiederkehrende Artefakte, wie zum Beispiel der Stahlhelm, das Hakenkreuz, das Hitler- oder Duce-Portrait. Auch weniger Offensichtliches wie Haarschnitte, Musik, das 40er-Jahre-Pin-up erkenne ich im Spiel wieder. Waffen, Zubehör, Fahrzeuge und Bekleidung der agierenden Personen wirken auf technischer Ebene zusätzlich positiv verstärkend auf die Illusion, ein Abbild der Zeitgeschichte zu erleben, sodass kaum mehr Hintergrundwissen erforderlich scheint, um das Setting historisch einzuordnen.

Computerspieler erleben so ein Abbild der Realität des Zweiten Weltkriegs, das ihnen scheinbar bekannt ist, z.B. durch den Kriegsfilm und seine Ästhetik, aber keinesfalls durch tatsächliche Quellenkenntnis. Sie reagieren auf populäre Bilder und Artefakte statt auf Fakten. Sie spielen keine Kriegs-Realität *nach*, sondern spielen *in* einem atmosphärischen Kriegs-Feeling. Damit soll der Geschichts- und Realitätsbezug der Spiele keineswegs in Abrede gestellt werden. Auch Computerspiele kreieren schließlich eine Realität – Hindernisse zu überwinden (mit Maus und Tastatur), ist eine reale Aufgabe. Nur wird der Realismus-Begriff weitgehend fehlerhaft verstanden, wenn wir untersuchen, was dabei im Spielgeschehen vor sich geht. Schließlich sind sich Spieler normalerweise der Illusion von Realismus sehr bewusst, denn Computerspiele sind keine futuristischen Hologramm-Räume, in denen wahrnehmbare Realität *tatsächlich* hergestellt wird. Es ist gar nicht der Anspruch von Computerspielen, den Zweiten Weltkrieg nachzubilden. Dies ist nicht möglich und wird von keinem Spieler verlangt werden. Natürlich wird in der entsprechenden Werbung der Computerspielehersteller eine genau solche realistische Nachbildung des Zweiten Weltkriegs beworben (vgl. ebd.: 129 f.), was die Sache komplizierter macht. Dennoch ist diese Realität, verstanden als *de facto* wirklich, ein Trugschluss. Untersuchen wir den Realismusgehalt von Computerspielen bzw. realistische Darstellungen in Computerspielen, so kann es nur um ein *Anerkennen der Virtualität des Mediums* und ein bestmögliches Gestalten der *Realität-als-Illusion innerhalb dieser Virtualität* handeln. Bestmöglich bedeutet in diesem Kontext eine hohe Glaubwürdigkeit und Konsistenz der Darstellung, was wiederum als Authentizität verstanden wird.

Obwohl es keine reale Wirklichkeit ist, obwohl uns der Monitorrahmen oder das Telefonklingeln im Hintergrund die Virtualität der Spiele bewusst machen, obwohl wir wissen, dass sich Phänomene wie *flow* oder Immersion auf technische Abläufe zurückführen lassen, obwohl keine freiheitliche Interaktion mit dem Spiel aufgrund des Skripts möglich ist, *trotz alledem* schaffen es Computerspiele immer wieder, uns *wider besseren Wissens* die Illusion von Realität, Interaktion und Freiheit zu vermitteln. Das Computerspiel kann seine technisch bedingte Unfreiheit und fehlende Realität gut verstecken, könnte man kritisieren. Meine These ist allerdings, dass das Computerspiel genau diese technisch bedingte Unfreiheit durch Referenzen auf die Realität *verdeckt*, welche den Spieler gefühlte Freiheit besonders anschaulich erleben lassen. Verdecken und verstecken sind nicht dasselbe, denn verstecken klingt, als würde dem Spieler etwas wie Realität oder Freiheit vorgemacht, er könnte aber dahinter sozusagen die versteckte Unfreiheit finden. Beim Verdecken hingegen wird etwas anderes, zum Beispiel das Feeling, über das Spiel geschoben, also eine Atmosphäre kreiert und mit Details angefüllt. Plakativ gesagt: Je bunter und tönender die Illusion einer gefüllten, offenen und zeitlich verorteten Spielwelt dargestellt wird, desto mehr Spaß wird der Spieler daran haben, in dieser Spielwelt zu versinken und mit ihren Objekten zu ‚interagieren‘, sodass ihr eigentlicher Ursprung in den Hintergrund gerät. Durch sie denkt kein Spieler mehr daran, dass es sich eigentlich nur um von Nullen und Einsen in einem Blechgehäuse mit Stromanschluss hervorgerufenen Reaktionen handelt.

Spiele mit Geschichtsbezug wie die Weltkriegsshooter beherrschen dieses Verdecken besonders gut, denn sie können auf ein großes populärmediales Repertoire von Darstellungen des Zweiten Weltkriegs zurückgreifen, das vielen Spielern bereits bekannt ist. Aber auch andere Spiele mit einem klaren, kulturell wiedererkennbaren Rahmen wie *Grand Theft Auto: Vice City* (2002), die *Tomb Raider*-Reihe (seit 1996) oder *Mafia: The City of Lost Heaven* (2002) sind sehr gut dazu geeignet, eine an die eigene Erinnerung knüpfende, komplett realistisch erscheinende Spielwelt zu erzeugen. Der Bezug zur Wirklichkeit wird schließlich durch kulturelle, geschichtliche und medial bekannte – so auch durch das Kino und die entsprechenden Filme/ Fernsehserien, für die obigen Beispiele: die TV-Serie *Miami Vice* (1984 bis 1989), der *Indiana Jones*-Film *Raiders of the Lost Ark* (1981), die Mafia-Trilogie seit *The Godfather* (1972) –, d. h. wiedererkennbare Artefakte gegeben und so entsteht ein Feeling für die entsprechende Epoche (vgl. MERTENS 2007: 52 ff.). Neonfarben und Synthiepop verweisen auf die 1980er-Jahre. Aber Pin-ups, Gasmasken, Großkalibergewehre und Stahlhelme verweisen gemeinsam mit Gegnern in Schwarzhemden-Uniform auf den italienischen Faschismus unter Mussolini. Wird die Landschaft nur leicht verändert und mit anderen Artefakten kombiniert, kann dasselbe Spielgeschehen bereits dann auf den Zweiten Weltkrieg referieren, wenn wir den normannischen Landungsstrand im Hintergrund erkennen können.

An diese Darstellungen und Artefakte kann man anstelle der Frage des ‚Realismuskriteriums' (das sich als Illusion herausgestellt hat) eher die der Glaubwürdigkeit stellen. Ich bin bereit zu glauben, dass amerikanische GIs im Zweiten Weltkrieg bei der Landung in der Normandie Waffen und Kleidungsstücke besaßen und sich gemäß der virtuellen Darstellung verhalten haben, wie es eine Reihe von Kriegsfilmen wie *Saving Private Ryan* (1998) und Weltkriegsshootern wie *Medal of Honor: Allied Assault* (2002) darstellt. Ich wäre nicht bereit, dies zu glauben, wenn sie mit Schlaghosen und Rastalocken dargestellt würden. Auch würde ich einen frisch frisierten Hummer H3 zwischen all den alten Jeeps infrage stellen. Ich würde dann eher den Eindruck eines fiktiven Kriegsspiels bekommen. Dennoch bin ich zwar bereit, dies alles zu glauben, kann es aber nicht wissen. Ich habe nur das Gefühl zu wissen, „wie es damals war", wie ich auch bereits vor dem Spielen aufgrund meiner medialen Erfahrungen ein Feeling für das Aussehen bestimmter historischer Orte habe. Ich kann in diesem Gefühl oder Glauben sogar erschüttert werden (durch einen Dokumentarfilm oder Augenzeugenbericht, durch zu moderne Artefakte etc.). Aber selbst diese Erschütterung oder sogar mein gegenteiliges Wissen werden mich im Rahmen eines in sich konsistent glaubwürdigen Spielerlebnisses vermutlich *nicht* dazu bringen, diesem Spielerlebnis einen gefühlten Realismus abzusprechen.

Es ist wichtig festzuhalten, dass Geschichte oft nur zur Rahmung der Computerspiele-Handlung beitragen kann (und soll). So wird schließlich auch dieses Feeling, die bloße Kulisse, Atmosphäre kreiert. Bei den Weltkriegsshootern ist dies deswegen so auffällig, da unsere Kenntnis über den Zweiten Weltkrieg durchaus fortgeschritten ist, sodass wir genau zu wissen meinen, wann das Spiel sozusagen einen Fehler begeht. Die offensichtlichsten Fehler begehen Weltkriegsshooter ziemlich oft, wenn sie Kriegsverbrechen, Kriegsgefangene, verlorene Schlachten, vernichtende Angriffe, moralische Entscheidungen (wie über den Verbleib von Zivilisten), Ängste und Verwundungen einfach ausblenden. Es ist schließlich eine altbekannte Kritik am Weltkriegsshooter, dass er immer noch ein befriedigendes Spielerlebnis bieten würde, wenn aus ihm alle auf den Weltkrieg verweisenden Elemente entfernt würden.

Computerspiele bleiben die Realität gut oder schlecht abbildende Medien, die immer einen Rezipienten benötigen, der sie mit Bedeutung aufwertet. Dieser Rezipient ist es auch, der von den im Spiel dargestellten historisch-kulturellen Artefakten angeregt wird, sie zu einem kohärenten Gesamtbild zusammenfügt und dieses mit eigenem Wissen anreichert. Nur so entsteht ein zwar medial geprägtes, aber *gefühlt authentisches* Bild der dargestellten Geschichte, also beispielsweise des Zweiten Weltkriegs. Realismus wird ausschließlich durch den Spieler geschaffen, der beim Spielen Artefakte, Bilder, Wissen, mediales Wissen, Erfahrung, usw. zusammenfügt und mit Bedeutungen auflädt. Ist der Spieler, aufgrund mangelnder Bildung oder falscher Lesart der Artefakte, nicht in der Lage, ein geschichtliches Gesamtbild mit Bedeutung aufzuladen und so die Spielerfahrung in einen geschichtlichen Kontext einzuordnen, wie durch die Spieleentwickler als Feeling angelegt, so kann er dennoch weiterhin das Spiel spielen. Er wird es aber kaum als ein zeitgenössisches Werk mit Verweis auf einen anderen historischen Kontext lesen.

Quellenverzeichnis

Bibliografie

BENDER, STEFFEN (2010), „Durch die Augen einfacher Soldaten und namenloser Helden. Weltkriegsshooter als Simulation historischer Kriegserfahrung?", in: SCHWARZ, ANGELA (Hrsg.): *„Wollten Sie auch immer schon einmal pestver-*

seuchte Kühe auf ihre Gegner werfen?" : *Eine fachwissenschaftliche Annähe-rung an Geschichte im Computerspiel.* Münster u.a.: Lit Verlag, S. 123–147.

MERTENS, MATHIAS (2007), „„A Mind Forever Voyaging'. Durch Computerspiel-räume von den Siebzigern bis heute", in: HOLTORF, CHRISTIAN; PIAS, CLAUS (Hrsg.): *Escape! : Computerspiele als Kulturtechnik.* Köln, Weimar, Wien: Böh-lau, S. 45–54.

Ludografie

GARD, TOBY u.a. (seit 1996): *Tomb Raider.* Core Design / Crystal Dynamics; Eidos Interactive. System: PC, PlayStation.

GIOLITO, RICK (2002): *Medal of Honor: Allied Assault.* 2015, Inc.; Electronic Arts. System: PC.

GRACE, DENBY (2010): *Mafia II.* 2K Czech; 2K Games. System: PC, Sony Play-Station, Microsoft Xbox 360.

HOUSER, SAM (2002): *Grand Theft Auto: Vice City.* Rockstar North; Rockstar Games. System: PC, Sony PlayStation.

HOUSER, SAM (2002): *Mafia: The City of Lost Heaven.* Illusion Softworks; Take 2 Interactive, Inc. System: PC.

Filmografie

COPPOLA, FRANCIS FORD (1972, USA): *The Godfather.*

SPIELBERG, STEVEN (1981, USA): *Raiders of the Lost Ark.*

SPIELBERG, STEVEN (1998, USA): *Saving Private Ryan.*

YERKOVICK, ANTHONY (1984–1989, USA): *Miami Vice.*

Artur M. Pakosch

Die Freiheit der Algorithmen
Gedanken zu Möglichkeiten und Grenzen virtueller Realitätserfahrung am Beispiel von Weltkriegsshootern

Um was für eine Freiheit soll es sich handeln, wenn von Weltkriegsshootern die Rede ist? Kann man bei solchen Spielen wirklich den Begriff Freiheit ins Feld führen? Im Folgenden sollen diese Fragen näher erläutert werden. Dabei geht es nicht etwa um eine ethische Konzeption, inwieweit Krieg und Freiheit miteinander verbunden werden können. Der Begriff der Freiheit wird auf die Möglichkeiten des Users eines Computerspiels bezogen: Inwiefern kann er eine Immersion erfahren, wie kann er in eine virtuelle Realität eintauchen? Sollte ihm ein Zurücktreten aus seiner eigenen Person und zugleich hinein in eine Rolle möglich sein und wird diese artifiziell präsent (vgl. WIESING 2005), so hat diese Überlegung weitreichende Konsequenzen. Zum einen könnte es natürlich den Spielspaß steigern, zum anderen könnte aber gerade hier eine Chance zur Sensibilisierung für historische Ereignisse stattfinden. Allerdings – um die medienkritische Perspektive nicht zu vergessen – könnte hier auch die Gefahr liegen, dass sich der User in dieser Realität verliert. Aber ist das ‚Sich-verlieren' in einer Rolle wirklich nur an die virtuelle Realität gekoppelt? Könnte sie nicht eine Grundvoraussetzung für das Leben des Menschen in der Gesellschaft und dafür, wie diese Realität interpretiert wird, sein?

Natürlich setzt sich der gewöhnliche User an seinen Computer (bzw. seine Konsole) und weiß, dass er sich nun auf ein Spiel einlassen wird. Ob hier eine authentische Abbildung von real stattgefundenen Phänomen präsentiert wird – eine Diskussion, um die es beispielsweise in der Debatte über Fotografie geht –, ist weniger von Bedeutung. Vielmehr scheint das Eintauchen in einen virtuellen Raum und das Interagieren in einem narrativ angelegten Grundkonstrukt im Fokus der Fragestellung zu liegen – also nicht die Frage nach Realitäts*abbildung*, sondern nach der Realitäts*erfahrung*. Das Akzeptieren der gegebenen Spielwelt und ihrer Möglichkeiten, also ihre Regelhaftigkeit, scheinen Ausgangsbedingungen für das Eintauchen in diese Welt und eine Rolle in ihr zu sein. Damit eröffnet sich dem User der Weg in eine virtuelle Realität. Halten wir diesen Gedanken fest: ‚Akzeptanz' gegenüber den festgelegten Aktionspotenzialen ist eine Grundvoraussetzung.

Wie definiert sich Freiheit? Man kann sie allgemein definieren als die Möglichkeit, zwanglos und autonom zwischen verschiedenen Optionen zu wählen. Immer mehr Weltkriegsshooter integrieren diese Möglichkeit in ihrem Aufbau. Gehen wir von einer Gesellschaft wie der unseren aus, so verstehen wir Freiheit stets auch in einem reglementierten Bereich. Eine totale Freiheit ohne Regeln hingegen wäre in einem gesellschaftspolitischen Rahmen als Anarchie zu verstehen. Die ‚Freiheit der Algorithmen‘, hier stellvertretend als Metapher für die jeweilige Freiheit der Möglichkeiten eines Computerspiels gemeint, ist ebenso eine reglementierte wie die real empfundene. Dieser Vergleich mag zunächst trivial erscheinen, allerdings können ähnliche Erfahrungen, verstanden als kulturelle Grundkonstanten, das Eintauchen in eine (virtuelle) Rolle fördern und erleichtern. Womit mag es zusammenhängen, dass der Zweite Weltkrieg die am meisten verbreitete Thematik ist, wenn es um Egoshooter mit historisch inspirierter Spielwelt geht (vgl. SCHWARZ 2010)? Vielleicht, weil er globale Auswirkungen hatte und viele Menschen sich mit seiner Geschichte auseinandersetzen bzw. eigene Erfahrungen in der Familie existieren? Sicherlich auch, weil die moralische Konzeption im Sinne einer Zuweisung von ‚Gut‘ und ‚Böse‘ relativ einfach zu entwickeln ist.

Hervorheben und damit auch gleichzeitig von der nicht-virtuellen Realität abgrenzen möchte ich hier jedoch, dass die spielerische Existenz dem User Grenzen zu überschreiten erlaubt (zum Beispiel andere physikalische Bedingungen im Spiel, das erneute Aufleben nach dem Sterben sowie die Möglichkeit, historische Kämpfe mitzubestimmen), die er im normalen Leben nicht zu überwinden in der Lage wäre (vgl. KRAPP 1997). Der User kann sich eine neue Selbstkonzeption geben. Genau in diesem Umstand liegt eine tief greifende Überlegung, die eine existenzielle Grundannahme in sich birgt:

> „Menschliche Existenz zeigt sich nicht in eindeutiger Koinzidenz mit sich, sondern in einer Distanz sich selbst gegenüber, die durch die nichtende Kraft des Nichts hervortritt. So kann sich der Mensch aus seinem Sein lösen und Abstand gewinnen. [...] Der Mensch ist zum einen das, was er faktisch ist, d.h. das être-là, das sich in seiner Zugehörigkeit zu einer bestimmten Nation, Position, Klasse, Umgebung und Vergangenheit zeigt, zum anderen aber auch, was über das faktisch gegebene, das schon verwirklichte Sein hinausgeht und in seinen Möglichkeiten aufgeht. [...] Indem der Mensch sich im Hinblick auf das, was er nicht wirklich ist, übersteigert, entwirft er sich neu. Das Mögliche ist für die menschliche Realität konstitutiv. Somit gibt es auch kein fixes Ich; vielmehr muss das Ich im Spiel mit dem Möglichen immer wieder neu entworfen werden." (WINTER 1995: 15)

Dies kann für die virtuelle wie die ‚normale' Realität gelten, oder aber als ein transzendentes Verbindungsstück dieser zwei Phänomene bzw. Konzepte gedeutet werden. SCARLETT WINTER verdeutlicht diese Thematik u.a. an JEAN-PAUL SARTREs Beispiel über den Kaffeehauskellner: Der Kellner spiele seine Rolle vor der Gesellschaft, ähnlich wie vor einem Publikum, er gehe dabei auf das ‚Bild' ein, das von einem Kellner existiert und zu dem bestimmte Verhaltensmechanismen gehören (vgl. ebd.: 15 f.). Sein faktisches Sein tritt dabei in den Hintergrund, ist jedoch stets mit der Leistung verbunden, diese Rolle anzunehmen und auszuleben.

Könnte dies in ähnlicher Weise für Weltkriegsshooter bezüglich des Eintauchens in eine Rolle gelten? Insbesondere der Zweite Weltkrieg hatte solch ein globales Ausmaß, dass, wie bereits angedeutet, weltweit ein gewisses Bild oder sogar eine Ästhetik mit ihm verbunden zu sein scheint. Nicht ganz unkritisch stellt GUNNAR SANDKÜHLER dazu fest: „In so genannten Ego-Shootern wird seit einigen Jahren der Zweite Weltkrieg ausufernd und mit großer Intensität als Hintergrund für die Spielhandlung aufgegriffen und als Handlungsrahmen genutzt. Dabei ist zu beachten, dass der Zweite Weltkrieg ausschließlich als militärgeschichtliches Ereignis auftritt; Thematisierungen des Nationalsozialismus, des Holocaust und anderer Verbrechen finden nicht statt" (SANDKÜHLER 2009: 55 f.). Vielleicht ist dies aber auch nicht in der Form nötig, wie sich ein Historiker solch eine Auseinandersetzung vorstellt? Vielleicht reicht die Folie, also das Level als bereits (z.B. in der Schule erlernter) gewohnter geschichtlicher Background? Im Sinne des Nachahmens eines Soldaten oder Kämpfers (denn auf diese Rollen läuft es bei den meisten Weltkriegsshootern hinaus) gehört die ausgiebige Auseinandersetzung mit dem vorliegenden Konflikt kaum zu den primären Eigenschaften, um die man wissen muss, damit man spielen kann.

Wenn sich der User allerdings so ernsthaft in seiner Rolle verlieren kann, dass sie ihm wie eine Realität erscheint, besteht zumindest die Möglichkeit, dass sich ein gewisses Interesse daraus entwickelt, den Hintergrund des Spiels zu verstehen. Nimmt man zum Beispiel *Medal of Honor: Frontline* (2002), in dem die Landung der Alliierten in der Normandie durchgespielt wird, so macht es (vielleicht auch im Sinne des Spielspaßes) durchaus Sinn, den geschichtlichen Hintergrund zu kennen. Anzunehmen, dass die Entwickler es darauf angelegt haben, einen relativ gut dokumentierten geschichtlichen Kontext zu verwenden, ist nicht abwegig; insbesondere wenn man die Genauigkeit des dargestellten Szenarios betrachtet. Dieser Shooter impliziert sogar ein Vorwissen um den historischen Kontext und legt es darauf an, die

Begebenheit als eine Art Reenactment durchzuspielen. Ich möchte die Behauptung aufstellen, dass es ohne dieses Vorwissen nicht wirklich möglich ist, sich in diesem Spiel, in dieser Rolle, im Sinne einer virtuellen Realität, zu verlieren – vielleicht mit Ausnahme einiger Extremfälle von Usern, denen es wirklich nur um das virtuelle Töten geht.

Bisher wurde versucht darzustellen, ob und welche Möglichkeiten es unter Umständen gibt, sich in einer virtuellen Rolle zu ‚verlieren' und diese als real zu empfinden. Da wir jedoch als rationale Wesen über unser Sein in der Welt reflektieren und uns somit immer wieder auf eine Art metaphysischen Aussichtsturm begeben können, wäre es vielleicht angebrachter, von einem In-einer-Realität-‚wiederfinden' zu sprechen. Dieser Begriff verweist zugleich auch auf einen räumlichen Aspekt und – was noch wichtiger ist – die Grenzen dieses Raums. Ebenso wie wir nicht gänzlich in unserer alltäglichen Realität aufgehen und sie vollständig wahrnehmen, da wir uns durch Reflexion über ihren Status klar werden, ist der virtuellen Realität im Sinne völliger Freiheit im Spiel durch ihre Regelhaftigkeit ein Riegel vorgeschoben. Sich selbst in so etwas wie Virtualität wiederzufinden, also zu verorten, müsste gleichzeitig bedeuten, an ihre Grenze gestoßen zu sein. Denn auf was sonst als die Grenzen unseres Denkens verweist uns unsere Unfähigkeit, das, was wir als Realität bezeichnen, gänzlich zu erfassen (vgl. WITTGENSTEIN 1984)?

Zu Beginn wurde bereits die Bedeutung der Akzeptanz und Interaktion von und mit Aktionspotenzialen im Spiel hervorgehoben – und was das für die virtuelle Realitätserfahrung bedeuten kann. User, die solch eine Erfahrung gemacht haben, werden vermutlich zustimmen, dass man sich in ihr wiederfinden kann, also unweigerlich auch an ihre Grenzen stößt. Da das Sitzen vor einem Spiel zum einen irgendwann von biologischen Bedürfnissen unterbrochen werden muss, geschieht dies früher oder später auf eine ganz natürliche Art. Ich würde jedoch behaupten, dass es ebenfalls zum durchschnittlichen Spielverhalten dazugehört, irgendwann die Grenzen der Aktionspotenziale zu erreichen bzw. sie auszureizen (beispielsweise wenn man eine Aufgabe oder Mission erfüllen und mit den Level-Elementen experimentieren muss). Dabei wird der ‚Flow' stets unterbrochen: Das Spiel läuft nicht kontinuierlich ab und muss ausgekundschaftet oder mit einer neuen Strategie begonnen werden. Allein dabei müsste schon klar werden, wo der digitale Raum begrenzt ist, wo ein Level endet oder ein weiterer Bewegungsradius verhindert wird. Hier findet eine Einschränkung in der (spielerischen) Freiheit statt.

Die Freiheit der eigenen Realität auszuschöpfen, in sie einzutauchen, an ihre Grenzen zu stoßen und dadurch ein neues Potenzial zu entwickeln, ist eine Erfahrung, die – ob digital im Sinne einer Immersion erlebt oder durch praktisches Er-Leben des eigenen Seins in der Welt – stets mit einem Lernerfolg einhergehen kann. Wenn dieser Erfolg mit einer verbesserten Selbstwahrnehmung zusammenhängt, so wird man unter Umständen aufmerksamer in der eigenen Realitätserfahrung und ihrer Abläufe. Letztlich könnte dadurch auch eine stärkere Auseinandersetzung mit dem spielerischen Background, in diesem Fall den historischen Begebenheiten und Bezügen, stattfinden.

Quellenverzeichnis

Bibliografie

KRAPP, HOLGER (2000): *Künstliche Paradiese, Virtuelle Welten : Künstliche Räume in Literatur-, Sozial- und Naturwissenschaften.* München: Fink.

SANDKÜHLER, GUNNAR (2009), „Der Zweite Weltkrieg im Computerspiel. Ego-Shooter als Geschichtsdarstellung zwischen Remediation und Immersion", in: MEYER, ERIK (Hrsg.): *Erinnerungskultur 2.0 : Kommemorative Kommunikation in digitalen Medien.* Frankfurt a.M.: Campus, S. 55–65.

SCHWARZ, ANGELA (2010), „Computerspiele – ein Thema für die Geschichtswissenschaft?", in: NOHR, ROLF (Hrsg.): *Medienwelten : Braunschweiger Schriften zur Medienkultur.* Münster u.a.: Lit Verlag; S. 7–28.

WIESING, LAMBERT (2005): *Artifizielle Präsenz : Zur Philosophie des Bildes.* Frankfurt a.M.: Suhrkamp.

WINTER, SCARLETT (1995): *Spielformen der Lebenswelt : Zur Spiel- und Rollenmotivik im Theater von Sartre, Frisch, Dürrenmatt und Genet.* München: Fink.

WITTGENSTEIN, LUDWIG (1984): *Tractatus logico-philosophicus / Tagebücher 1914–1916 / Philosophische Untersuchungen.* Frankfurt a.M.: Suhrkamp.

Ludografie

GOODRICH, GREG (2002): *Medal of Honor: Frontline.* EA Games; Electronic Arts. System: Gamecube, Sony PlayStation 2, Microsoft Xbox.

Sebastian Standke

Burlesk-komische Elemente im Weltkriegsshooter
Eine ludologisch-dramaturgische Analyse
am Beispiel von *Call of Duty*

> *"No cows were harmed in the making of this game."*

In Anlehnung an den populären Filmabspann-Satz "No animals were harmed during the making of this film" verabschiedet *Call of Duty* (2003) die Spieler[1] mit diesem Satz. Dabei spielen Kühe keine erwähnenswerte Rolle im Spiel; lediglich in zwei Anfangsmissionen fungieren ihre Kadaver als potenzielle Schutzschilde vor feindlichen Schüssen auf dem Schlachtfeld. Dennoch endet das Spiel auf diese, wenn nicht humorvolle, doch wenigstens komische Art und Weise. Dabei ist nichts zu spüren von einer „Militarisierung der Gesellschaft" (STREIBL 1998) durch Computerkriegsspiele. Das Entwicklerstudio *Infinity Ward* bringt damit zum Ausdruck, dass *Call of Duty* die ernste Thematik in einen komischen Darstellungs- und Spielmodus – den ich im Laufe des Beitrags als einen burlesken definieren will – transformiert.[2]

In diesem Beitrag wird ein Sammelsurium dramaturgischer wie performativer Elemente des deutschen bürgerlichen Lachtheaters des 19. Jahrhunderts dazu benutzt, um sie in Bezug auf Weltkriegsshooter zu transferieren und analysieren. Diese Methodik darf nicht als zwanghafter Versuch verstanden werden, die *Game Studies* durch die bereits etablierte Theaterwissenschaft zu etablieren. Vielmehr bietet gerade sie ein geeignetes Instrumentarium, um die virtuelle Gewaltdarstellung in Computerspielen als einen Darstellungsmodus zu betrachten, der den Spieler nicht zur realen Gewalt auffordert.[3] Ich vertre-

---

1 Wenn ich Spieler schreibe, dann sind darin sowohl Frauen als auch Männer eingeschlossen. Das gilt ebenfalls für den Singular.

2 *Burleske* darf man nicht mit der lautgleichen US-amerikanischen Unterhaltungsgattung *Burlesque* verwechseln. Zwar finden beide ihre gemeinsame Wurzel in der Unterhaltung auf der Bühne, doch steht bei der Burlesque die Entblößung des Artistinnenkörpers im Zentrum; damit ist sie eher der erotisch-performativen Unterhaltung zuzuordnen.

3 Die Meinung, dass Computerspiele Aggressionen und Aggressivität steigern oder sogar erst auslösen können, ist weit verbreitet (vgl. dazu stellvertretend Volgger et al. o. J.,

te eine Gegenmeinung: Die Gewaltdarstellung fungiert als distanzierendes Unterhaltungselement. Ein allgemeiner Abriss zum Verhältnis von gewalthaltigen Spielen und Komik soll im Folgenden die Spannungsfelder zwischen solchen Positionen klären.

Zwischen „Killerspiel" und Komik

Seit dem Jahr 2000 erstarkte international die sogenannte ‚Killerspiel'-Debatte. Als ‚Killerspiel' werden sämtliche Computerspiele bezeichnet, die Gewalthandlungen zeigen. Der Gebrauch dieses Begriffs impliziert die Reduktion dieser Spiele auf die Kampf-, Schieß- und/oder Tötungshandlungen. Richten sich diese Handlungen gegen Menschen, so werden diese Spiele verstärkt als (Mit-) Auslöser von Amokläufen interpretiert. Auch die Täter der Amokläufe in Erfurt im Jahr 2002 sowie in Winnenden im Jahr 2009 besaßen solche Sspiele. Seitens der Politik und des Print- und Fernsehjournalismus wurde wegen dieser Parallelen die Vermutung geäußert, dass diese Spiele die Mit- oder gar Hauptschuld an den Massenmorden trügen (vgl. LÜBBERSTEDT 2006). Schon 2005 verschrieb sich die Große Koalition in Deutschland – bestehend aus CDU, CSU und SPD – in ihrem Koalitionsvertrag dem „Verbot von ‚Killerspielen'".

Europaweit erhitzte diese Debatte im Jahr 2011 nach den Osloer Anschlägen durch ANDERS BEHRING BREIVIK die Gemüter. In seinem kruden „Manifest" schrieb BREIVIK: "Simulation by playing Call of Duty, Modern Warfare is a good alternative as well but you should try to get some practise with a real assault rifle […] if possible" (BREIVIK 2011). Auch wenn er nicht etwa das Spielen selbst als seine Tötungsmotivation beschreibt, stellt er es als ein brauchbares Training dar, das die reale Schießerfahrung allerdings nicht ersetzen kann. Durch solche – meist auf Ergebnisse aus der Pädagogik und Medienpsychologie gestützte – Aussagen scheint sich der schädliche Einfluss der Spiele auf die emotionale Stabilität sowie die Empathie eines Menschen zu bestätigen. Ästhetische, strukturelle und kulturgeschichtliche Spezifika von Computerspielen werden allerdings selten berücksichtigt.

So setzen Spieler im mzee.com-Forum die Gewalt im Spiel in einen ästhetisch-dramaturgischen Gesamtkontext; darauf lassen Äußerungen schließen wie „ich finds lustig! bei der einsatzbesprechung werf ich immer ne granate in die mitte und der typ labert einfach weiter! die andern laufen weg!"

---

wobei die Autoren aber immerhin eine Auseinandersetzung mit den Spielen statt strikter Pauschalverbote – vgl. dazu stellvertretend GÜSSGEN/PFEIFFER 2007 – empfehlen).

oder „grad ham se meinem Sanitäter die Rübe abgeschossen.........:D :D :D"[4].
Auch Spieler-Interviews im Rahmen einer Studie zu Gewalt in Computerspielen und zur Entwicklung der Australier aller Altersgruppen belegen diese
Annahme: "I've played the Mortal Kombat game – you know it's violent but
it's sort of funny ... the way they chap their heads off. You just laugh
because it's so funny 'cos you know it's not real" (ein Mädchen aus der Al-
tersgruppe 15 bis 17 Jahre, zitiert nach DURKIN/AISBETT 1999. 75). Virtuelle
Gewaltdarstellungen wurden in dieser Studie also vorrangig als witzig statt
abschreckend erlebt, unabhängig vom Brutalitätsgrad der Darstellung. Zum
Spielverhalten merken DURKIN und AISBETT an: "There were high levels of
laughter [...] around the game" (ebd.: 13).

Einführend sollen burleske Komik und Weltkriegsshooter als zentrale
Arbeitsbegriffe eingeführt werden. Es folgt ein grober Einblick in das Spiel
Call of Duty sowie eine Darstellung von dessen Relevanz als Forschungs-
gegenstand. Es wird ein besonderer Fokus auf das Gameplay und die Spiel-
dramaturgie gelegt, um die Struktur burlesk-komischer Elemente nachzuwei-
sen. Ein abschließendes Fazit beschäftigt sich mit der Frage, welche Erkenntnisse gewonnen wurden und ob diese auch auf andere Shooter und Gewalt-
spiele anwendbar sind.

Der erste wichtige Arbeitsbegriff ist die Burleske. Das Wort leitet sich
von den italienischen Vokabeln *burla* (Schabernack) und *burlare* (jemandem
einen Streich spielen, in einem spottenden Sinne scherzen) ab. Folgt man
diesem Ursprung, so muss die burleske Komik jemanden oder etwas negativ
herabstufen, um einen anderen zum Lachen zu bewegen. Dieser Spott darf
jedoch keine tragisch wirkende Konsequenzen herbeirufen – es bleibt beim
Streich oder Schabernack. Das heißt nicht, dass keine eigentlich tragischen
Ereignisse (wie gewalttätige Handlungen, Tod, etc.) erzählt werden dürfen.
So beschreibt auch MATTHIAS STEINLE „Gegensätze, Unwahrscheinlichkeit,
Verzicht auf Sujet und Psychologie, Akrobatik, Gewalt, Überraschung"
(2008: 41) als zentrale Eigenschaften dieser Komik. Sein Artikel versucht die

---

4 Quelle: Kommentare im Archiv-Thread *Call of Duty*, von mzee.com-Forum-User gi-
kof, king lord, Temper: http://www.mzee.com/forum/archive/index.php/t-63258.html?s=
b0549258b1f10e20de47cd312f11b83b; verifiziert am 27.12.11.
Die Zeichenkombination :D soll einen Smiley darstellen, der Augen sowie einen weit
geöffneten (entweder als große Freude oder Lachen interpretierbaren) Mund zeigt. Da
der Smiley dreimal benutzt wurde, darf man von einer humorvollen Einschätzung der
für das eigene Team eigentlich schädlichen Situation ausgehen.

Darstellungsstrategien des Todes im burlesken Kriegsfilm aufzudecken, die er als verharmlosend bis verdrängend enttarnt: Der Tod darf somit in der Burleske auftauchen, hat aber nie tragische Konsequenzen innerhalb der Erzählung.

Der Literaturwissenschaftler und Theaterkritiker VOLKER KLOTZ beschreibt, dass „[d]ie Texte des Lachtheaters [...] mithin weniger unter literarischen als unter szenischen Gesichtspunkten geschrieben" (1980: 7) wurden. Die Performativität hat also Vorrang vor der Narration. Dies bestätigt auch der Kunsthistoriker WILHELM FRAENGER mit seiner Aussage, „die Plötzlichkeit [bilde] den Haupteffekt burlesker Komik. [Es] geh[e] alles Schlag auf Schlag" (1995: 37); Bewegungen und Handlungsstränge folgen also dicht aufeinander. Wenn es überhaupt narrative Erklärungen gibt, so sind diese monokausal begründet und sehr schnell nachvollziehbar; prinzipiell erweist sich aber die Plötzlichkeit selbst als einzig notwendige Begründung.

Der zweite wichtige Arbeitsbegriff ist der Weltkriegsshooter. Computerspiele, in denen das Erschießen von Gegnern im Vordergrund steht, bezeichnet man allgemein als Shooter. Gewalt – hier folge ich KUNCZIKs und ZIPFELs Definition von Gewalt als „beabsichtigte physische und/oder psychische Schädigung einer Person, von Lebewesen und Sachen durch eine andere Person" (2006: 23) – wird hauptsächlich angewendet, um taktische Ziele zu erreichen: strategisch wichtige Standorte einnehmen, Geiseln befreien, Waffenlager des Feindes vernichten etc. Der Spieler versucht dabei gleichzeitig zu verhindern, dass seine Figur selbst getroffen bzw. erschossen wird. Somit steht das „Schießen [...] in einem dialektischen Verhältnis zu Handlungen des Nicht-Getroffen-Werdens" (KLEIN 2010: 68 f.). Der Weltkriegsshooter ist dabei eine Unterkategorie, in der einer der beiden Weltkriege als *historisches Setting* genutzt wird. Überproportional häufig fällt dabei die Wahl auf den Zweiten Weltkrieg. So nutzen die ersten Titel der erfolgreichen Spielreihen *Battlefield*, *Brothers in Arms*, *Call of Duty* sowie *Medal of Honor* allesamt den Zweiten Weltkrieg als Setting. Manche davon blieben diesem Erfolgsrezept sogar jahrelang treu.[5] Dieser Umstand lässt sich auf unterschiedliche Weise erklären. So haben viele Entwicklerstudios ihren Sitz in den USA. Während die Amerikaner im Ersten Weltkrieg aufgrund ihres späten Eintritts in das Kriegsgeschehen keine dominante Rolle spielten, können sie

---

5 Erst der elfte *Medal of Honor*-Titel schwenkte in eine gänzlich neue Richtung ein und wählte den Afghanistan-Konflikt als Setting. Die *Brothers in Arms*-Reihe ist bis heute konsequent beim Zweiten Weltkrieg geblieben.

sich heutzutage als großer Sieger des Zweiten Weltkriegs brüsten. Der wirtschaftliche Erfolg eines Spiels im eigenen Land dürfte sich erhöhen, wenn man eine heroische Siegesgeschichte als Narrationsstrang benutzt. Ein anderer Erklärungsansatz beruht auf der Tatsache, dass sich die (Schuss-) Waffen in dem Zeitraum von 1918 bis 1939 technologisch stark weiterentwickelten. Durch diesen Fortschritt wirkt der Zweite Weltkrieg spieltechnisch spannender, da man nun auch historisch legitimiert heftigere Explosionen durch Granaten und Panzergeschosse sowie eine höhere Treffsicherheit bei Distanzwaffen im Computerspiel darstellen kann. Diese Arbeit wird später einen eigenen weiteren Erklärungsansatz anbieten, in dem die verschiedenen Kriegsparteien als auf Stereotypen reduzierte Protagonisten zu einer burlesken Komik beitragen, was sich auf die Dramaturgie des Computerspiels auswirkt.

Üblicherweise spielt man im Weltkriegsshooter einen Soldaten, der der Seite der Kriegsgewinner angehört. Ausgewählte Schlachten (oder teilweise fiktive Sonderaufträge) werden als Level umstrukturiert, die nur dezent variierbare Lösungsmöglichkeiten anbieten. Es gibt keine oder nur sehr eingeschränkte Möglichkeiten, mit dem Feind oder Verbündeten zu kommunizieren: Man kann sich nicht ergeben, es ist nicht möglich, diplomatisch zu verhandeln, man kann keine Gefangenen nehmen und Zivilisten sind nicht vorhanden oder für den Spielverlauf nicht entscheidend. Der Weltkriegsshooter ist also ein Subgenre des Shooters, das den (Zweiten) Weltkrieg als „narrative Klammer" (BENDER 2010: 126) nutzt. Durch die Wahl dieses historischen Settings sind bestimmte Waffentypen und Fahrzeuge festgelegt. Die Auswahlmöglichkeiten sind damit im Vergleich zu Shootern, die in einem fiktiven (Zukunfts-) Szenario spielen, stark begrenzt.

Ein solcher Weltkriegsshooter ist der erste Teil der Call of Duty-Reihe, die als eine der kommerziell erfolgreichsten Spieleserien überhaupt bekannt ist. So konnte das 2011 erschienene Call of Duty: Modern Warfare 3 gleich mehrere Verkaufsrekorde brechen; besonders wichtig ist jedoch, dass der Titel in nur 16 Tagen über eine Milliarde US-Dollar Umsatz einspielen (vgl. URBAN 2011) und so mit einem Tag Vorsprung dem Kultfilm Avatar (2009) den ersten Platz abringen konnte. Den Grundstein für diesen weltweiten Erfolg legte 2003 der erste Teil, der allgemein sehr gute Bewertungen erhielt. So errechnete metacritic.com aus vielen renommierten Internetkritiken einen Metascore-Wert von 91 von 100 Punkten, wodurch das Spiel zur Zeit den

68ten Platz der besten PC-Spiele aller Zeiten belegt.[6] Zusammen mit *Medal of Honor: Allied Assault* (2002) ist es der einzige Weltkriegsshooter, der einen solch hohen Wert erreicht hat.

In der Singleplayer-Kampagne führt der Spieler in 24 Einzelmissionen hauptsächlich Frontalangriffe, Fahrzeugkämpfe sowie Sabotageakte durch. Das Spiel ist in drei Kampagnen eingeteilt. Im ersten Drittel spielt man als der amerikanische Private Martin. Später nimmt man die Figur des britischen Sergeants Evans ein, zum Ende übernimmt man die Identität des sowjetischen Soldaten Alexei Ivanovich Voronin. Diese Einzelkampagnen sind narrativ nicht miteinander verknüpft, spielen aber im selben Szenario. Die einzige Parallele findet sich im gemeinsamen Feind: dem NS-Regime. *Call of Duty* folgt dabei sehr stringent der Chronologie des Zweiten Weltkriegs, sodass keine Möglichkeiten existieren, einen anderen historischen Weg einzuschlagen. Während man als Amerikaner die Operation Overlord (die Invasion in der Normandie) nachspielt, muss man als Brite die Zerstörung des deutschen Schlachtschiffs „Tirpitz" vorbereiten und als Russe Stalingrad zurückerobern, um anschließend den finalen Angriff auf den Reichstag durchzuführen. Es werden grundsätzlich markante Stationen des Zweiten Weltkriegs reinszeniert, über die der Spieler bereits Vorwissen hat.[7] Es gibt auch rein fiktive bzw. geschichtlich nicht verbürgte Einsätze, die für größeren Spielspaß sorgen, da durch sie eine Variation der Missionstypen möglich ist. Diese Aufträge sind „historisch eingefärbt" (BENDER 2010: 134), wodurch der Anschein erweckt wird, dass der Krieg zumindestens *so hätte gewesen sein können*.

Verstärkt wird der Eindruck eines sich einer Kriegserfahrung annähernden Spielerlebnisses durch die unmittelbare Ego-Perspektive. Im Ego-Shooter spielt man aus der Sicht des Protagonisten, sodass man über die gehaltene Waffe seine Umwelt betrachtet. Die Munition ist dabei nie unbegrenzt – von wenigen Ausnahmen wie Flugabwehr-Kanonen (kurz: FlaKs) abgesehen –, allerdings ist innerhalb des Spiels genug Munition einsammelbar. Entweder liegt sie frei verfügbar in der Umgebung als Päckchen herum oder getötete

---

6 Quelle: metacritic.com: Highest and Lowest Scoring Games at Metacritic. http://www.metacritic.com/browse/games/score/metascore/all/pc?sort=desc&view=con densed; verifiziert am 30.12.11.

7 *Call of Duty* hat von der Unterhaltungssoftware Selbstkontrolle die Einstufung „Ab 18 Jahren" bekommen. Spieler sollten in diesem Alter bereits Kenntnisse über den Zweiten Weltkrieg haben.

Gegner lassen sie zurück. Um Gegner auszuschalten, genügen entweder ein gezielter Kopfschuss oder wenige Schüsse auf den Körper. Einsetzbar sind zu diesem Zweck verschiedene Waffentypen wie Pistolen, Scharfschützengewehre, (Handstiel-) Granaten, aber auch in seltenen Fällen FlaKs, Panzerfäuste und Panzer.

Die Lebenskraft der Spielfigur wird durch eine viereckige Leiste repräsentiert, die sich je nach Verwundungsgrad farblich ändert und auch sinkt. „Grün" steht dabei für volle oder hohe Gesundheit, „rot" für den lebensbedrohlichen Bereich. Die Gesundheit kann durch Verbandskästchen bis zur Hälfte aufgefüllt werden; diese Möglichkeit haben die Gegner nicht. Je nach gewählter Schwierigkeitsstufe zieht ein gegnerischer Schuss unterschiedlich viel Energie ab. Man kämpft jedoch nie allein, da unabhängig vom Schwierigkeitsgrad mehrere unterstützende Einheiten ebenfalls versuchen, die Feinde auszuschalten. *Friendly Fire*, also der Eigenbeschuss von Kameraden, wird dabei nicht toleriert und führt zum sofortigen Missionsabbruch. Den Missionserfolg erreicht man, indem man sämtliche Teilziele erfüllt. Nach jedem erreichten Teilziel speichert das Spiel automatisch ab, wodurch die eigene Spielfigur unendlich oft sterben kann.

Dieses Spielkonzept lässt sich in den meisten aktuellen Weltkriegsshootern in leicht veränderter Form wiederfinden. *Call of Duty* ist damit ein tonangebender Meilenstein dieses Subgenres. Kann hier also eine burleske Komik herausgearbeitet werden, so müsste dies auch für den Großteil weiterer Weltkriegsshooter möglich sein. Die Ausarbeitung der burlesk-komischen Elemente bezieht sich dabei ausschließlich auf den Singleplayer-Modus.

Die Störenfriedformel

In *Call of Duty* wird die eigene Spielfigur von anderen Soldaten ihrer jeweiligen Nationalität unterstützt. Diese Mitkämpfer sind ein ludisches Mittel, das das Spiel zwar erleichtert, es aber nicht eigenständig gewinnen kann. Egal, wie viele Feinde sie auch ausschalten mögen: Erst sobald der Spieler bestimmte Punkte des Schlachtfelds betritt, lösen sich die nächsten Aktionen aus. Unsere Mitkämpfer stellen den spielerischen Versuch dar, den Fakt, dass sich „im Shooter [...] der Spielende als ‚One Man Army' den Weg frei [schießt]" (ebd.: 133 f.), zu verschleiern. Dadurch ergibt sich eine authentischer wirkende Kriegsgeschichte, da die einzelnen Missionsziele nicht aus einer reinen Ich-Erzählperspektive vermittelt werden müssen. Da die Helfer allerdings nur Computeralgorithmen und damit stark determinierten Handlungs- wie Bewegungsmustern folgen, ist der Spieler innerhalb der Gruppe die einzige selbstständig handelnde Person. So stürmen die Mitstreiter erst zu den Gegnern, wenn der Spieler einen bestimmten Standpunkt erreicht hat. Alles ist sorgfältig geskriptet. Hier entsteht keine Interaktion miteinander, sondern es wird ein reines Reiz-Reaktions-Schema präsentiert. Des Weiteren könnten die Missionen (jedenfalls in den beiden niedrigen Schwierigkeitsstufen) auch ohne diese Helfer erfolgreich durchgespielt werden. Durch ihre mangelnde Notwendigkeit kann man sie ludologisch maximal als Erweiterungen der Spielfigur begreifen. Es bildet sich kein Kollektiv. Die gegnerischen Nazi-Soldaten im Spiel nehmen wir dagegen automatisch als Kollektiv wahr, da sie eine gemeinsame Funktion besitzen: Sie dienen uns als Feind und Zielscheibe. Sobald sie unsere Einheiten im direkten Blickfeld haben, beginnen sie zu schießen.

Hier lässt sich ein grundlegendes dramaturgisches Element aufdecken, das Burleske und *Call of Duty* miteinander teilen, die Klotz *Störenfriedformel* nennt. Hierbei stellt sich ein Einzelner gegen „[e]ine geschlossene soziale Gruppe mit eingeschliffenen Verkehrsformen" (KLOTZ 1980: 18). Diese Figurenkonstellation entfaltet einen eigensinnigen Humor, indem sich beide Parteien gegenseitig aufwiegeln und einzelne Charakteristika übersteigert werden. Übertragen wir diese Formel auf *Call of Duty*, werden zwei miteinander verknüpfte Ebenen sichtbar: Wir als (einzelner) alliierter Soldat gegen das nationalsozialistische Kollektiv, aber auch wir als menschlicher Spieler gegen das mechanisierte Algorithmen-Kollektiv.

„*Wir werden angegriffen! Alle Mann in Kampfbereitschaft! Erschießt jeden einzelnen! Britische SIS-Einheiten haben die Talsperre betreten. Feindliche Truppen sind durchgekommen! Sie sind vom britischen SIS! Keine Gefangenen! Ich wiederhole: Keine Gefangenen!*" (*Call of Duty*, zehnte Mission, Eder-Talsperre in Deutschland). Diese Durchsagen hallen dem Spieler entgegen, wenn er als britischer Soldat Evans einen schwer bewachten deutschen Staudamm mit Sprengsätzen sabotieren soll. Das Markante an der Situation ist, dass man diesen Auftrag im Alleingang durchführt. Hier werden wir vom Spiel selbst als ‚One Man Army' charakterisiert. Die deutschen Truppen können nichts ausrichten, die Störenfriedformel realisiert sich in diesem Moment. Die Nazi-Soldaten scheinen panisch zu reagieren. So gibt es auf dem Damm vereinzelt Maschinengewehre. Sobald der sie bedienende deutsche Soldat stirbt, kommt von weiter hinten ein neuer angerannt, um sie zu bedienen. Während hier einer nach dem anderen erst erledigt werden muss und sich daraus eine klare Befehlsstruktur unter den deutschen Soldaten erkennen lässt (nach dem Motto „Wenn Soldat A tot ist, nimmt Soldat B seinen Platz ein … wenn Soldat B tot ist, nimmt Soldat C seinen Platz ein … usw."), ändert sich dieses Verhalten in der Zentralanlage. Jeder Gang und Raum ist auf einmal mit ganzen Gegnerscharen überfüllt, die bei Blickkontakt sofort hektisch und ziellos zu schießen beginnen. Diese Reaktion folgt so schnell, dass es ihnen in der Realität unmöglich wäre zu erkennen, ob gerade Freund oder Feind den Raum betritt. Mit KLOTZ könnte man diesen Akt der plötzlichen Panik wie folgt erklären: „Die Rolle des Störenfrieds […] zeigt an, daß es weniger darum geht, was er für sich unternimmt, als was er bei andern auslöst. […] In vorbeugenden Maßnahmen stellen sie [Anm. S. S.: gemeint sind die Mitglieder des Kollektivs] sich auf seine fälschlich erwarteten Aktionen ein und verurteilen sie so von vornherein zu Reaktionen auf Reaktionen. Ergebnis ist ein zwischenmenschliches Verkehrschaos, das nicht etwa aus dem Mangel, sondern aus dem Übermaß von Verkehrsregeln besteht" (ebd.: 20). Anstatt für jeden einzelnen Gegner eigenständige Handlungsmuster zu entwickeln, bleiben die von Infinity Ward entwickelten Logarithmen weitgehend variationsarm. Das ist verständlich, hätte die hohe Zahl an komplexen Bewegungsabläufen für hunderte Gegner die durchschnittliche Leistungskraft der damaligen PCs doch überschritten. Diese Entscheidung bewirkt – betrachtet man sie vor dem Hintergrund der Merkmale der Burleske –, dass sich ein schnell zu erfassendes feindliches Kollektiv bildet.

Außerhalb der dramaturgischen Übereinstimmung lässt sich auch eine ludologische finden. *Call of Duty*, wie überhaupt alle Weltkriegsshooter, verdeutlicht par excellence eine These des Medienwissenschaftlers MATHIAS MERTENS: „Wenn man überhaupt von Erzählung im Computerspiel sprechen kann, dann wohl im Sinne [des] Mythos der Entfremdung, diese Feindschaft des Raums gegenüber dem Spieler" (2007: 47). MERTENS zeigt in seiner Theorie durch einen computerspielhistorischen Abriss, dass die Geschichte der Computerspiele genreunabhängig eine Geschichte der Raum(zurück)eroberung sei. Bei Kriegsspielen geht es offenkundig um nichts anderes: Man säubert einen Raum von den sich in ihm befindenden feindlichen Einheiten, um ihn sich anzueignen. Auch in burlesken Erzählungen versuchen die Charaktere den Raum für sich zu beanspruchen beziehungsweise zu sichern: „Wo gesamtgesellschaftliche Bedrohnisse hinuntergeschraubt sind auf die Belästigung des mittelständischen Hauses, dort kann die logische und die szenische Konsequenz nur lauten: Rausschmiß. Eliminieren, in seinem ursprünglichen Wortsinn, heißt nichts anderes, als jemanden über die Schwelle setzen, aus dem Haus werfen" (KLOTZ 1980: 33).

In *Call of Duty* ist die große Bedrohung der Krieg, der auf einzelne Räume in Form von Einzelmissionen heruntergebrochen wird. Der Spieler erblickt niemals das große Ganze. So entsteht als ludologische Konsequenz die Schießhandlung als Eliminierungsakt. Nur die Waffengewalt bietet im Kontext des Kriegsspiels in seiner reduzierten Komplexität eine performativ wirksame Form der Raumbefreiung. Aus diesem Grund können wir auch aus eigener Initiative heraus keine Gefangenen nehmen oder diplomatisch verhandeln. Die Komplexitätsreduktion, die der Weltkriegsshooter erzeugt, führt automatisch zu der burlesken Störenfriedformel.

Diese Figurenkonstellation scheint relevant für die Toleranz der Allgemeinheit gegenüber einem gewalthaltigen Spiel zu sein, denn es werden keine Zivilisten eingebaut – weder als Kollektiv, noch als Störenfried. Sollte das doch der Fall sein, dann normalerweise nicht als zu tötende Zielobjekte. Damit würde sich erklären lassen, warum das Flughafen-Level „No Russian" aus *Call of Duty: Modern Warfare 2* (2009) heftig kritisiert wurde. Entschließt man sich dazu, diese Mission durchzuspielen – man kann sie auch überspringen –, muss man zahlreiche unbewaffnete Zivilisten töten. Hintergrund ist hierbei, dass man sich als Geheimagent in eine Terroristengruppe einzuschmuggeln versucht und sich durch dieses Attentat als vertrauenswürdig erweisen soll. *GamePro*-Chefredakteur MARKUS SCHWERDTEL und *GameStar*-Chefredakteur MICHAEL TRIER entschlossen sich in einem gemeinsamen Artikel, diese Szene mit dem eindrücklichen Untertitel „Modern Warfare 2 killt die Spielkultur" als geschmacklosen „[k]alkulierte[n] Tabu-Bruch" (SCHWERDTEL/TRIER 2009) zu verurteilen. Egal, ob einkalkulierte PR-Strategie oder nicht: Die Störenfriedformel wurde für einen Moment abgelegt und führte zu einer wesentlich kritischeren Haltung zu einem gewalthaltigen Spiel als im Normalfall.

Der Tod als asynchrones Verhalten

Während „No Russian" ein negatives Extrembeispiel darstellt, werden die Thematiken des Todes und Sterbens in den Massenmedien oft eher humorvoll verhandelt (vgl. MISSOMELIUS 2008: 10). *Call of Duty* findet mehrere Visualisierungsstrategien des Todes, die zwischen Komödie und Tragikomödie schwanken. Die burleske Komik entfaltet sich hierbei in ihrer Asynchronität. Sowohl die eigene Spielfigur als auch die computergesteuerten Einheiten können nur durch den direkten Einfluss eines Geschosses, einer Granate oder eines Hiebes mit dem Gewehrkolben sterben; damit fallen andere Todesursachen außerhalb der Waffengewalt weg. Somit sollte es eigentlich auch nur einen Sterbealgorithmus geben, doch bei *Call of Duty* finden sich gleich fünf Umgangsweisen mit dem (nahenden) Tod.

- *Variante #1: Der Tod der Spielfigur*
  Als Spieler erlebt man den Tod der Spielfigur immer gleich. Sobald die Energieanzeige auf Null sinkt, entgleitet erst die Waffe aus ihren Händen und anschließend fällt sie auf den Boden. Der Blickwinkel verlagert sich schräg um rund 45 Grad, der Täter ist noch etwa zwei Sekunden lang zu sehen, dann verdunkelt sich der Bildschirm. Es folgt die Aufschrift „Mission gescheitert" in weißen Lettern auf blass-blutrotem Grund, darunter in weißer Schrift auf einem schwarzen Hintergrund ein Zitat mit Kriegs- oder Todesthematik. Hier können wir uns entscheiden, ob wir das Spiel vom letzten Speicherpunkt fortsetzen oder zum Hauptmenü wechseln wollen. Auch wenn der Tod hier konsequenzlos ist, so ist er nicht zwangsläufig witzig – höchstens von einer Metaebene aus betrachtet.
  Dieser Witz verlagert sich beim Suizid. Verfügt man über ausreichend Granaten, so kann man diese in eine Ecke werfen und die Spielfigur auf sie zulaufen lassen. Eine andere Methode ist das Stehenbleiben bei selbst initiierten Explosionen. Dieser Tod entpuppt sich als sinnlos, da keine Veränderung seiner Konsequenz vorherrscht: Auch beim Suizid gilt die Mission lediglich als gescheitert, die bewusst gewählte Entscheidung erhält keine Beachtung. Dass Suizid flächendeckend als eine sinnlose und absurde Handlung im Shooter angesehen wird, beweist BRODY CONDONs 20-minütige Videoarbeit *Suicide Solution* (2011) mit Szenen aus über 50 Shootern.

- *Variante #2: Der normale Tod einer Computereinheit*
  Wird ein feindlicher Soldat getötet, so schreit/stöhnt er kurz auf und fällt auf den Boden. Dort bleibt seine Leiche sichtbar liegen; gegebenenfalls lässt sich noch ein Verbandskasten und seine Waffe vorfinden. Dasselbe Prozedere gilt, wenn ein Verbündeter von einer gegnerischen Einheit eliminiert wird. Weder Feinde noch Freunde werden hierbei wieder in das Spiel hineinbefördert (bekannt unter *respawnen*). Hier lässt sich keine Komik feststellen.

- *Variante #3: Der unsterbliche Kamerad*
  In der dritten Mission befindet sich der Spieler im französischen Sainte-Mère-Église. Plötzlich kommt ein deutscher Panzer in das kleine Dorf eingefahren. Dem Protagonisten wird der Auftrag zuteil, diesen mit einer Panzerfaust in die Luft zu sprengen. Steuern wir Private Martin hinter eine Verteidigungsmauer aus Sandsäcken, so wird er von seinem Trup-

penführer Captain Foley begleitet. Während Martin auf dem Boden liegen bleibt, um in Ruhe zielen zu können, bleibt Foley stehen. Die Mauer
ist nicht hoch genug, Foley wird in die Schulter geschossen. Er schreit
auf, fällt hin, steht wieder auf. Beim nächsten Schuss wird ihm in die
Hüfte geschossen, daraufhin sogar direkt in den Kopf. Sein Helm zittert,
ein Schrei, er fällt wieder hin und steht letztendlich wieder auf. Dieses
Prozedere wiederholt sich pro Minute mindestens ein Dutzend Mal. Als
Spieler bräuchte ich nur den Panzer abschießen, um das Spektakel zu beenden, aber ich tue es nicht und lache herzlichst über dieses Spektakel.
Wo liegt der Witz?

Foley ist in dieser Mission unsterblich. Aufgrund der darauffolgenden
geskripteten Missionen darf er an diesem Punkt auf keinen Fall umkom-
men. Foley muss später noch in weitere Aufträge einweisen und damit
wäre sein frühzeitiger Tod ein zu krasser Logikbruch innerhalb der Narration. Er ist ein Sonderfall des Spiels und verdeutlicht so das asynchrone
Verhalten. Dieses beschreibt KLOTZ als das Aufeinanderprallen zweier
unterschiedlich schneller Handlungen von zwei Parteien, die im selben
Raum – in unserem Fall das Schlachtfeld – zur selben Zeit stattfinden.
Diese weichen „in ihrer körperlichen und psychischen Motorik entschieden voneinander […] in ihrem augenblicklichen Erregungszustand [ab.]
Komisch wirkt dieses asynchrone Verhältnis, weil es unentschieden ausgeht. Keiner der beiden Partner unterwirft sich dem Tempo des andern
[…]. Beide beharren vielmehr […] so hartnäckig und unbeirrbar, daß
ihre Haltung überzogen und […] unverhältnismäßig erscheint" (KLOTZ
1980: 132). Foley stürzt zwar immer wieder, aber wie ein Stehaufmänn-
chen richtet er sich sofort erneut auf und verharrt in einer fast lässigen,
unbeeindruckten Pose – jedenfalls bis zum nächsten Schuss. Auch die
Nazi-Soldaten sehen keinen Fehler ihrerseits ein und schießen unbeirrt
weiter auf ihn. Seine Unverwundbarkeit scheint sie nicht zu stören.
Dabei wird Foley nicht etwa von einem einzelnen Soldaten beschossen,
sondern von dem erwähnten Panzer.

- *Variante #4: Friendly Fire*
Das An- und Erschießen von befreundeten Einheiten wird nicht toleriert
und ist im Normalfall auch gar nicht möglich. Als Beispiel soll die vierte
Mission dienen, in der Martin sich als Beifahrer auf der Route N13 in der
Normandie befindet. Versuche, den eigenen Wagen durch Stielhandgra-
naten zum Explodieren zu bringen, scheitern. Die Granaten fallen durch
den Boden. Es ist ebenfalls nicht möglich, den Fahrer zu erschießen, da

das eigene Fadenkreuz automatisch den Schuss verwehrt. Nur in sehr wenigen Ausnahmesituationen kann Friendly Fire ausgeübt werden, so auch im Tutorial, in dem man sich Grundkenntnisse über die Steuerung aneignet. Hier ist es möglich, auf den eigenen Ausbilder zu schießen. Doch sobald dieser getroffen ist, endet das Level mit den Worten „Sie haben auf den Ausbilder gefeuert!" und der Spieler muss wieder von vorne anfangen. Eine andere Möglichkeit bietet sich mithilfe von automatischen Gewehren. Diese feuern so lange weiter, wie man Munition besitzt und die Maustaste gedrückt hält – auch durch die Fadenkreuzsperre hindurch. Doch sobald man eine befreundete Einheit umbringen könnte, gilt die Mission als gescheitert. Die Konsequenzen der Tötung eines Freundes werden mit denen des Spielfiguren-Todes gleichgesetzt: Die burleske Komik liegt hierbei nicht in den festgelegten Grenzen zwischen dem ‚gerechtfertigten' Tod des Feinds und denen des ‚schlechten' Todes des Freunds, den es zu verhindern gilt. Die Frage, die sich der Spieler beim Friendly Fire stellt, ist die nach dem gezielten Regelbruch. Spieler suchen in ihrer Neugierde nach Mitteln und Wegen, die Regelhaftigkeit des Mediums zu durchbrechen.

Eine sehr einprägsame Erfahrung dieser Art habe ich in der 17. Mission in einem Stalingrader Bahnhof gehabt. Unsere Spielfigur, der sowjetische Soldat Voronin, befindet sich mit zwei Kameraden in einem Raumeingang. Solange man Voronin nicht nach vorne steuert, rühren sich auch die anderen beiden sich nicht. Ich wechselte zu einer MP40 und nutzte deren Automatik aus, um dem Helfer Artemyev in die Beine zu schießen. Dabei rührte sich der andere Soldat Ovchinnikov nicht und ignorierte das Geschehen, so wie Artemyev selbst auch. Dieser schrie zwar und räkelte sich kurz auf dem Boden, duckte sich jedoch daraufhin sofort wieder auf der gleichen Stelle wie vor dem Schuss hin. Nachdem dieses Verfahren fünfmal wiederholt wurde, erschien die Nachricht auf dem Bildschirm: „Mission gescheitert. Sie haben Mütterchen Russland verraten!". Dieser Moment war für mich humorvoll, da erst der Tod an und für sich eine Konsequenz hatte, aber nicht der Akt des Tötens. Weder Artemyev noch Ovchinnikov reagierten auf meine Schüsse feindlich, sondern verharrten friedlich in ihren Positionen. Erst mit dem nahenden Tod Artemyevs wurde ich zum Verräter.

Das eigentlich unmögliche Friendly Fire bietet damit zusätzlichen Spielraum, um nach Logikfehlern zu suchen, die die Komik dieser Momente ausmachen. Sie sind burlesk, da wir in ihnen einerseits die medialen

Grenzen des Spiels verspotten können, aber auch, weil sich ein ähnlich asynchrones Verhalten wie schon bei Variante #3 „Der unsterbliche Kamerad" entfaltet: Die Algorithmen unserer Mitstreiter bleiben unveränderlich wie sie selbst – egal, in welchem Tempo der Spieler versucht, ein fremdkörperartiger Aggressor zu sein.

• *Variante #5: Das digitale Massensterben*
  Allein in der 15. Mission trifft man auf eine gewaltige Masse von *Respawns*. Die Mission startet in einer Ecke des Roten Platzes in Stalingrad mit anfangs noch etwa zehn Kameraden. Auf Befehl des Gruppenführers soll mit den anderen Genossen der Platz zurückerobert werden; weigert man sich und bleibt länger stehen, wird man als Verräter behandelt und mit einer Maschinengewehrsalve liquidiert. Rennt man hingegen zur nächstgelegenen Mauer und blickt von dort aus zum vorherigen Startpunkt, so kann man sehen, wie ganze Truppen russischer Soldaten auf die Deutschen zurasen. Jeder einzelne Kamerad wird dabei von ihnen eliminiert. Diesmal bleiben die Leichen jedoch nicht liegen, sondern versinken nach einigen Sekunden buchstäblich in den Erdboden. Hier wird die Konsequenzlosigkeit des Todes im Spiel absolut verbildlicht. Die Soldaten werden wie Kanonenfutter nach vorne zu einem organisierten Massensterben geschickt, doch ihre toten Körper bleiben nicht auf dem Roten Platz liegen. Der Tod mutiert in diesem digitalen Massensterben zu einem burlesken Absurdum. Er wird komplett entpersonalisiert und sogar negiert, während Töten und Getötet-werden exzessiv in den Vordergrund treten. Das Lachen bleibt dem Spieler in diesem Moment im Hals stecken, wenn er überhaupt lachen kann. Dieses Massensterben bietet ein kritisches Spannungsfeld. Während die Visiualisierungsstrategie komplett abwegig erscheint und damit zum Lachen anregt, stellt sich zugleich ein unbehagliches Gefühl ein, denn als Spieler sind wir für die Dauer dieses Bilds verantwortlich. Dadurch, dass zum selben Zeitpunkt neue sowjetische Soldaten *spawnen*, als die alten in den Boden versinken, wirkt das gesamte Szenario – in Bezug auf den Moment des Sterbens der dramaturgische Höhepunkt von *Call of Duty* – wie eine Dauerschleife. Erst, wenn wir zum nächsten Standort rennen, wird das Spektakel beendet.

Das Sterben und das Töten sind essenzielle Bestandteile des Shooters. Während die beschriebenen Varianten #1 und #2 als vollkommen genretypisch gelten, stechen die anderen drei jedoch hervor. Der unsterbliche Kamerad Foley (#3) muss um der logischen Narration willen existieren. Das Scheitern

des Friendly Fires (#4) ist der Dramaturgie geschuldet: Ein Spiel, dass das
Eliminieren eines bestimmten Gegnertypen fokussiert, duldet keinen Aus-
bruch aus der Figurenkonstellation. Da jedoch keine Interaktion mit den
wohlgesinnten Kameraden stattfinden kann, empfindet sich der Spieler dieser
festen Konstellation als nicht zugehörig und versucht aus dem Regelsystem
auszubrechen. Daraus folgen humorvolle Brüche, die entstehen, wenn die
Spielelogik auf die uns bekannten Naturgesetze stößt. So ist es natürlich für
das Spiel unsinnig, das Auto, in dem man sich befindet, in die Luft zu sprengen. Aber ein Schmunzeln kann man sich nicht verkneifen, wenn die eigene
Granate dann doch durch den Wagenboden fällt. So etwas wäre in der realen
Welt nicht möglich. In Szenarien wie diesen fällt dem Spieler auf, wie sehr
sich Realität und Realitätsanspruch[8] voneinander unterscheiden. Diese beiden
Todesvisualisierungen lassen sich als burlesk-komisch lesen. Hingegen erweist sich Variante #5 als tragikomisch, da das brutale Motiv des potenziell
ewigen Massensterbens gegen die absurde Visualisierung des wörtlich zu
nehmenden In-den-Boden-Versinkens prallt.

Die komische Deplatzierung

Ein weiteres burlesk-komisches Element ist das der komischen Deplatzierung. Weltkriegsshooter versuchen sich durch den Bezug auf bekannte historische Stationen wie die Landung in der Normandie oder die Schlacht um
Stalingrad eine „realitätsnahe, historische Kriegserfahrung nachzustellen"
(BENDER 2010: 134). Dasselbe Ziel wird in *Call of Duty* mit Feldflaschen,
Verbandskästen, Sandsackbarrikaden, einem Kompass wie auch authentischen Waffen aus der Zeit des Zweiten Weltkriegs verfolgt. Diese Versuche
sind teilweise eher erheiternd, da die Objekte häufig deplatziert wirken.
Darunter darf nicht automatisch verstanden werden, dass Objekte oder Personen gar nicht in ihre Umwelt passen. Denn nach KLOTZ haben es „die
überraschten Betroffenen [...] weniger mit dem Akt der Deplacierung zu tun
als mit deren verblüffendem Ergebnis: daß einer im Schrank sitzt, als gehöre
er da hin" (1980: 135). Anstatt auf die komplette Fülle von Gegenständen
einzugehen, möchte ich mich auf den Kompass, die Verbandskästen und die
Kuh-Kadaver aus der dritten Mission beschränken.

---

8 "Call of Duty® delivers the gritty realism and cinematic intensity of World War II's
epic battlefield moments like never before." (Quelle: Activision, Inc.: Call of Duty®.
http://store.activision.com/store/atvi/en_US/pd/productID.222778100;   verifiziert am
27.12.11)

Der Kompass begleitet den Spieler ab dem Tutorial. Er ist omnipräsent in der linken, unteren Ecke des Bildschirmrands vertreten. Dabei zeigt er nicht nur die Himmelsrichtungen an oder tritt als authentisierendes Requisit auf. Auf ihm ist ein Stern abgebildet, der bei jeder neuen Aufgabenstellung anzeigt, wo sich das jeweilige Zielobjekt befindet. Ebenso lassen sich Verbündete mit seiner Hilfe lokalisieren, da diese als grüne Dreiecke ausgewiesen werden. Dieser Mechanismus stellt damit eher ein hellsehendes GPS-System als einen Kompass dar. Mit diesem Kontext im Hinterkopf wirkt der Kompass natürlich deplatziert, dennoch ist dies spielstrukturell zu begründen. Die Erwartungshaltung eines Spielers gegenüber einem Shooter beinhaltet nicht das zeitaufwendige Auskundschaften des jeweiligen Terrains. Um also die Komplexität des Spiels nicht ausufern zu lassen und mit der Spielererwartung zu brechen, fungiert der Kompass als überstarke Orientierungshilfe. Ähnlich verhält es sich mit den Verbandskästen. Ihre Funktion besteht darin, die Energieleiste der Spielfigur aufzustocken. In meist sehr kleinen Abständen lassen sie sich finden, in manchen Fällen hinterlassen sogar getötete Gegner einen solchen Kasten. Wie schon im Kompass verbirgt sich in ihnen eine ‚übernatürliche' Kraft: Egal, wie stark man auch verwundet sein mag, ihre Wirkung entfaltet sich sofort. Ungeachtet sämtlicher medizinischer Fakten lassen sich mit diesen ‚Wunderkästchen' ganze Knochenbrüche, Verstauchungen, Schädelfrakturen sowie Schussverletzungen binnen Millisekunden heilen. Dadurch wird man zwar nicht gänzlich unverletzbar, aber man kann durch sie sämtliche Angriffe als „in den Weltkriegsshootern […] einkalkulierte[n] Vorgang, der nicht das sofortige Ende des Spiels nach sich zieht, sondern im Verlauf des Spieles Normalität ist" (BENDER 2010: 132), begreifen. Allerdings lassen sich diese Spielmechanismen erst mit der nötigen Distanz als burlesk-komische Elemente begreifen. Sowohl der Kompass als auch die Verbandskästen sind basal für das Spielerlebnis, da man ohne sie desorientiert oder zu vorsichtig wäre, um das Spiel genießen zu können. Sie gehören eben zur Spielnormalität.

Anders verhält es sich allerdings mit den schon zu Beginn erwähnten Kuh-Leichen. Zum Ende der dritten Mission in Sainte-Mère-Église gerät man auf ein breit angelegtes, aber spärlich bewachsenes Wiesenfeld. Meterweit vor der Spielfigur steht ein Turm mit zwei riesigen Löchern, in denen sich je ein deutscher Soldat mit Maschinengewehr befindet. Drei verstorbene Kühe liegen auf dem Feld, die exakt zu einem rechtwinkligen Dreieck angeordnet sind. Diese dienen nicht zur Kulisse, sondern als für den Missionserfolg unerlässliche Schutzwälle. Doch warum gerade Kühe? Sie erscheinen – besonders bei wiederholtem Spielen – als tatsächlich im burlesken Sinne komisch deplatziert. So sind sie die einzigen (wenn auch toten) Tiere im Spiel. Ihre Leichen liegen idealerweise so positioniert, dass man sich hinter sie legen und in Ruhe seine Feinde anvisieren kann. Die Mission wurde so gestaltet, dass man die Kühe zwangsläufig als Schilde benutzen muss – sie liegen genau so da, als *gehörten sie dahin*. Alles erscheint perfekt geplant und doch komisch, als würde sich der Spieler in einer Karikatur des Kriegs befinden. So sind auch die Kriegsparteien gestaltet.

Die Sowjetunion als Karikatur

„Kameraden! Heute ist der strahlendste Tag Ihres Lebens! Sie werden die deutschen Invasoren mit aller Kraft bekämpfen! Für jeden gefallenen Sowjet-Soldaten werden sie mit zehn der ihren bezahlen! Keine Gnade für Defätisten, Feiglinge oder Verräter. Wer seinen Posten verlässt, wird erschossen!" (*Call of Duty*, 14. Mission, auf der Wolga in Stalingrad)

Mit dieser drohenden wie propagandistisch imposanten Anrede werden wir auf einem Boot begrüßt – in diesem Ton geht es noch länger weiter. Unsere Figur Alexei Ivanovich Voronin ist nur ein Soldat unter vielen anderen. Es herrscht eine bedrückte Stimmung, da Sturzkampfflugzeuge das Boot angreifen. Auf einmal versuchen zwei der anderen Soldaten aus dem Boot zu springen und in das Wasser zu flüchten, doch sie werden erschossen. Die Sowjetunion duldet eben keine Feiglinge. Neben dem NS-Regime bietet die UdSSR die wohl am meisten rezipierte und in den Köpfen verankerte Stereotypen-Schablone. Ihre Soldaten werden in Kriegsfilmen und -spielen oft als kaltblütig gegenüber Feinden und Verrätern, überaus loyal und als überzeugte Anhänger des stalinistischen Kommunismus dargestellt. Oft wird sich des typisch markanten ch-Lauts und eines starken Akzents bedient. Auch in *Call of Duty* lässt sich eine Karikatur der Sowjetunion entdecken. Da die Sowjet-Kampagne mit zehn von 24 Missionen am stärksten ausgeprägt ist, vermute ich hier den größten Erkenntnisgewinn zum letzten Bereich dieser Arbeit: den Figuren als Karikatur.

Folgen wir dem italienischen Wortstamm des Worts Karikatur, gelangen wir zu dem Verb *caricare* (überladen, belasten). Dabei werden aber nicht etwa sämtliche Komponenten einer Sache oder einer Person ins Grenzenlose übersteigert, sondern nur bestimmte Formcharakteristika (vgl. FRAENGER 1995: 41). Dafür muss sich jedoch ein einheitliches Objekt anbieten. Eine Karikatur verschiedener Elemente wäre dem burlesken Humor schädlich, da er damit nicht einschlägig genug wäre. Die Karikatur einer Einheit bietet der

Burleske einen notwendigen Schwung, denn „[d]ieses Tempo [Anm. S. S.: gemeint ist das Tempo der burlesken Erzählungen und Theaterstücke] erfordert die pralle Plastik für jede Figur. Auf einen Blick erkennbar, d. h. in karikaturistischer Eindeutigkeit, hat sie [...] vor uns zu erscheinen. [...] [D]er augenfälligen Charakteristik wegen bevorzugt die Burleske starre [...] gleichartig stets wiederkehrende Figuren" (ebd.: 37). Interessanterweise wird sich herausstellen, dass hier nicht etwa der Russe an sich karikiert wird. Die Soldaten sowie Befehlshabenden sind die sinnbildlichen Repräsentanten für das politische Konstrukt der Sowjetunion der Zeit.

Die Sowjet-Kampagne hebt sich stark von den beiden anderen ab. Es ergeben sich zwei ludische, für das Shootergenre untypische Spezialfälle. Zu Beginn muss Voronin sich in eine Reihe stellen, wo die Soldaten abwechselnd ein Gewehr mit vollem Magazin oder ein einzelnes Munitionspäckchen erhalten. Er erwischt nur ein Päckchen und muss sich unbewaffnet den deutschen Scharfschützen stellen. Der Spieler erhält den Auftrag, dreimal als rennendes Ablenkungsmanöver zu fungieren. Auf Befehl muss unsere Spielfigur von einer Stelle zur nächsten hetzen, damit sein Kommandant die fehlende Konzentration der feindlichen Schützen ausnutzen kann. Hier steht also zum ersten Mal nur das Rennen um das eigene Überleben im Vordergrund. Ein krasses Gegenbeispiel findet sich in der 21. Mission beim Vorstoß zur Oder: Voronin ist in der Zwischenzeit hierarchisch aufgestiegen und nun dazu auserkoren, in einem motorisierten Trupp gegen die Deutschen zu kämpfen. Das ist das erste und einzige Mal in *Call of Duty*, dass der Spieler einen Panzer fahren und mit ihm die destruktivsten Geschosse, die auch Häuser und andere Panzer zerstören, abfeuern kann. Vergleicht man diese beiden Einzelfälle miteinander, so wird insbesondere das Machtgefälle – symbolisiert durch die Waffengewalt – klar. Im sowjetischen Militär galt eine strenge Hierarchie, die das langfristige Überleben und erfolgreiche Kämpfen belohnte. Bestätigt wird diese Vermutung auch durch das schon beschriebene Massensterben auf dem Roten Platz. Die einfachen Soldaten werden in Horden nach vorne getrieben und ihrem tödlichen Schicksal überlassen. Das Überleben wird damit belohnt, dass man einem toten Genossen die Waffe abnimmt. Es ergibt sich eine einfache Sinnkette: Überleben bedeutet, Waffen zu erhalten ... Waffen erhalten, bedeutet töten zu können ... töten zu können, bedeutet in der Militärhierarchie aufzusteigen ... in der Militärhierarchie aufzusteigen, bedeutet eine stärkere Waffengewalt ausüben zu können ... und dadurch zu überleben.

Dieser Eindruck bestätigt sich beim Aufdecken einer Doppelmoral. So wird bei einem erfolgreichen Friendly Fire die Mission mit der Begründung *„Sie haben Mütterchen Russland verraten!"* abgebrochen, aber in der 20. Mission im polnischen Warschau keine Rücksicht auf Gesinnungsgenossen genommen. Hier muss man sich gegen eigentlich friedliche Truppen wehren, da diese nicht wissen, dass man ebenfalls der sowjetischen Armee angehört. Es folgt ein Dialog zwischen zwei Genossen: *„Wessen Artillerie ist das?"*, *„Unsere – aber das hat nichts zu sagen! Sie wissen nicht, dass wir hier sind!"*, *„Würden sie aufhören, wenn sie es wüssten?"*, *„Schwer zu sagen, Kamerad."* Es lässt sich ein ludischer wie dramaturgischer Bruch finden: Hier wird bewusst das Erschießen Gleichgesinnter in Kauf genommen, um das eigene Überleben zu sichern. Weder ein Kriegsgericht wartet am Ende auf die Spielfigur noch die spielimmanente Bestrafung in Form eines Missionsabbruchs auf den Spieler – alles geht seinen gewohnten Gang. Hier zeigt sich die Kaltblütigkeit der Soldaten. Das wird auch dadurch bestätigt, dass die eigenen Befehlsgeber die Spielfigur in den anfänglichen Sowjet-Missionen liquidieren, wenn sie sich nicht bewegt. Stillstand wird als Schwäche umgedeutet, die sich ein russischer Soldat nicht leisten darf. Auffällig ist ebenfalls, dass ein Großteil dieser Kampagne nur durch den geschickten Einsatz von Scharfschützengewehren erfolgreich zu meistern ist, was – in gewisser Weise – eine sehr hinterhältige Methode darstellt. Die Sowjetunion wird als kalkulierendes, kaltblütiges sowie streng hierarchisches System präsentiert.

So kritisch sich die Assoziationsketten, die sich durch die Stereotypisierung der Sowjetunion ergeben, auch lesen lassen – gerade sie bieten einen Freiraum für das Spiel. Diese Kampagne ist die wohl spieltechnisch unterhaltsamste, da sie von einem Missionstyp zum nächsten springt. Während man als Voronin zuerst Opfer einer Hetz- und Köderjagd ist, befreit man danach den Roten Platz als Scharfschütze von den Nazi-Soldaten. Anschließend sichert man Fabriken und Bahnhöfe in einem wahren Kugelhagel, nur um dann mit Panzern den Vorstoß in das Feindgebiet zu wagen und nach einer finalen Schlacht im Reichstag die rote Flagge auf dessen Spitze zu hissen. Ohne das hierarchische, kühle Denken der uns präsentierten Sowjetunion, das der Spielfigur den Aufstieg in immer höhere Ränge ermöglicht, wären diese Wechsel kaum logisch erklärbar. Hier entpuppt sich die Sowjet-Kampagne als eine Art moderner Schwank, deren Dramaturgie „eigengewichtiger Selbstzweck [ist]. Mensch und Ding, sozialer Raum und geschichtliche Zeit sind ihr eingepaßt und untergeordnet. Wo alles darauf abzielt, daß die Handlung […] streng nach Spannungskalkül beschleunigt und gebremst

[…] wird: da muß jegliches, was sie vereinnahmt, standardisiert sein" (KLOTZ 1980: 182 f.).

Das ist auch der wichtigste Grund, warum gerade der Weltkriegsshooter burleske Komik einsetzt. Die Rollenbilder, die sich bezüglich bestimmter Nationen und Nationalitäten entwickelt und verbreitet haben, werden seit Jahrzehnten medial vermittelt und halten sich daher beständig. Burleske Komik findet in der Berufung auf langwierig Bestehendes einen fruchtbareren Boden als im Durchbrechen alter Denkmuster. So hat BENDER recht, wenn er behauptet: „Der Krieg wird ganz auf den Kampf reduziert, Politik und Weltanschauung kommen in dieser Reflexion nicht vor oder werden nur angedeutet" (2010: 136) – allerdings nur, wenn er die politischen und ideologischen Hintergründe des Zweiten Weltkriegs meint. Sehr wohl kann aber, vom Kriegskontext abgekoppelt, ein politisches System in seinen positiven oder negativen Aspekten gezeigt werden – wenn auch überspitzt. Gerade diese burleske Karikatur der jeweiligen Eigenschaften führt zu einer Reflexion über die staatlichen Strukturen und Moralvorstellungen.

Fazit

„Irgendwie findet […] in aller Burleske ein Umschlag des Großen ins Kleine, des Tiefen ins Seichte, des Vornehmen ins Schäbige, des Zweckvollen ins Zweckwidrige unentrinnbar statt" (FRAENGER 1995: 54 f.). In *Call of Duty* lässt sich dieser burleske Umschlag explizit nachweisen. Der große Weltkrieg wird auf kleine Einzelmissionen heruntergebrochen. Die komplexen historisch-politischen Hintergründe, die zum Krieg führen, werden auf das Stoppen des bösartigen NS-Deutschlands reduziert. Das vornehme Ziel – wieder Frieden in die Welt zu bringen – wird nur durch schäbiges Dauerschießen erreicht. Um das Fundament für diese zweckvolle Absicht zu schaffen, muss man zweckwidrig töten. Ohne Rücksicht auf Verluste, ohne diplomatische Möglichkeiten. Die burlesken Strukturen in *Call of Duty* sind unverkennbar: der einsame menschliche Soldat gegen die computergesteuerten Horden, ein asynchroner Tod, Tierleichen als Schutzwall und ein übersinnlicher Kompass sowie Nationen-Stereotypen. Der Humor wird nicht auf jeden Spieler wirken – aber das ist ja auch in der Realität so: Nicht jeder kann intellektuelle Witze verstehen, eine andere Person findet bestimmte Scherze einfach zu platt. Aber *Call of Duty* bemüht sich. Das Spiel soll schließlich Spaß machen, denn im Endeffekt bleibt es ein kommerzielles Unterhaltungsprodukt. Der Krieg darf hier nicht komplett ernst dargestellt sein; der Spieler möchte sich ja nicht bei jedem einzelnen Schuss moralische Fragen stellen müssen.

In den meisten Fällen entfaltet sich die burleske Komik durch die notwendige Komplexitätsreduktion in Weltkriegsshootern. Die Heilung von schwerwiegenden Verletzungen dauert nur Sekunden. Die Notwendigkeit des Kriegs wird durch unmissverständliche Bilder erklärt. Statt einer monatelangen Militärausbildung brauchen wir nur einen geschickten Umgang mit der Maus und Tastatur, während die Kriegsjahre auf Spielstunden heruntergerechnet werden. Der Zweite Weltkrieg ist durch Geschichtsbücher, Kriegsfilme und Dokumentationen in unseren Köpfen eingebrannt. Weltkriegsshooter greifen diese Bilder über den Krieg auf und entwickeln ihre eigenen dramaturgischen sowie ludischen Lösungen. Aus Operationen und Lazaretten werden Verbandskästen und Feldflaschen. Aus Spähaktionen wird ein Stern auf einem Kompass. Aus Schlachten werden Levels. Aus dem Betätigen des Abzugs wird ein Klick auf die linke Maustaste. So etwas muss einfach komisch wirken: burlesk-komisch.

Diese Komik kann auch in anderen Shooter-Subgenres entdeckt werden, aber der Weltkriegsshooter provoziert die dargelegten Strukturen geradezu. So wären beispielsweise in einem Science-Fiction-Shooter gewisse Gameplay-Elemente spiellogisch erklärbar. Hier könnte ein heilendes Objekt nanotechnologische Einheiten die eigenen Haut- wie Organzellen regenerieren lassen – oder wir spielen gleich als ein Android, der nur Ersatzteile benötigt. Auch andere Objekte, die im Weltkriegsshooter deplatziert wären, ließen sich leicht erklären: Super-Waffen, Panzerrüstungen, eine unwahrscheinlich hohe Geschwindigkeit durch Antriebe etc. Der Weltkriegsshooter allerdings bedient sich eines klaren Settings, dem er sich unterzuordnen hat. Wir bleiben Menschen. Wir haben nur die Waffen der Zeit zur Verfügung. Die Ereignisse des Zweiten Weltkriegs sind nicht umkehrbar. So wirken kleine Brüche, Widersprüche zwischen Spiel und Realität oder auch die zwangsläufigen Reduktionen sofort humorvoll.

Weiterführende Fragestellungen zu dieser Thematik ergäben sich durch die technisch fortgeschrittene Entwicklung dieser Computerspiele. Interessant ist, ob durch immer realistischer wirkende Gegnermodelle die Hemmschwelle zum Lachen über fiktionale Gewalt und Tod gestiegen ist. Wichtig wäre auch zu wissen, ob recht junge bewaffnete Konflikte – sei es der Irak-Krieg, der Afghanistan-Konflikt oder sogar Auseinandersetzungen im Zuge des „Arabischen Frühlings" – in so einen Darstellungsmodus erfolgreich umgewandelt werden könnten, und wenn nicht, woran es scheitert. Die Palette an zukünftigen Forschungsfragen mit diesem theoretischen Hintergrund ist äußerst ergiebig.

Weltkriegsshooter sind nicht nur Ballerspiele, die mit möglichst brutalen Gewaltdarstellungen und Tabubrüchen hohe Verkaufszahlen erreichen wollen. Die überspitzenden und teils unpassend wirkenden burlesk-komischen Darstellungsstrategien dienen dem Spieler zur Distanzierung gegenüber dem Krieg. Der Spieler kann sich nicht einfach mit seiner Spielfigur (über-)identifizieren und damit einer Heroisierung von Soldaten, Armee oder Krieg hingeben. Weltkriegsshooter verbinden Gewalt, Krieg und burleske Komik zu einem ideologiefreien Spielplatz, in dem der Mangel der Narration zum Mehrwert des Spielers wird. Erst, wenn die Ernsthaftigkeit der Botschaft das Ludische verdrängt, kann sich eine militarisierende Energie entfalten.

Quellenverzeichnis

Bibliografie

BENDER, STEFFEN (2010), „Durch die Augen einfacher Soldaten und namenloser Helden. Weltkriegsshooter als Simulation historischer Kriegserfahrung?", in: SCHWARZ, ANGELA (Hrsg.) *„Wollten Sie auch immer schon einmal pestverseuchte Kühe auf Ihre Gegner werfen?" : Eine fachwissenschaftliche Annäherung an Geschichte im Computerspiel.* Münster: LIT Verlag, S. 123–148.

BREIVIK, ANDERS BEHRING (2011): 2083. A European Declaration of Independence. http://unitednations.ispnw.org/archives/breivik-manifesto-2011.pdf; verifiziert am 27.12.11.

CDU, CSU, SPD (2005): Gemeinsam für Deutschland – mit Mut und Menschlichkeit. Koalitionsvertrag zwischen CDU, CSU und SPD. http://www.cdu.de/doc/pdf/05_11_11_Koalitionsvertrag.pdf; verifiziert am 27.12.11.

DURKIN, KEVIN; AISBETT, KATE (1999): *Computer Games and Australians Today.* Sydney: Office of Film and Literature Classification.

FRAENGER, WILHELM (1995): *Formen des Komischen : Vorträge 1920–1921.* Basel, Dresden: Verlag der Kunst.

GÜSSGEN, FLORIAN; PFEIFFER, CHRISTIAN (2007): „Die Spiele beeinflussen die Psyche". http://www.stern.de/panorama/christian-pfeiffer-zu-killerspielen-die-spiele-beeinflussen-die-psyche-587888.html; verifiziert am 27.12.11.

KLEIN, THOMAS (2010), „Wie ich den Krieg immer wieder neu gewinnen kann. Das World War II Combat Game", in: HELLER, HEINZ B.; KREWANI, ANGELA;

PRÜMM, KARL (Hrsg.): *„Killerspiele"* : *Beiträge zur Ästhetik virtueller Gewalt.* Marburg: Schüren Verlag, S. 54–72.

KLOTZ, VOLKER (1980): *Bürgerliches Lachtheater : Komödie – Posse – Schwank – Operette.* München: dtv Wissenschaft.

KUNCZIK, MICHAEL; ZIPFEL, ASTRID (Hrsg.) (2006): *Gewalt und Medien : Ein Studienhandbuch.* Köln: Böhlau bei UTB.

LÜBBERSTEDT, HENRY (2006): Pro und Contra. Müssen „Killerspiele" verboten werden? http://www.stern.de/digital/computer/pro-und-contra-muessen-killerspiele-verboten-werden-576908.html; verifiziert am 27.12.11.

MERTENS, MATHIAS (2007), „‚A Mind Forever Voyaging'. Durch Computerspielräume von den Siebzigern bis heute", in: HOLTORF, CHRISTIAN; PIAS, CLAUS (Hrsg.): *Escape! : Computerspiele als Kulturtechnik.* Köln, Weimar: Böhlau Verlag, S. 45–54.

MISSOMELIUS, PETRA (2008), „Death goes digital. Der Tod zwischen Technik und Tabu", in: HELLER, HEINZ B.; KREWANI, ANGELA; PRÜMM, KARL (Hrsg.): *ENDE : Mediale Inszenierungen von Tod und Sterben.* Marburg: Schüren Verlag, S. 4 bis 14.

SCHWERDTEL, MARKUS; TRIER, MICHAEL (2009): Call of Duty: Modern Warfare 2 – Kommentar. Modern Warfare 2 killt die Spielkultur. http://www.gamepro.de/specials/call_of_duty_modern_warfare_2_kommentar/1963518/call_of_duty_moder n_warfare_2_kommentar.html; verifiziert am 27.12.11.

STEINLE, MATTHIAS (2008), „‚No one ever dies'. Burleske und Tod", in: HELLER, HEINZ B.; KREWANI, ANGELA; PRÜMM, KARL (Hrsg.) *ENDE : Mediale Inszenierungen von Tod und Sterben.* Marburg: Schüren Verlag, S. 41–51.

STREIBL, RALF E. (1998): Töten per Mausklick. Computerkriegsspiele. http://www.wissenschaft-und-frieden.de/seite.php?artikelID=1285; verifiziert am 27.12.11.

URBAN, MAURICE (2011): Call of Duty: Modern Warfare 3. Bringt Activision 1 Milliarde Umsatz. http://www.giga.de/news/00156150-call-of-duty-modern-warfare-3-bringt-activision-1-milliarde-umsatz; verifiziert am 27.12.11.

VOLGGER, EVA et al. (o. J.): Aggressivität und Computerspiele: Konsequenzen für die Medienpädagogik. http://www.sbg.ac.at/mediaresearch/zumbach/download/2007_2008/journals/aggression_und_computerspiele.pdf; verifiziert am 28.12.11.

Ludografie

AREM, KEITH (2009): *Call of Duty: Modern Warfare 2.* Infinity Ward; Activision, Square Enix. System: PC, Microsoft Xbox 360, Sony PlayStation 3.

RUBIN, MARK (2011): *Call of Duty: Modern Warfare 3*. Infinity Ward, n-Space Inc., Treyarch Invention; Activision. System: PC, Microsoft Xbox 360, Nintendo Wii, Sony PlayStation 3.

TURNER, KEN (2003): *Call of Duty*. Infinity Ward; Activision. System: PC, Mac, N-Gage, Microsoft Xbox 360, Sony PlayStation 3.

ZAMPELLA, VINCE (2002): *Medal of Honor: Allied Assault*. 2015; Electronic Arts. System: PC.

Filmografie

CAMERON, JAMES (2009, USA): *Avatar*.

CONDON, BRODY (2004, USA): *Suicide Solution*. http://vimeo.com/20087177; verifiziert am 27.12.11.

Andreas Koch

Treffen sich ein Ami und ein Ork — beide Coop
Eine Untersuchung von Coop-Modi in Weltkriegsshootern

Alex und ich betreten als französische Soldaten das Schlachtfeld. Unser Ziel: Den Deutschen fünf Stützpunkte abjagen. Alex verschwindet sofort in einem Panzer und rattert Richtung Feind davon, natürlich ohne auf mich zu warten. Ich werfe erst einmal einen Blick auf die Karte. Plötzlich höre ich Alex neben mir rufen: „Bäm! Wieder zwei in die Luft gejagt." „Scheiß auf den Weg!", denke ich mir, „Hauptsache, ich kriege mal was zu tun." Ich renne in unserer Basis herum und entdeckte natürlich keinen einzigen Panzer mehr. Unsere computergesteuerten Verbündeten haben sich schon alle unter den Nagel gerissen — genau wie Alex. Der bombardiert weiterhin fröhlich die feindlichen Stützpunkte und ich muss zu Fuß loslatschen. Nach einer gefühlten Ewigkeit sehe ich endlich die deutsche Flagge am Horizont wehen, zack, tot. Einfach so. Ich weiß nicht woher, ich weiß nicht warum, ich weiß nicht welcher Idiot ... Ich stehe wieder in unserer Basis. „Das werdet ihr bereuen!", schwöre ich meinen Computergegnern. Als der erste deutsche Stützpunkt in Sicht kommt, gehe ich hinter einem Panzerwrack in Deckung und ballere ziellos in die Ferne. Nicht um irgendwas zu treffen, sondern nur um überhaupt mal geschossen zu haben. Zack, wieder tot, wieder in der Basis. Diesmal ergattere ich einen Panzer. „Pech gehabt, ihr blöden Verbündeten!", grinse ich in mich hinein. Sicher behütet in dem stählernen Ungetüm steuere ich auf den feindlichen Stützpunkt zu. Ich habe eine Gruppe deutscher Soldaten im Visier. Ein Schuss, zack, wieder tot. Diesmal nahm ich wenigstens die Rakete am linken Bildschirmrand wahr. „Hier stirbt man ja ziemlich schnell ...", kommentiere ich frustriert meinen bisherigen Spielverlauf. Ich habe nun doch etwas Schiss vor den Deutschen bekommen und probiere es aus sicherer Entfernung als Scharfschütze. Und es funktioniert. Ein Kill, noch ein Kill, noch ein Kill. „Hey Andy, bist du jetzt auch Sniper?", fragt Alex. Er liegt neben mir im Gras und seine überflüssige Frage kann nur bedeuten, dass einer von uns jetzt zum ersten Stützpunkt vorrennen und ihn erobern muss. Natürlich bleibt diese Aufgabe an mir hängen und ich mache mich (als Scharfschütze!) auf den Weg in die Todes-Zone. Ohne größere Probleme erreiche ich den ersten Punkt. Danach geht alles relativ schnell. Ein Stützpunkt nach dem anderen wird den Deutschen abgejagt. Doch kurz vor der feindlichen Basis bleiben wir stecken. Im Sekundentakt erscheinen vor uns deutsche Soldaten und das fröhliche Sterben fängt wieder an. Ich erscheine, bin tot, erscheine, gebe einen Schuss ab, bin tot, erscheine, gebe keinen Schuss ab, bin trotzdem tot. Keine Ahnung, wo Alex gerade rumspaziert, der könnte mir eigentlich mal ein bisschen Feuerschutz geben. Und dann: Sieg! Wir haben gewonnen! Nicht, weil wir den letzten Stützpunkt eingenommen haben, sondern weil die Punktzahl der Gegner abgelaufen ist. Alex und ich können es noch gar nicht glauben. Gerade waren wir beide zu der Einsicht gekommen, es vielleicht doch mal mit Zusammenarbeit zu probieren.

Vom Prinzip her ähnlich dürften die meisten Schlachten des Spiels *Battlefield 1942* (2002) ablaufen. Jedenfalls wenn man, wie Alex und ich, versucht, als kleines Team gegen die Masse von Bots[1] vorzugehen. „Gemeinsam gegen den Computer" lautet das Motto des sogenannten Coop[2]-Modus, in dem sich alle von Menschenhand gesteuerten Beteiligten gegen die Bots verbünden. Im besten Fall stellt der Sieg über die Bots eine so große Herausforderung dar, dass die Spieler kooperativ zusammenspielen müssen, um überhaupt eine Chance auf Erfolg zu haben. Dies bringt zwangsläufig eine Anpassung des Spielverhaltens der einzelnen Beteiligten mit sich, denn jeder muss seine Gewohnheiten aus dem Singleplayer-Spiel und anderen Multiplayer-Modi ablegen. Dort gilt nämlich normalerweise die Regel: „Töte alle Feinde und erhalte mehr Kills/Punkte als deine Mitspieler." Im Coop-Modus werden die Spieler zu Verbündeten und sollten ihre Spielweisen entsprechend aufeinander abstimmen, ohne dabei egoistisch auf ihre jeweilige Punktzahl zu schielen.

   Der Coop-Modus ist in Computerspiel-Genres wie Rollenspielen gang und gäbe, im Bereich Ego-Shooter ist er dagegen nicht so häufig anzutreffen. Besonders selten wird er, wenn die Ego-Shooter versuchen, den Coop-Modus mit einem narrativen Erzählstrang zu kombinieren. Inwieweit diese Verknüpfung in Shootern tatsächlich durchgeführt wird und letztendlich auch funktioniert, soll anhand von vier Spielen geprüft werden. Zu zweit haben Alex und ich die Coop-Modi der drei Weltkriegsshooter *Battlefield 1942* mit seinem Add-on *Road to Rome* (2003), *Brothers in Arms: Earned in Blood* (2005) und *Call of Duty: World at War* (2008) angespielt. Wir wollten her-

---

1 Abkürzung für engl. *robots*, im Sinne von computergesteuerten Mit- und Gegenspielern

2 Abkürzung für engl. *cooperative mode*

ausfinden, ob und wie die Vermittlung narrativer Elemente im Coop-Modus funktioniert und ob uns dadurch das dargestellte, historische Geschehen des Zweiten Weltkriegs anders, eventuell sogar besser vermittelt wird, als in den gewohnten Singleplayer-Kampagnen.

Zunächst ist der Coop-Spielmodus den Multiplayer-Modi zuzuordnen, wodurch ein für das Medium Computerspiel typischer Konflikt zwischen der vorgegebenen Narration und der Interaktivität des Spielers zugespitzt wird (vgl. KÜCKLICH 2009: 27). Während in einer Singleplayer-Kampagne die ganze Narration auf ein handelndes Subjekt, den Spieler, ausgerichtet ist, müssen bei einem Coop-Spiel mehrere Subjekte eingebunden werden. Das bedeutet einerseits, dass sich die narrativen Vorgaben an die Interaktivität mehrerer Spieler anpassen müssen. Andererseits hat jeder Spieler nur noch begrenzt Teilhabe am Spielverlauf und kann deshalb nicht das gesamte Ge-schehen überblicken und mitverfolgen. Jeder Spieler bekommt bei einer Multiplayer-Partie nur seine eigene Perspektive und Geschichte dargestellt, die er durch- und überleben muss (vgl. WESENER 2007: 147). Vielleicht kann er durch Gespräche mit befreundeten Spielern noch Auszüge von anderen Protagonisten erfahren, aber ein für alle Perspektiven passender narrativer Rahmen kann nur schwer um mehrere handelnde Subjekte gespannt werden.

Je mehr Spieler an einer Multiplayer-Schlacht teilnehmen, desto schwie-riger stellt sich das Zusammenweben eines narrativen Strangs dar, der die verschiedenen gleichberechtigten und subjektiven Blickwinkel zu vereinen sucht. JONG-HO PIH führt in seinen Überlegungen zur Narration in Com-puterspielen die *Massive Multiplayer Online Role-Playing Games* (kurz: MMORPGs) als ausgereifte Vertreter riesiger Multiplayer-Sessions an (PIH 2009: 297 ff.). Dort bewegt sich jeder Beteiligte im vorgegebenen Raum einer Mission und bringt als ,frei' handelndes Subjekt seinen Teil in den Spielverlauf mit ein. Alle Spieler zusammen bestimmen somit den letzt-endlichen Spielablauf. PIH kommt zu dem Schluss, dass Interaktivität und Narration im Gegensatz zueinander stehen und bei MMORPGs so viele Per-spektiven, Räumlichkeiten und offene Strukturen aufeinandertreffen, dass im Prinzip der narrative Rahmen auf ein Minimum reduziert werden muss (vgl. ebd.).

Laut PIH ist es demnach nicht möglich, in größer angelegten Multiplayer-Modi auch noch eine Geschichte zu erzählen. Die Story eines Spiels wird meistens im Singleplayer-Modus abgehandelt, im Multiplayer-Modus stehen dann nur die einzelnen Schauplätze und Missionen zur Verfügung. Je mehr Spieler an einer Geschichte teilnehmen, desto mehr können sie diese beeinflussen und desto weniger linear kann die Geschichte im Vorfeld angelegt werden. Wenn man das Spannungsverhältnis zwischen Narration und Interaktivität bei dem Spiel *Battlefield 1942* betrachtet, dann steht sowohl im Singleplayer- als auch im Multiplayer-Modus die Interaktivität der Spieler klar im Vordergrund. Schon zu Beginn der Schlacht hat der Spieler ungewöhnlich viele Entscheidungsmöglichkeiten. Über die große Spielkarte verteilen sich mehrere Einstiegspunkte, zwischen denen der Spieler auswählen kann. Ebenfalls eröffnen sich ihm Dutzende Kombinationsmöglichkeiten aus verschieden ausgerüsteten Soldatentypen und aus verschiedenen Fortbewegungsmitteln (vgl. KLEIN 2010: 67). Nachdem all diese Vorbereitungen getroffen sind, kann sich der Spieler die Zeit auf dem Schlachtfeld nach Lust und Laune vertreiben, da es so etwas wie einen vorher angelegten Spielverlauf oder abzuhandelnde Stationen überhaupt nicht gibt. Der Spieler kann versuchen, das Spielziel durch verschiedene Taktiken zu erreichen, er kann mit anderen Spielern kooperieren, er kann sich aber auch ausgiebigen Erkundungstouren per Flugzeug, Schiff oder Panzer widmen. „Übertragen auf Computerspiele bedeutet dies, dass auch die Exploration der Spielumgebung unterhaltsam sein kann, obwohl sie nicht unmittelbar zum Erreichen des Spielziels beiträgt" (BEHR/KLIMMT/VORDERER 2009: 229). THOMAS KLEIN zieht anhand der großen Handlungsfreiheiten der Spieler und dem fehlenden narrativen Weltkriegs-Rahmen folgendes Fazit: „In B 1942 scheinen mir der Zweite Weltkrieg und dessen Schauplätze eher als Spielplatz oder besser Spielfeld zu dienen" (KLEIN 2010: 68) – damit kommt er, wie PIH bei den MMORPGs, zu dem Ergebnis, dass das Spiel *Battlefield 1942* von der Interaktivität der Spieler lebt und sich somit fast ausschließlich für Multiplayer-Schlachten eignet.

Als einzelner Spieler hat man auf den riesigen Karten und bei der Masse an computergesteuerten Gegnern so gut wie keinen Einfluss auf den Spielverlauf. Beim Coop-Modus kommt es auf die Anzahl der beteiligten Spieler an. Kann man eine überschaubare und harmonierende Spieler-Truppe zusammenstellen, dann ist es durchaus möglich, den Spielerfolg für alle zu steigern. Allerdings erschweren die Freiheiten innerhalb der Spielstruktur ein dauerhaftes Zusammenspiel und fördern außerdem das Konkurrenzdenken. Welcher Spieler will schon permanent Panzerfahrer sein, während sein Mitspieler am Kanonenrohr sämtliche Kills abräumt?

So viele Spieler und Freiheiten bringen wiederum neue Eigenheiten im Spielverhalten mit sich. ANDREAS HEPP und WALDEMAR VOGELGESANG stellen im Zuge ihrer Untersuchung der LAN-Szene zum Beispiel Ausgelassenheit und Ungezwungenheit als Effekt des gemeinschaftlichen Spiels fest (vgl. HEPP/VOGELGESANG 2009, 101). Besonders bei den endlosen Weiten der Karten von *Battlefield 1942* kommt schnell Langeweile auf und die Versuchung, anderen Beschäftigungen im Spiel nachzugehen, ist besonders groß.

Ich liege als englischer Scharfschütze auf einem Hügel und beobachte das rege Treiben in der italienischen Basis. Zwei, vier, ungefähr sieben Soldaten, schätze ich. Mit wem soll ich anfangen? Wenn ich die Bande erst einmal aufgescheucht habe, muss ich schnell und präzise töten, bevor sie mich orten können. In der Basis steht ein Jeep, was meine Überlebenschancen bei einer Flucht nicht gerade erhöht. Ich entscheide mich dafür, den Fahrer des Jeeps als erstes auszuschalten. Ich lege an – der blöde Bot hat sich mit seinem Jeep irgendwo festgefahren –, nehme seinen Kopf ins Visier, drücke ab und ... treffe die linke Arschbacke eines Hinterteils, das sich direkt vor meine Linse geschoben hat. „Beschissene Verbündeten-Bots, genauso bescheuert wie die Gegner", grummle ich frustriert und rutsche ein paar Zentimeter nach links. Ich lege wieder an. In der italienischen Basis ist inzwischen die Hölle los. Fünf Soldaten sind zu Fuß auf dem Weg zu mir. Ein Bot hat sich mit in den Jeep gesetzt, der immer noch versucht auszuparken. Jetzt muss alles ganz schnell gehen. Den vordersten Soldaten der Fußtruppe visiere ich an, hole nochmal kurz Luft und ... ballere wieder in das Hinterteil, das sich im letzten Moment vor meine Linse geschoben hat, diesmal aber in die rechte Arschbacke. „Verdammte Bots!", brülle ich durch das Zimmer, während mich Alex angrinst und dann genüsslich die heranstürmenden Italiener umnietet.

Eine Eigenart von *Battlefield 1942*, die vielen Shooter-Fans in Erinnerung geblieben sein dürfte, ist die freie Verfügung über Zeit und Raum, zumindest solange die Punkte der eigenen Mannschaft noch nicht auf Null gesunken sind. Im Genre der Shooter ist so eine Bewegungs- und Handlungsfreiheit nicht allzu oft anzutreffen. Das Spielerlebnis wird in den Vordergrund gerückt, die Geschichte des Zweiten Weltkriegs bleibt dabei auf der Strecke. Während in der Singleplayer-Kampagne durch Texte auf dem Ladebildschirm noch ein paar geschichtliche Hintergründe der bevorstehenden Schlacht dargestellt werden, ist eine historische Einordnung im Multiplayer-Modus gar nicht mehr vorhanden. Eigentlich ist es völlig egal, wo man gerade ist, welche Nation man gerade spielt oder welche weitreichenden Auswirkungen der Sieg des Feindes hätte. Die Struktur des Spiels ist so weit geöffnet, dass der Spieler den Verlauf der Schlachten erheblich verändern kann und somit theoretisch direkten Einfluss auf die dargestellte Geschichte des Zweiten Weltkriegs nimmt. Allerdings hätte zum Beispiel ein Sieg der Deutschen in einer laut Geschichte verlorenen Schlacht keinerlei Auswirkungen auf den gesamten Spielverlauf, denn die nächste Karte geht wieder vom historisch belegten Kriegsgeschehen aus. Somit tritt die Narration bei den einzelnen Schlachten völlig hinter die Interaktivität zurück. Im Singleplayer-Kampagnenverlauf hat die Geschichte des Zweiten Weltkriegs die Narration fest im Griff. Demnach lernt der Spieler in den Schlachten von *Battlefield 1942* weder viel über den Zweiten Weltkrieg, noch kann er ernsthaft auf die vorgegebene Geschichte Einfluss nehmen. Bei einem typischen Multiplayer-Spiel wie *Battlefield 1942* geht es allein um die Spielstruktur, nicht um die authentische Erzählung oder Darstellung des Zweiten Weltkriegs.

Wenn PIH und KLEIN mit ihren Annahmen zu den Multiplayer-Modi recht haben, dann dürfte es im Bereich Weltkriegsshooter eigentlich gar keinen Coop-Modus geben, der Alex und mich zufriedenstellen könnte. Aber wir suchten weiter nach einem Spiel, dessen Coop-Modus auf dem schmalen Grat zwischen linearer Narration der Singleplayer-Kampagnen und offener Interaktivität der Multiplayer-Schlachten balancieren kann. Unseren nächsten Versuch starteten wir mit dem Coop-Modus von *Brothers in Arms: Earned in Blood*.

Alex und ich betreten als amerikanische Soldaten das Schlachtfeld. Unser Ziel: Einen Bunker der Deutschen erstürmen. Jeder von uns befehligt zwei weitere Soldaten, die uns vollkommen ergeben sind. Wenn wir ihnen nichts sagen, dann tun sie auch nichts. Wenn wir ihnen sagen, dass sie Sperrfeuer setzen sollen, dann setzen sie Sperrfeuer. Wenn wir ihnen sagen, dass sie sterben gehen sollen, dann gehen sie sterben. Es bleibt also wieder mal alles an uns hängen. Auch sind wir weit und breit die einzigen Vertreter unserer Nation, keine weiteren Amis in Sicht. Dafür umso mehr Deutsche, die sich aber netterweise in Kleingruppen aufgeteilt haben, um uns unsere Aufgabe zu erleichtern.

Voller Enthusiasmus rennen wir los, unsere willenlosen Untergebenen direkt hinter uns. Alex biegt als Erster um die Ecke, zack, tot. Ich werfe mich zu Boden, bringt nichts, auch tot. Wir wechseln einen etwas ungläubigen Blick. Irgendetwas müssen wir übersehen haben. Wir versuchen unser Glück in der anderen Richtung. Unsere Untergebenen lassen wir erst einmal stehen, bis wir einen Weg zum Bunker gefunden haben. Alex wieder vorneweg, im Ku-

gelhagel schafft er es noch bis zu einem Holzkarren. Ich nicht. Frustriert stürme ich nun wieder in die andere Richtung, hoffe, dass die Gegner durch Alex noch abgelenkt sind. Der hat inzwischen schon das Zeitliche gesegnet und ich schaffe gerade mal zwei Schritte um die Ecke und gehe wieder zu Boden. Irgendwie habe ich ein Déjà-vu-Erlebnis.

Unser Ego braucht noch einen weiteren, scheiternden Anlauf, bis wir einsehen, dass wir wesentlich vorsichtiger vorgehen müssen, als wir es nun von Battlefield 1942 gewohnt sind. Uns kommt eine zündende Idee: Vielleicht sollten wir uns mal absprechen? Probieren wir's! Gemeinsam suchen wir uns eine Gruppe feindlicher Soldaten am rechten Kartenrand aus, lassen unsere Soldaten Sperrfeuer legen, schleichen uns beide rechts am Kartenrand entlang und tauchen zusammen hinter den feindlichen Soldaten auf. Wir sind begeistert! Wir haben die Situation durch taktisches Vorgehen und Zusammenarbeit gelöst! Wir sind schwer von uns beeindruckt.

Wir haben Blut geleckt. Schnell erspähen wir die nächste feindliche Soldatengruppe. Schon etwas mutiger schleichen wir ohne großen Umweg auf sie zu und schalten sie aus. Die nächsten Feinde genauso, die darauffolgenden auch. Plötzlich ist der Bunker leer und die Aufgabe erfüllt. Neue Aufgabe: Eine Flugabwehr-Kanone (kurz: FlaK) verteidigen. In unserem Erfolgsrausch übersehen wir diese Meldung und gehen auf die Jagd nach weiteren Feindverbänden. Die laufen uns nun in Kleingrüppchen portioniert vor die Flinte, immer nach demselben Muster. Diese Bots sind so durchschaubar. Unsere untergebenen Sklaven-Soldaten setzen wir nur noch ein, wenn wir wirklich gar nicht mehr vorankommen. Ansonsten hasten Alex und ich querfeldein über die Karte und tauchen im Rücken der feindlichen Soldaten auf. Die glauben ja tatsächlich, dass wir ganz brav die FlaK beschützen, die wir irgendwo in der Ferne hinter uns gelassen haben.

Das Spielprinzip ist eigentlich immer gleich: Sperrfeuer legen, über die Flanke anschleichen, ausschalten, neue Gegner erspähen, eigene Soldaten vorrücken lassen, wieder Sperrfeuer legen etc. Die untergebenen Soldaten bewegen sich nicht ohne entsprechende Befehle, die Feinde reagieren auf die Bewegungen der Spieler, und wenn einer von den Spielern stirbt, dann ist die ganze Mission gescheitert. Dieser Fokus auf die Eingaben der Spieler ist ein bedeutender Unterschied zu *Battlefield 1942*, denn die Spieler bekommen nun das Gefühl vermittelt, für den Spielverlauf relevant zu sein. Damit wird wieder ein grundlegender Mechanismus des Mediums Computerspiel für eine spezielle Spielweise verstärkt: Die Spieler werden permanent zum Handeln aufgefordert und müssen selbst aktiv werden, um durch Erfolgserlebnisse ein gewisses Niveau an Unterhaltung zu erreichen (vgl. BEHR/KLIMMT/VORDERER 2009: 226). In *Battlefield 1942* kann schnell Langeweile entstehen, wenn der Spieler wegen der großen Karte nichts zu tun bekommt. Doch in *Brothers in Arms: Earned in Blood* wird er dauernd auf Trab gehalten, für jeden Fehler bestraft und schnell in die Zange genommen, wenn er nicht rechtzeitig reagiert. Der Computer kann solch eine reaktive Rolle natürlich nur übernehmen, wenn er überhaupt mit Bots an der Schlacht beteiligt ist. Somit zieht FRIEDRICH KROTZ die richtigen Schlüsse, wenn er sagt, dass der Computer bei reinen Multiplayer-Partien ohne Bot-Beteiligung „nur ein unveränderliches Spielfeld zur Verfügung" (KROTZ 2009: 27) stellt, während der Computer im Coop-Spielmodus aktiv auf die Spieler reagiert, in etwa so, wie er es im Singleplayer-Modus tut.

Der Spieler ist nach KROTZ in zweierlei Weise aktiv in das Spielgeschehen eingebunden: Zum einen „ist der Spieler unmittelbar im Spiel präsent, weil er es sich selbst zurechnet, wenn etwas schief läuft [sic!] oder etwas nicht gelingt" (ebd.: 29). Dazu kommt noch, dass der Spieler sich über seinen Einfluss auf das Geschehen bewusst ist und sich in zentraler Bedeutung für den Verlauf sieht (vgl. ebd.: 30). Der Coop-Modus von *Brothers in Arms: Earned in Blood* setzt zunächst die zwei Arten der aktiven Teilnahme nach KROTZ gut um. Die feindlichen Bots sind aufmerksam und reagieren schnell auf die Aktionen der Spieler. Im Falle eines Zögerns rücken die Bots unerbittlich gegen die Spieler vor und fordern demnach ihre ständige Aktion. Außerdem bietet das Spiel einige taktische Freiheiten, sodass auch der interaktive Eingriff der Spieler nicht zu kurz kommt. Dabei können sich die Spieler auch gut ergänzen und schneller Erfolge erzielen. Mit der Zeit offenbart sich trotzdem die Wiederholung des immer selben Spielprinzips, ohne narrative Elemente oder großartige Abwechslung. Oft ist es nicht einmal von Interesse, ob man selbst angreifen oder verteidigen muss, denn sobald man in Richtung Feind vorrückt, sucht dieser sich Schutz, und sobald man nachlässig wird, geht dieser zum Angriff über.

Es ist ein ständiges Wechselspiel aus Aktion und Reaktion, ein Prozess, der zugunsten beider Seiten ausgehen kann. KROTZ schlussfolgert letztendlich, dass der Prozess des Computerspielens von mehreren Beteiligten abhängt:

> „Die Realität des Spiels wird vom Computersystem aus Hard- und Software und vom Nutzer sowie eventuellen Mitspielern gemeinsam hergestellt. Deshalb sprechen wir von interaktiver Kommunikation." (ebd.)

Wie die Realität des Spiels nun genau aussieht, hängt von dem jeweiligen Einfluss der Kommunikationspartner ab. Hat das Computersystem in einem Spielmodus die Oberhand, wie in den meisten Singleplayer-Kampagnen, dann folgt der Spieler Schritt für Schritt einer vorgegebenen Narration. Oder der Spieler steht im Fokus der Spielrealität, wie in vielen Multiplayer-Modi, dann kann der Computer höchstens noch auf die Eingaben des Spielers reagieren oder wird für den Verlauf komplett unrelevant. ALEXANDER WEISS bringt diesen Unterschied auf den Punkt, indem er sich auf GONZALO FRASCA beruft:

> „Das Spiel ist als ein Set von Möglichkeiten (‚a set of possibilities') konzipiert und die Erzählung als ein Set von aneinandergereihten Handlungen (‚a set of chained actions' [...]).“ (WEISS 2009: 53)

Wo in dieser Unterscheidung zwischen Spiel und Erzählung ist nun der Coop-Modus einzuordnen? Die Coop-Modi der beiden bisherigen Weltkriegsshooter gehören auf jeden Fall nicht zur Gruppe der primär erzählenden Computerspiele, da bei ihnen die Vermittlung des historischen Kriegsverlaufs so gut wie keine Rolle spielt. Aber eigentlich sollte der Coop-Modus eine ausgewogene Mischform aus beidem darstellen. Ohne eine packende und motivierende Erzählung würde sich der Coop-Modus nicht von den nur an Punkten ausgerichteten Multiplayer-Modi unterscheiden. Die im Coop-Modus gegebene Möglichkeit des intensiven Zusammenspiels gegen die Computergegner muss durch spezifische Herausforderungen und eine die Spieler zusammenschweißende Erzählung erzwungen werden. Auf der einen Seite darf der Spieler nicht das Gefühl haben, dass es völlig egal ist, wer nun die Aufgaben erfüllt beziehungsweise ob er allein oder mit einem Kameraden über das Schlachtfeld stolpert. Wenn die Erzählung des Coop-Modus die Anwesenheit mehrerer Spieler einfach ignoriert, so können die Spieler ebenso gut jeder für sich Singleplayer-Kampagnen spielen. Andererseits dürfen auf mehrere Spieler angelegte Lösungsmöglichkeiten für die einzelnen Aufgaben nicht zu einem Ungleichgewicht zwischen den Spielern führen. Um einen Konkurrenzkampf zwischen den Beteiligten zu umgehen, könnte man ein ebenfalls auf Missionsziele ausgerichtetes Punktesystem einführen oder ganz und gar auf eine Wertung verzichten. So dient beispielsweise in *Brothers in Arms: Earned in Blood* höchstens der Gesundheitszustand der Spielfiguren und der untergebenen Soldaten als grobe Vergleichsmöglichkeit, wodurch die Gefahr eines Wettkampfs reduziert wird. Sobald einer der beiden Spieler stirbt, ist das Spiel sowieso vorbei – denjenigen trifft dann die volle Verantwortung.

Aber selbst wenn die Abschüsse nicht direkt in Punkten gewertet werden, entscheidet beim Coop-Modus letztendlich der Schwierigkeitsgrad des Spiels darüber, ob eine Zusammenarbeit zwischen den einzelnen Spielern überhaupt zustandekommt.

Am Spielfeldrand taucht eine neue Gruppe feindlicher Soldaten auf. Alex und ich bemerken sie gleichzeitig, er rennt nach rechts, ich nach links. Ich laufe mitten in eine Scheune hinein und kann auf die Schnelle keinen weiteren Ausgang finden. „Mist, gehen mir drei Kills durch die Lappen", fluche ich noch so vor mich hin, als ich eine Holztreppe ins obere Stockwerk entdecke. Ich haste sie hinauf und oben finde ich genau ein Fenster. Daraus habe ich eine wunderbare Sicht auf die Köpfe unserer Gegner. Erleichtert setze ich mein Gewehr an und schalte die verwirrten Deutschen im Nu aus. Ich lehne mich anschließend genüsslich zurück und beobachte fünf Minuten lang, wie sich Alex auf einem riesigen Umweg an die nicht mehr vorhandenen Gegner heranpirscht.

Auf der Suche nach unserer Vorstellung eines gelungenen Coop-Modus wurden wir bei *Brothers in Arms: Earned in Blood* schon etwas mehr zufriedengestellt als bei *Battlefield 1942*. Zumindest waren wir in den ersten Minuten auf Teamwork angewiesen und dementsprechend stellte sich ein größeres Erfolgserlebnis ein. Aber insgesamt waren wir als Coop-Team von beiden Spielen schnell gelangweilt und wendeten uns bald wieder unseren individuellen Spielweisen zu. Eine zusammenhängende Erzählung wurde uns in keinem der Spiele geliefert. Spärliche Hintergrundinformationen zum Zweiten Weltkrieg und dazu, wozu unser Einsatz überhaupt gut war, erhielten wir höchstens über kurzzeitig eingeblendete Textzeilen auf dem Ladebildschirm.

Auch *Call of Duty: World at War* wirbt mit einem Coop-Modus – der fünfte Teil der Reihe hat sogar zum ersten Mal einen Coop-Modus integriert, der es erlaubt, die Singleplayer-Kampagne mit bis zu drei weiteren Spielern zu durchlaufen. Mit *Call of Duty: World at War* starteten wir unseren nächsten Coop-Test. PIH liefert eine kurze Beschreibung des Spiels:

> „Es ist ein FPS (First Person Shooter) Game, dass keine Hintergrundgeschichte der Schlachten erzählt. Der Spieler, der nur Teile seines Körpers zeigt, übernimmt vielmehr episodenhaft die Rolle von Soldaten verschiedener alliierter Nationen und kämpft in teils erfundenen, meist aber historischen Schlachten. Dadurch, dass dieses Spiel größtenteils historische Ereignisse wiedergibt, hat es eine epische Geschichte." (PIH 2009: 293)

Der Begriff der „epischen Geschichte" lässt sich hier in zwei Bedeutungen lesen. Einerseits wird der Höhepunkt des Zweiten Weltkriegs aus der Perspektive mehrerer Soldaten als episodenhafte Erzählung dargeboten, andererseits ist diese Erzählung als Heldengeschichte aufgezogen, in der die jeweilige Soldatenfigur große Taten vollbringt und als Kriegsheld in die Geschichte eingeht. Der Aufstieg zum nationalen Held kann nur durch eine starke Narration schlüssig erzählt werden, wobei ein Scheitern des Siegeszugs der Alliierten von vornherein ausgeschlossen ist. Konkret wird der Spieler als ganz normaler Soldat ins Kriegsgeschehen versetzt, in dem so viel explodiert, brennt, stirbt, schreit und rennt, dass man nicht das Gefühl hat, dem Kampf irgendeine bedeutende Wendung bringen zu können. Doch der Spieler stolpert seinen unzerstörbaren Befehlshabern hinterher, die einem immer genaue Anweisungen zubrüllen und einem das Denken abnehmen. In den entscheidenden Momenten jedoch tritt der jeweilige Befehlshaber höflich zurück und man darf sich zum Beispiel durch das Hissen der sowjetischen Fahne auf dem eroberten Reichstag einen Namen als Kriegsheld machen. Jedenfalls redet einem der Vorgesetzte die ganze Zeit ein, dass man sich nun als Eroberer fühlen darf, auch wenn man im Endeffekt keine Ahnung hat, wie man die ganzen Missionen bewältigen konnte und es bis auf das Dach des Reichstags geschafft hat.

Was passiert nun aber, wenn diese strenge Narration der Singleplayer-Kampagne eins zu eins in den Coop-Modus übernommen wird? Bevor Alex und ich uns dieser Frage gestellt haben, ist uns ein kleines Gimmick beim Coop-Spielen aufgefallen, das unsere Spielweise von Anfang an beeinflusste: das direkt ins Spiel integrierte Punkte-System. Sämtliche Abschüsse werden sofort in Punkte umgerechnet und sind am unteren Bildschirmrand als Tabelle zu sehen, was jederzeit einen Vergleich zu den Mitspielern ermöglicht. Dieses Punkte-System macht zwar sehr viel Spaß, weil es teilweise eher Assoziationen an *Die Original Moorhuhnjagd* (1999, allgemein bekannt als *Moorhuhn*) als an Weltkrieg weckt, rückt aber den Konkurrenzgedanken direkt ins Blickfeld der Spieler. Ein weiterer, zunächst nebensächlich wirkender Aspekt soll an dieser Stelle ebenfalls kurz erwähnt werden, da wir diesen nur bei *Call of Duty: World at War* ausmachen konnten. Die Rede ist von der Entwicklung des Spielerprofils. Jedes Profil kann sich durch gewonnene Erfahrungspunkte weiterentwickeln und kleine Nebenaufgaben können auch erledigt werden. Dadurch haben die Spieler auch längerfristig (also über viele Schlachten hinweg) eine Vergleichsmöglichkeit untereinander. Somit kann bei jeweils knappen Einzelergebnissen trotzdem ein Sieger ermittelt werden. All diese Faktoren der Punktewertung wurden von uns mit leuchten-den Augen angenommen und in unsere Spielweise integriert. Alex und ich konnten an unserem eigenen Spielverhalten verschiedene Phasen des Punkte-Wettstreits beobachten. Zu Beginn dachten wir, dass nur Abschüsse Punkte bringen.

Wir betreten als russische Soldaten das Schlachtfeld. Unser Ziel: Die Er-stürmung des Reichstags. Kaum haben wir uns in den Innenraum vorge-kämpft, entdecken wir zwei Scharfschützengewehre. Wir nehmen die beiden Schmuckstücke an uns, legen uns wie selbstverständlich nebeneinander auf die Empore und schießen auf alles, was im Erdgeschoss kreucht und fleucht. Unsere Punktestände springen geradezu in die Höhe, denn die durchschnitt-liche Lebensdauer eines feindlichen Bots beträgt drei Schritte. Immer wenn ich einen feindlichen Soldaten entdecke und gerade seinen Kopf im Visier habe, sehe ich diesen schon in einem Blutschwall explodieren und den Kör-per zu Boden fallen. Alex liegt genau neben mir und ich habe nur ein paar Sekunden Vorsprung. Ich komme mir vor wie beim Biathlon-Schießen. Jede Sekunde zählt. Wer nicht trifft, der muss nachher nach Munition rennen. Zack, Treffer, zack, Treffer, zack, daneben, nachladen. So geht es munter weiter, bis mir plötzlich die Munition ausgeht. „Mist!", fluche ich und setze mein Gewehr ab. Ich schaue mich um, finde aber keine neue Munition. Alex ballert indessen fröhlich weiter. Ich trabe den Weg zurück, vielleicht liegt ja noch ein Scharfschützengewehr rum. Aber da habe ich die Rechnung ohne die Spieleentwickler gemacht. Irgendein Soldat stößt eine bisher auf myste-riöse Weise verschlossene Tür auf. Die Schlacht tobt nun wieder von Ange-sicht zu Angesicht im Erdgeschoss weiter. Ich werde gerade von einem Flammenwerfer etwas in die Enge getrieben und will Alex' Sniper-Künste in Anspruch nehmen, da stößt auch er den Fluch wegen fehlender Munition aus. Punktestand: Er hat krass aufgeholt. Das wird eng.

Erst im Nachhinein bemerkten wir, dass uns dieses fröhliche Snipern in der Story überhaupt nicht weitergebracht hat, sondern nur so eine Art Mini-Spiel zum zusätzlichen Punkteverdienen war. *Moorhuhn*-Assoziationen pur.

Die zweite Phase des Punkte-Wettbewerbs wurde erreicht, als wir in nicht chronologischer Reihenfolge das Reichstagsgebäude erstürmen mussten.

Wir sehen das imposante Gebäude in einiger Entfernung vor uns stehen und kämpfen uns durch Ruinen und Abwehrstellungen bis vor das Tor. Immer wieder stürmen neue Feinde auf uns zu. Wir ballern, was das Zeug hält. Erst als die Munition knapp wird, überlegen wir, was wir wohl machen müssen, um die Story wieder in Gang zu setzen. Wir kämpfen uns langsam Richtung Eingang vor, aber es passiert nichts. Für jeden getöteten Deutschen kommt wieder einer nach, der genauso aussieht und genau dasselbe Verhalten wie sein Vorgänger an den Tag legt. Letztendlich sind es zu viele Gegner und wir gehen nach mehreren gegenseitigen Heilungen drauf. Fangen wir also wieder beim letzten Checkpoint an. Irgendwas müssen wir übersehen haben! Diesmal achten wir sogar auf das Gelaber unseres Befehlshabers, das wir sonst gekonnt ignorieren. Tatsächlich: Er erzählt uns von vier FlaKs, die wir sprengen müssen, bevor wir in den Reichstag gelassen werden. Etwas genervt sucht sich jeder eine FlaK, jagt sie in die Luft und ... kriegt dafür Punkte? Das können wir nicht glauben. Zum Glück stehen noch so ein paar Geschütze in der Gegend rum. Wir lassen sie hochgehen und ... bekommen dafür tatsächlich Punkte, und zwar nicht wenige.

Daraufhin änderte sich unsere Spielweise komplett. Wir schlichen nicht mehr durch das zerstörte Berlin oder über pazifische Inseln, immer darauf bedacht, keinen einzigen Feind und damit Punkte zu übersehen. Ab jetzt rannten wir durch Gebäuderuinen und den Dschungel, ständig auf der Suche nach verbleibenden Missionszielen. Lieber einen Gegner links stehen gelassen, als eine Aufgabe übersehen zu haben.

Kaum starten wir die Mission als Russen in einer Gebäuderuine, schon rennen Alex und ich zeitgleich los. An der ersten Weggabelung nimmt jeder eine andere Abzweigung. Unsere Kameraden haben wir längst abgehängt, unser Befehlshaber brüllt uns noch irgendwelche Warnungen hinterher. Ha, Gegner! Ein Kill, noch ein Kill, gleich zwei auf einmal. Ich biege um die Ecke, das Gewehr im Anschlag, sehe einen Soldaten, will schon fast abdrücken und stehe plötzlich wieder vor Alex. Ich bilde mir ein, dass seine Spielfigur genau so verdutzt aus der Wäsche schaut wie ich gerade. Nach einer kurzen Schrecksekunde beschließen wir, dass wir uns gemeinsam auf eine systematische Suche nach unseren Verbündeten begeben.

So viele Aufgaben so schnell wie möglich erfüllen, das war unser neues Motto. Diese Spielweise zog sich durch alle weiteren Missionen durch. ‚Gewinner' war immer derjenige, der mehr Kills schaffte und die Aufgaben schneller durchschaute, somit letztendlich mehr Punkte abkassieren konnte. Es war mehr ein Gegeneinander als ein Miteinander. Dieses Durchrennen wurde dadurch unterstützt, dass man ja irgendwo einen Mitspieler hatte, der einen jederzeit und unendlich oft heilen konnte. Selbst wenn beide Spieler draufgingen, so war der letzte Checkpoint ja doch nur ein paar Meter entfernt. Alles halb so schlimm. Dieses Spielerlebnis stellte uns auf Dauer nicht wirklich zufrieden, weswegen wir den Schwierigkeitsgrad von *Regular* auf die höchste Stufe – *Veteran* – erhöhten.

Wieder befinden wir uns in Gebäuderuinen und müssen gegen die Deutschen vorrücken. Wir sind etwas mehr auf der Hut, denn wir wissen ja noch nicht, wie sich die Umstellung der Schwierigkeit auswirkt. Auf jeden Fall mehr Explosionen. Alex rettet sich vor einer Granatenwarnung gerade noch in ein Gebäude. Er lacht laut auf und zeigt mir auf seinem Bildschirm, wie im Sekundentakt um ihn herum Granatenwarnungen aufleuchten. Er hat kein freies Feld, um aus seinem Versteck aufzutauchen. Ich habe es zumindest hinter ein Autowrack geschafft. Die Granaten fliegen auch an mir vorüber, aber ich habe noch genug Bewegungsfreiraum, um ihnen ausweichen zu können. Wir versuchen vorzurücken. Alex stürmt ein Stück vorwärts, so wie wir es die Stunden davor gemacht haben, und wird ein paar Meter vor dem Autowrack tödlich getroffen. Ich versuche ihm zu helfen, schleiche mich langsam zu seiner Position und sterbe ebenfalls. Punktestand: bei beiden im Keller.

Mit Zusammenarbeit hätten wir wohl an dieser Stelle ein wenig mehr Erfolg gehabt, aber die Erhöhung der Schwierigkeit führte bei uns nur dazu, dass jeder auf seine Weise vorsichtiger und konzentrierter spielte.

Der Coop-Modus von *Call of Duty: World at War* ist tatsächlich recht simpel gelöst. Man spielt eigentlich die Singleplayer-Kampagne, nur mit mehreren Spielern. Dabei wird man in manchen Cut-Scenes zu derselben Person, nämlich dem Helden der Geschichte. Das wirkt sich erst dann kritisch auf das Spielerlebnis aus, wenn die Spieler gerade nicht zusammen unterwegs sind und einer der Spieler den nächsten Auslöser für die Handlung betätigt.

Ich kauere unter einem LKW und habe eine gigantische Abschussserie. Immer wieder kommen japanische Soldaten wie Schäfchen über einen Holzzaun gehüpft. Die meisten kann ich schon im Flug abmurksen. Da kommt gerade die nächste Welle, ich visiere den ersten Kopf an und stehe plötzlich auf der anderen Seite des japanischen Waffenlagers. Ich muss untätig dabei zusehen, wie ein Japaner vor mir aus einem Fenster springt und mich niedersticht. Wie bin ich nur hierhergekommen? Kann ich bitte wieder unter meinen LKW zurück?

Solche Cut-Scenes reißen den Spieler schon im Singleplayer-Modus oft aus dem ,Spielrausch' heraus und erinnern ihn daran, dass er nur eine vorgefertigte Handlung Punkt für Punkt abarbeitet. Im Coop-Modus von *Call of Duty: World at War* ist diese Struktur nun noch stärker sichtbar. PIH erklärt die Funktion solcher Cut-Scenes und beruft sich dabei auf JUNG-YEOP LEE und JAN-NOËL THON:

> „Innerhalb des Spiels können Cut-Scenes die durch Interaktivität unterbrochenen oder fragmentarisierten Geschichten vermitteln. Je mehr sie im Spiel eingebunden sind, desto mehr wird die Linearität der Narration wiederhergestellt. Darüber hinaus tragen die Cut-Scenes durch Dialoge, Unterschriften, Spielgrafiken etc. zur Ausgestaltung der spielerischen Räumlichkeiten bei." (THON 2009: 291)

Der Coop-Modus von *Call of Duty: World at War* greift auf solche Cut-Scenes zurück, um trotz der verschiedenen Spieler weiterhin eine lineare Geschichte erzählen zu können. Dabei ist es dem Spiel egal, ob alle Spieler mal als verschiedene Soldaten rumlaufen oder in die Figur eines einzelnen Helden zusammengepfercht werden. Entscheidend für den Spielverlauf ist nur, dass die Auslöser, die im Singleplayer-Modus normalerweise der einzelne Held betätigen muss, im Coop-Modus ebenfalls aktiviert werden – von welchem Spieler, ist prinzipiell egal, da alle Spielfiguren über die gleichen Fähigkeiten und Waffen verfügen. Laut STEFAN WESENER gibt es in linearen Bildschirmspielen, wie eben dem Coop-Modus von *Call of Duty: World at War*, zwei Möglichkeiten, Auslöser für die weitere Handlung in die Spielwelten einzubauen: Entweder wird durch die narrativen Vorgaben automatisch der nächste Handlungsabschnitt eingeleitet oder der Spieler löst diesen durch eine bestimmte Handlung oder das Erreichen eines bestimmten Punktes aus (vgl. WESENER 2007: 148).

Ein positiver Effekt dieses geradlinigen Spielprinzips ist, dass im Coop-Modus eben kein Spieler mehr zwingend den Helden mimen muss. Es steht zwar jedem Spieler offen, auf die Befehle zu achten und die Aufgaben nacheinander abzuklappern (was natürlich wieder Punkte bringt), aber man kann genauso gut eine andere Funktion auf dem Schlachtfeld übernehmen. Theoretisch kann der Spieler in der Zwischenzeit auch mal ins Bad oder in die Küche gehen und die anderen Spieler weitermachen lassen. Wenn eine entscheidende Cut-Scene kommt, so wird die eigene Spielfigur ,mitgezogen', egal wo man sich gerade aufhält. Für den abwesenden Spieler verwandelt sich das Spiel zum Standbild, weil er momentan nicht aktiv eingreift. Aber das Spiel läuft durch andere Subjekte weiter. Erst wenn alle beteiligten Spieler nicht mehr aktiv am Geschehen teilnehmen, dann wird der Spielverlauf stagnieren. Die Bewegung durch den Raum ist also, wie auch im Singleplayer-Modus, der Motor für die Narration, denn nur auf Aktionen der Spieler kann der Computer reagieren:

> „Die Ereignisse in 3D-Action-Adventures sind fast immer ortsgebunden und ihre zeitliche Abfolge ist daher das Resultat ihrer räumlichen Organisation. Insofern als der Raum dadurch einen Teil der erzählerischen Funktion übernimmt, könnte man dies als eine Form des diegetischen Erzählens betrachten, da es der Raum selbst ist, der den Spieler durch das Narrativ führt." (KÜCKLICH 2009: 39)

Im Coop-Modus ist diese Funktion des Raums als Erzählinstanz nicht mehr ganz so streng wie im Singleplayer-Spiel. Die verschiedenen Spieler haben die Möglichkeit, nicht nur aktiv im Raum zu handeln und somit strikt der epischen Heldengeschichte zu folgen, sondern sie können in den einzelnen Raumabschnitten durch Zusammenarbeit weitere Aktionsmöglichkeiten schaffen. Diese wiederum geben ihnen eher das Gefühl, einer Multiplayer-Schlacht beizuwohnen, in der sie interaktiv auf das Geschehen Einfluss nehmen können. Mithilfe von PIH könnte man an dieser Stelle wieder einwenden, dass, „[w]enn sich aber die Phänomene der Interaktivität beschleunigen, die Möglichkeit der Narrativität ab[schwächt]" (PIH 2009: 291). Dieser Konflikt erweist sich auch in *Call of Duty: World at War* als problematisch, denn das Spiel führt seine Kampagnen-Erzählung ohne Rücksicht auf die interaktiven Möglichkeiten und dadurch entstehende narrative Verluste fort. Deswegen kommen die Spieler des Coop-Modus manchmal ins Stolpern, wenn sie die Story mitverfolgen wollen. Wie in *Battlefield 1942* und in *Brothers in Arms: Earned in Blood* können auch hier die Missionen einzeln gewählt werden. Das hat einerseits den Vorteil, dass die Spieler ihre favorisierten Missionen spielen können, andererseits sind die einzelnen Missionen aus dem Zusammenhang gerissen und das Spiel bemüht sich nicht sonderlich, durch Cut-Scenes oder Hintergrundinformationen die Schlaglichter der Story wieder in das Gesamtgeschehen einzuordnen. Trotzdem hat man die ganze Zeit das Gefühl, irgendetwas vom Zweiten Weltkrieg mitzubekommen. Das liegt nicht an informativen Texten oder gut recherchierten Hintergrundinformationen, sondern an der Nachbildung bekannter Kriegsbilder sowie dem Aufbau atmosphärischer Action-Levels. So stellt man sich als Spieler den Zweiten Weltkrieg vor. WESENER benennt diese Darstellung des Kriegsgeschehens als eine von drei Vorgehensweisen zur Integration historischer Szenarien in Bildschirmspielen:

„Der Spieler kann ein historisches Ereignis nachspielen und übernimmt die Rolle von bekannten Persönlichkeiten [...]. Genauso können dabei fiktive Charaktere die Hauptfigur sein [...]. Ein tatsächliches Ereignis wird in solchen Spielen nachgespielt und in einen filmischen Rahmen eingebettet." (WESENER 2007: 145)

Im Vergleich zu den beiden vorangegangenen Coop-Modi wird dem Spieler bei *Call of Duty: World at War* in Ansätzen also überhaupt eine Erzählung vermittelt, deren einzelne Abschnitte sich in den Verlauf des Weltkriegs einordnen lassen. Die ständigen Orts- und Zeitsprünge sorgen jedoch für leichtes Stirnrunzeln. Beim Coop-Modus kommen die Perspektivenwechsel und unsauber eingefügten Cut-Scenes erschwerend hinzu. Somit wurde die Kampagnen-Story für den Coop-Modus zwar zurechtgestutzt, aber nicht wirklich auf dessen Strukturen und Potenzial angepasst. Dennoch hat uns der Coop-Modus von *Call of Duty: World at War* bis zu diesem Zeitpunkt am meisten überzeugt, da er der Behauptung von PIH und KLEIN entgegenläuft und versucht, Interaktivität sowie Narration in sich zu vereinen und auszubalancieren. Dabei knirscht es zwar an einigen Stellen noch gewaltig und die daraus resultierenden Fehler reißen die Spieler immer wieder aus dem Spielfluss, aber die Narration liefert genug Anregungen, um die Spieler weiterhin an den vorgegebenen Ablauf zu fesseln.

Nach dem Testen der drei Weltkriegsshooter haben Alex und ich nicht sonderlich viel über den Zweiten Weltkrieg gelernt. Dennoch glaubten wir, dass sich gerade der Coop-Modus eigentlich ziemlich gut für die Vermittlung von historischen Inhalten und Fragestellungen eignen könnte. Manche Wissenschaftler wie WESENER sehen dagegen die Verwertung von historischen Inhalten in Computerspielen eher nicht im Dienste der Vermittlung:

„[D]as historische Computerspiel [ist] für den Spieler nur ein weiteres Programm in seinem Lieblingsgenre und die Handlung wird von ihm lediglich registriert. Er beachtet den geschichtlichen Hintergrund nur, wenn er die Zielvorgaben der Aufgabenstellung oder Siegbedingungen erfolgt. Es ist ihm gleichgültig, ob er die Orks des ‚Herrn der Ringe' oder amerikanische Soldaten in den Kampf führt, solange er keine moralischen Bedenken bei der historischen Kulisse und den damit verbundenen Aufgaben hat." (ebd.: 149)

Wesener sieht die Stellung historischer Computerspiele bei den Spielern recht kritisch. Ich pflichte ihm soweit bei, dass für eine historische Wissensvermittlung eine Verzahnung des geschichtlichen Stoffs mit den Aufgabenstellungen im Spiel von Vorteil ist; allerdings rechne ich den Spielern in der Wahl ihres Settings mehr Feingefühl zu. Daher sahen Alex und ich uns noch den Coop-Modus von *Der Herr der Ringe: Die Eroberung* (2009) an.

Zunächst muss festgestellt werden, dass *Der Herr der Ringe: Die Eroberung* weitestgehend kein *First-Person-Shooter* (kurz: FPS) ist. Lediglich nach Wahl der Klasse des Bogenschützens hat man ähnliche Bedingungen wie bei einem FPS. Trotzdem sind die Spiele prinzipiell vergleichbar, da *Der Herr der Ringe: Die Eroberung* die meisten Kriterien eines FPS erfüllt: Die Handlung wird in Echtzeit präsentiert, der Spieler tritt als Kämpfer auf und hohe (Reaktions-) Schnelligkeit ist gefragt (vgl. LEHMANN et al. 2009: 242). Der Coop-Modus erinnert in groben Zügen an den von *Call of Duty: World at War*. Man spielt die Singleplayer-Kampagne durch und kann auch einzelne Missionen davon anwählen. Allerdings wird hier jede Mission mit einer kurzen Videosequenz eingeleitet, was die Einordnung in das Gesamtgeschehen erleichtert.

Im Vergleich zu *Call of Duty: World at War* hat der Coop-Modus von *Der Herr der Ringe: Die Eroberung* drei wesentliche Unterschiede:

1. Die Spieler können bei den Checkpoints aus vier sehr verschiedenen Klassen wählen (Krieger, Späher, Bogenschütze, Magier) und haben damit vielfältige taktische Möglichkeiten.
2. Es gibt kein Punktesystem, weder während des Spiels noch danach. Die Spieler haben zu keinem Zeitpunkt offensichtliche Vergleichsmöglichkeiten und befinden sich deshalb nicht dauernd im Wettstreit miteinander.
3. Die Spieler greifen auf eine gemeinsame Anzahl an Lebenspunkten zurück, die sich mit den jeweils gelösten Aufgaben wieder erneuert/erhöht.

Man könnte *Der Herr der Ringe: Die Eroberung* als eine Mischung aus *Battlefield 1942* und *Call of Duty: World at War* bezeichnen, nur eben in Mittelerde statt Mitteleuropa. Die verschiedenen Klassen und freien Bewegungsmöglichkeiten während manch großen Schlacht (beispielsweise die Eroberung der Wetterspitze) erinnern an die interaktiven Möglichkeiten von *Battlefield 1942* und lockern die Narration auf.

Allerdings hat der Coop-Modus von *Der Herr der Ringe: Die Eroberung* einige entscheidende Verbesserungen gegenüber den getesteten Weltkriegsshooter. Zunächst gibt es (wie auch in *Call of Duty: World at War*) die Möglichkeit, die Funktionen auf dem Schlachtfeld untereinander aufzuteilen, womit das zwanghafte Heldendasein auch hier entfällt. Das wird vor allem durch die verschiedenen Klassen deutlich. Wenn zum Beispiel die Aufgabe lautet, dass wir zu Théoden in den Thronsaal von Helms Klamm vorstoßen sollen, und ich stehe als Bogenschütze auf der Mauer und kann aus sicherer Entfernung bis in den Thronsaal hineinschießen, so müsste ich im Singleplayer-Modus tatsächlich in den Thronsaal rennen und mich da Auge in Auge mit vier Ork-Offizieren kloppen. Falls ich vorher noch zur Krieger-Klasse wechseln wollte – was angesichts des bevorstehenden Nahkampfes sinnvoll wäre –, so müsste ich auch noch einen Umweg zum letzten Checkpoint einkalkulieren. Ist aber mein Mitspieler zufälligerweise Krieger, dann rennt dieser einfach zu Théoden in den Thronsaal und löst damit die nächste Aufgabe (das Erscheinen der vier Ork-Hauptmänner) aus. Ich kann ihn anschließend von der Mauer aus gegen die Orks unterstützen.

Die Cut-Scenes und Aufgaben werden zudem nicht wie bei *Call of Duty: World at War* nur an den sie jeweils auslösenden Spieler ausgerichtet. Es ist öfter notwendig, dass tatsächlich alle Spieler einen bestimmten Punkt gemeinsam erreichen. Des Weiteren müssen öfter Absprachen getroffen werden, was in den einzelnen Missionen von vornherein angelegt ist. So ist der Bogenschütze zur Ausschaltung von Fernzielen (wie die Fackelträger bei Helms Klamm) zuständig, der Späher kann sich um die Endgegner kümmern (hier wäre das Erdolchen von Saruman, Elrond und Aragorn zu nennen), der Krieger ist bei schneller Zerstörung gefragt, etc. Durch das Fehlen eines Punktesystems sind die Spieler eher dazu bereit, die Aufgaben logisch unter sich aufzuteilen. Manche Aufgaben können auch nur von einem Spieler übernommen werden (so zum Beispiel der Transport einer Fackel oder eines Funkelsteins). Hier muss abgestimmt werden, welche Klasse dazu am besten geeignet ist.

Ein Spiel aus der *Der Herr der Ringe*-Reihe ist auch von der narrativen Seite her gar nicht so weit von den Weltkriegsshootern entfernt. Im Gegensatz zu der komplexen Chronologie des Zweiten Weltkriegs ist die Story von der literarischen Vorlage vielen Spielern wesentlich besser in Erinnerung. Ein Computerspiel, das sich mit diesem Namen rühmt, muss bei der Umsetzung der Story besonders sensibel vorgehen. Mit den Büchern, Filmen und etlichen anderen Produkten hat sich ein ganz klares Bild des *Der Herr der Ringe*-Universums herausgebildet, das auch für das Computerspiel übernommen werden muss. Einige Fans der Fantasy-Triologie werden um dieses Spiel einen großen Bogen machen, da relativ freizügig mit der narrativen Vorlage umgegangen wird. Zunächst einmal wird die Geschichte auf den passenden Umfang für das Spielprinzip zurechtgestutzt. Um die einzelnen Missionen einzuführen, werden einige originale Filmschnipsel zusammengeschnitten und ein Erzähler gibt die wichtigsten Informationen weiter. Bei der Coop-Kampagne, in der man auf der Seite der ‚Guten' steht, sind diese Zwischensequenzen aber meistens nicht so wichtig, da fast jeder Spieler die Story in- und auswendig kennt. Die Umsetzung der ausführlichen Schlachten mit Hunderten von Orks, Elben, Menschen, Ents, Trollen, Hobbits und allen Figuren, die man aus den Filmen kennt, ist viel interessanter. So spielt man die ganzen wichtigen Stationen der Geschichte durch, wobei auch hier schon einige interaktive Freiheiten eingebaut sind. Beispielsweise wird in fast jeder Mission den Spielern angeboten, an passender Stelle als Held in das Geschehen einzugreifen. Wenn die Spieler dieses Angebot ablehnen, um entweder die Schwierigkeit zu erhöhen, oder weil der Held eine gerade nicht passende Klasse verkörpert, dann taucht diese Figur in der Mission einfach nicht auf. Dann wird zum Beispiel der Hexenkönig bei der Schlacht auf den Pelennor-Feldern eben nicht von Éowyn zur Strecke gebracht, sondern von einem ganz normalen Soldaten.

Ein weiterer spieltechnisch interessanter Punkt ist, dass als Rückzüge inszenierte Missionen auftreten, was man aus anderen Shootern in dieser Form kaum kennt. Diese Missionen sind gut gelungen, allerdings hängt ihre Wirkung stark von der Konfiguration des Schwierigkeitsniveaus ab. Ist die Bot-Stärke zu niedrig eingestellt, so wird während einer Mission ein panischer Rückzug inszeniert, obwohl man alle Gegner mit Leichtigkeit vom Eindringen abhält. Ist die Schwierigkeit jedoch entsprechend angepasst, dann sind die Aufgaben ziemlich passgenau ausgelegt, sodass man einen Stützpunkt wirklich nicht viel länger als die vorgegebene Zeitspanne halten kann. In solchen Momenten hat der Spieler schon das Gefühl, dass der Rückzug eine realistische Möglichkeit der Verteidigung sein kann.

Alle bekannten Schlachten aus *Der Herr der Ringe* (sowie noch einige dazu erfundene wie der Erstürmung von Minas Morgul) werden konsequent inszeniert und spielbar gemacht. Den Höhepunkt stellt die Situation dar, als Frodo den Ring in die Lava werfen soll, was zugleich die Kampagne der ‚guten‘ Seite beendet. Danach folgt eine ebenso ausführliche Kampagne, bei der man genau an diesem Punkt im Vulkan einsteigt und als Ringgeist Frodo zur Strecke bringen soll. Anschließend spielt man die ganze Erfolgsstory der Gefährten von *Der Herr der Ringe* rückwärts. Das bedeutet, dass man nun als Ork alle wichtigen Städte und Stationen in Mittelerde zurückerobert. Als Zwischensequenzen dienen weiterhin die originalen Filmschnipsel, die aber so zusammengesetzt sind, dass sie narrativ auf die ‚erweiterte‘ Geschichte passen. Dieser narrative Strang führt letztendlich zu einer Abschlussmission im Auenland, bei der man mithilfe von Sauron und Balrog die Hobbits vernichten soll, die von Baumbart, Ents, Gondor-Hauptmännern, Gandalf und den Riesenadlern unterstützt werden. Wird diese letzte Schlacht erfolgreich beendet, dann hat man als ‚dunkle Macht' Mittelerde unterworfen und alle ‚guten' Filmhelden um die Ecke gebracht.

Fazit

Nach dem Test von insgesamt vier Coop-Modi lassen sich allgemeine Aussagen zu Coop-Modi und zur Geschichtsvermittlung in Weltkriegsshootern ableiten.

In Bezug auf die allgemeinen Erkenntnisse bei Coop-Modi kann man zunächst feststellen, dass diese Spielvariante hauptsächlich durch die Balance zwischen narrativer Kampagne und interaktiver Multiplayer-Spielstruktur geprägt ist. Dabei läuft sie immer Gefahr, zu sehr in eine der beiden Richtungen auszuschlagen. Ein perfektes Mittelmaß zwischen den beiden Polen wird es wahrscheinlich nicht geben, was nicht zuletzt auch an dem hohen Aufwand der fehlerfreien Umsetzung liegt. Es kann aber festgehalten werden, dass das interaktive Einbinden einer überschaubaren Anzahl an Spielern nicht zwangsläufig zur Auflösung der Narration führt. Zwar müssen auf jeden Fall Anpassungen im Vergleich zu vorgefertigten Singleplayer-Kampagnen vorgenommen werden, aber ein narrativer Rahmen fördert das kooperative Spielen/Spielerlebnis erheblich mehr als ein Punktesystem. Wenn Alex und ich eine Rangliste nach der gelungensten Umsetzung eines Coop-Modus erstellen würden, dann entspräche sie der Erscheinungsreihenfolge der Spiele, was einen gewissen Trend bei den Coop-Modi erkennen lässt. Die bisher im Genre des Shooter zaghafte Verwendung von Coop-Modi scheint auf einem guten Weg zu sein und sich allmählich vom orts- und zeitlosen Multiplayer-Gekämpfe zu lösen – weg vom linearen Nebeneinander, hin zum interaktiven Miteinander.

Von den wenigen Eindrücken und geschichtlichen Hintergrundinformationen in den Coop-Modi der Weltkriegsshooter lässt sich keine umfassende Erkenntnis zur Geschichtsvermittlung in Computerspielen herausarbeiten. Die erste Beobachtung in dieser Hinsicht war, dass nur an sehr wenigen Stellen offensichtlich und bewusst historische Fakten präsentiert wurden. Diese sind dann meistens in die Narration der Singleplayer-Kampagnen eingebaut und tauchen bei reinen Multiplayer-Schlachten mit offenen Verläufen so gut wie gar nicht mehr auf. Dabei hätten gerade Computerspiele das Potenzial, sich spielerisch und kritisch mit dem historischen Verlauf und den Konsequenzen eines solchen Weltereignisses auseinanderzusetzen. Niemand erwartet von ihnen, dass sie sich hundertprozentig genau an die Geschichte halten. Das Spiel *Der Herr der Ringe: Die Eroberung* hat diese Chance in Bezug auf seine ganzen Vorlagen erkannt und sich mit einer Weitererzählung der Geschichte weit aus dem Fenster gelehnt. Dabei herausgekommen ist eine interessante Betrachtungsweise des Originalstoffs, die im Prinzip viel interessanter ist und viel mehr Aufmerksamkeit und kritische Auseinandersetzung generiert, als die ursprüngliche *Der Herr der Ringe*-Geschichte zum hundertsten Mal nachzuerzählen. Ähnlich sollten meiner Meinung nach Computerspiele mit der Geschichte des Zweiten Weltkriegs verfahren. Dabei dürfen sie sich aber nicht zu schon genügend vorhandenen abstrusen Varianten hinreißen lassen, die dann eher im fiktiven Bereich anzusiedeln sind und somit an Glaubwürdigkeit verlieren.

Natürlich ist so ein Wagnis nur sinnvoll, wenn dabei einerseits die Narration so stark gewichtet wird, dass im Vergleich zu anderen Weltkriegsshootern überhaupt eine Änderung in der Story wahrnehmbar ist. Andererseits müssen auch die Spieler solch einen narrativen Ansatz wahrnehmen und akzeptieren. An diesem Punkt setzt WESENER wieder kritisch an, indem er sagt, dass historische Bildschirmspiele zwar schon verschiedene Perspektiven auf den Geschichtsverlauf eröffnen, durch das immer selbe Spielprinzip aber keine neuen Sichtweisen auf das historische Geschehen erschlossen werden (vgl. WESENER 2007: 159). Man bekommt tatsächlich keine neuartigen Eindrücke, egal ob man nun in *Battlefield 1942* die angreifenden Franzosen oder die verteidigenden Deutschen spielt. Immer bestehen die Missionsziele aus Eroberungen oder Verteidigungen. Ein neues Spielprinzip, wie es in *Der Herr der Ringe: Die Eroberung* gut umgesetzt ist, wären beispielsweise die beschriebenen Rückzugsmissionen. Inhaltlich ließe sich das sehr gut mit dem Rückzug der Deutschen gegen Ende des Zweiten Weltkriegs an allen Fronten ihres Reichs verbinden. Ebenso könnte man durch eine gezielte Änderung der Geschichte im Spiel die Deutschen siegreich aus den Schlachten des Zweiten Weltkriegs hervorgehen lassen und damit die Spieler zur kritischen Auseinandersetzung mit dem Szenario, das sich heute niemand mehr vorzustellen vermag, anleiten. Das würde zumindest das repetitive Nachspielen der erfolgreichen Befreiung Deutschlands durch die Alliierten ablösen.

Im Gegensatz zu WESENER traue ich den Spielern sowohl auf inhaltlicher als auch auf struktureller Ebene mehr Feingefühl und Medienkompetenz zu. Ich glaube, die meisten Spieler sehen durchaus einen Unterschied darin, ob sie als Ork in Mittelerde unterwegs sind oder als deutscher Soldat im Zweiten Weltkrieg. Ihnen ist das Setting nicht völlig egal und sie wollen lieber auch mal andere Soldaten und Verläufe des Zweiten Weltkriegs spielen. Momentan können sie nicht viel anderes spielen, weil nichts anderes da ist. Aber wenn es Möglichkeiten gäbe, sich über Computerspiele kritisch mit Geschichte auseinanderzusetzen, so würden viele Spieler diesen Weg des Geschichtsunterrichts wählen und entsprechende Rückschlüsse ziehen. In anderen Genres wird dieses Prinzip ja schon angewandt, nur die Ego-Shooter treten selten aus ihrem Konventionsrahmen heraus.

Wird die Geschichtsvermittlung mit dem Coop-Modus kombiniert, dann glaube ich darin ein besonderes Potenzial zu entdecken. Einerseits gibt es dem Spiel die Möglichkeit, die starren narrativen Strukturen aufzubrechen und den Spieler selbst in begrenztem Umfang an der Geschichtsschreibung zu beteiligen. Andererseits hat der Coop-Modus als Spielvariante schon bestimmte Voraussetzungen (die begrenzte Spielerzahl, ein durch Teamwork engeres Verhältnis unter den Spielern etc.), die die Spielergemeinschaft leicht zu Diskussionen und Debatten über das Computerspiel und dessen Inhalte anregen können. Somit sind die Möglichkeiten eines Coop-Spiels verschenkt, wenn man nur darauf bedacht ist, einen geschichtlichen Verlauf möglichst authentisch nachzustellen – oder ihn gar zu ignorieren und nur als Verkaufstitel zu nutzen. Was fehlt, das ist ein bisschen Mut, aus den bestehenden Strukturen auszubrechen und den Coop-Modus – und damit die Geschichtsvermittlung in Computerspielen – innovativ weiterzudenken. Nur so könnte das volle Potenzial dieser Spielvariante ausgenutzt werden.

Hauptsache, niemand kommt auf die Idee, die Orks von Mittelerde zu den Amis nach Berlin 1945 zu versetzen. Diese Maßnahme wäre als innovatives Konzept für einen Coop-Modus mit Weltkriegsvorlage dann doch etwas zu kurz gegriffen.

Quellenverzeichnis

Bibliografie

BEHR, KATHARINA-MARIA; KLIMMT, CHRISTOPH; VORDERER, PETER (2009), „Leistungshandeln und Unterhaltungserleben im Computerspiel", in: QUANDT, THOMAS; WIMMER, JEFFREY; WOLLING, JENS (Hrsg.): *Die Computerspieler : Studien zur Nutzung von Computergames*. Wiesbaden: VS Verlag für Sozialwissenschaften, S. 225–240.

HEPP, ANDREAS; VOGELGESANG, WALDEMAR (2009), „Die LAN-Szene. Vergemeinschaftungsformen und Aneignungsweisen", in: QUANDT, THOMAS; WIMMER, JEFFREY; WOLLING, JENS (Hrsg.): *Die Computerspieler : Studien zur Nutzung von Computergames.* Wiesbaden: VS Verlag für Sozialwissenschaften, S. 97 bis 112.

KLEIN, THOMAS (2010), „Wie ich den Krieg immer wieder neu gewinnen kann: Das World War II Combat Game", in: RIEDEL, PETER (Hrsg.): *Killerspiele : Beiträge zur Ästhetik virtueller Gewalt.* Marburg: Schüren, S. 54–72.

KROTZ, FRIEDRICH (2009), „Computerspiele als neuer Kommunikationstypus. Interaktive Kommunikation als Zugang zu komplexen Welten", in: QUANDT, THOMAS; WIMMER, JEFFREY; WOLLING, JENS (Hrsg.): *Die Computerspieler : Studien zur Nutzung von Computergames.* Wiesbaden: VS Verlag für Sozialwissenschaften, S. 25–40.

KÜCKLICH, JULIAN (2009), „Narrative Ansätze – Computerspiele als Erzählungen", in: BEVC, TOBIAS; ZAPF, HOLGER (Hrsg.): *Wie wir spielen, was wir werden : Computerspiele in unserer Gesellschaft.* Konstanz: UVK, S. 27–48.

LEHMANN, PHILIPP; REITER, ANDREAS; SCHUMANN, CHRISTINA; WOLLING, JENS (2009), „Die First-Person-Shooter. Wie Lebensstil und Nutzungsmotive die Spielweise beeinflussen", in: QUANDT, THOMAS; WIMMER, JEFFREY; WOLLING, JENS (Hrsg.): *Die Computerspieler : Studien zur Nutzung von Computergames.* Wiesbaden: VS Verlag für Sozialwissenschaften, S. 241–262.

PIH, JONG-HO (2009), „Das narrative Problem des Computerspiels im Vergleich zur Literatur und Film", in: GWÓŹDŹ, ANDRZEJ (Hrsg.): *Film als Baustelle : Das Kino und seine Paratexte.* Marburg: Schüren, S. 288–299.

WEISS, ALEXANDER (2009), „Ludologie, Arguing im Spiel und die Spieler-Avatar-Differenz als Allegorie auf die Postmoderne", in: BEVC, TOBIAS; ZAPF, HOLGER (Hrsg.): *Wie wir spielen, was wir werden : Computerspiele in unserer Gesellschaft.* Konstanz: UVK, S. 49–64.

WESENER, STEFAN (2007), „Geschichte in Bildschirmspielen. Bildschirmspiele mit historischem Inhalt", in: BEVC, TOBIAS (Hrsg.): *Computerspiele und Politik : Zur Konstruktion von Politik und Gesellschaft in Computerspielen.* Berlin: Lit, S. 141–164.

Ludografie

ANTHONY, DAVE (2008): *Call of Duty: World at War.* Treyarch Invention, LLC; Activision. System: PC, Xbox 360, Sony PlayStation 3, Nintendo Wii, Windows Mobile.

GEWIRTZ, ERIC (2009): *Der Herr der Ringe: Die Eroberung.* Pandemic Studios; Electronic Arts. System: PC, Xbox 360, Sony PlayStation 3, Nintendo DS.

GUSTAVSSON, LARS (2002): *Battlefield 1942*. Digital Illusions CE; EA Games. System: PC, Mac.

GUSTAVSSON, LARS (2003): *Battlefield 1942: The Road to Rome*. Digital Illusions CE; EA Games. System: PC.

MESCHE, INGO (1999): *Die Original Moorhuhnjagd*. Witan Entertainment; phenomedia. System: PC.

PITCHFORD, RANDY (2005): *Brothers in Arms: Earned in Blood*. Gearbox Software; Ubisoft Entertainment. System: PC, Mac, Microsoft Xbox, Sony PlayStation 2, Nintendo Wii, iPhone.

Ricarda Tesch

Gefälschte Geschichte?
Wie Computerspiele mit der Realität spielen

Versucht man die Begriffe „Computerspiel" und „Historie" in Einklang zu bringen, so wird man für gewöhnlich darauf hingewiesen, dass dies unmöglich sei, was ganz simpel in der Natur der Sache liege. Videospiele sind fiktionale Produktionen, die zur reinen Unterhaltung dienen. Kein Computerspiel dieser Welt wird je in der Lage sein oder auch nur versuchen, sich von Anfang bis Ende an geschichtliche Fakten zu halten und diese dem Spieler eins zu eins zu vermitteln, ohne auch nur minimale Veränderungen vorzunehmen. Insofern ist Kritik am Versuch einer Zusammenführung der Begriffe nicht unberechtigt. Auf der anderen Seite aber kann man nicht abstreiten, dass Videospiele durchaus *Elemente* der Geschichte korrekt übernehmen, um sie dann für ihre Zwecke zu entfremden, zu verzerren und auszuschmücken, bis das Auffinden der Wahrheit zur Suche nach der Nadel im Heuhaufen wird – ein schwieriges, aber nicht gänzlich unmögliches Unterfangen.

Es findet also im Medium Computerspiel sehr wohl eine Auseinandersetzung mit Geschichte durch eine Integration derselben ins Medium statt. Die Frage ist nun, *wie genau* sie stattfindet. Was wird aus der Geschichte übernommen? Wie wird es übernommen? Wie wird dann damit gearbeitet, wie mit den Fakten gespielt?

Um sich einer Antwort auf diese Fragen anzunähern, muss man sich selbstverständlich persönlich mit dem Medium auseinandersetzen, darf sich nicht auf Informationen aus zweiter Hand verlassen, deren Wahrheitsgehalt gelegentlich zweifelhaft ist. Um zu verstehen, wie ein Computerspiel, dessen Inhalt und Hintergrund wirken, muss man selbst zum Spieler werden. Der spielende Wissenschaftler hat den Vorteil, dass er sowohl das Medium kennt als auch die Fragen, die er sich stellen und beantworten muss. In dieser Doppelrolle ist er am besten in der Lage, die Ergebnisse dieser Feldforschung dem Nichtspieler zu erklären.

Natürlich ist es immer vorteilhaft, Ergebnisse an konkreten Beispielen erläutern zu können, von denen dem spielenden Wissenschaftler eine große Auswahl zur Verfügung steht. Er weiß, dass weder ein Rollenspiel wie *Dragon Age: Origins* (2009) noch ein Science-Fiction-Shooter wie *Halo: Combat Evolved* (2001) dafür infrage kommen – sehr wohl aber jedwedes Spiel, das sich darauf beruft, auf den vielzitierten ‚wahren Ereignissen' zu basieren. Ideale Beispiele dafür sind die sogenannten Weltkriegsshooter. Sie basieren nicht nur auf historischen Geschehnissen, sondern erzählen eine ganze Epoche der Weltgeschichte mit unterschiedlicher Detailgenauigkeit nach. Paradebeispiele sind die beiden Reihen *Call of Duty* und *Medal of Honor*, beide weltbekannt und beliebt bei Spielern wie Kritikern. Beide Reihen rühmen sich damit, dass der Spieler hier nicht nur Missionen in historischem Kontext nachspiele, sondern selbst zum Kämpfer im dargestellten Konflikt werde. Die Entwickler lassen verlauten, die Spiele seien historisch sehr genau und wecken das Gefühl, man sei wirklich und wahrhaftig in der Vergangenheit gelandet. *Call of Duty* spricht den Spieler auf der Verpackung direkt an, macht ihn sprachlich bereits vor dem Spiel zu einem Teil eines „Trupps", während *Medal of Honor* den Spieler sogar auffordert, sich „freiwillig zu melden".

An dieser Stelle sollten wir uns wieder daran erinnern, dass wir uns hier in einer Doppelrolle befinden – auf der einen Seite in der des Spielers, der sich in seinen Avatar hineinversetzen, diesen Versprechen glauben und die Ereignisse des Spiels ernst nehmen möchte, auf der anderen Seite in der des Wissenschaftlers, der lieber einen Blick auf die Faktoren wirft, die dazu führen, dass der Spieler sich in ein historisch verbürgtes Setting versetzt fühlt. Dabei geht es nicht nur darum, ob es wirklich korrekt ist, wie die von amerikanischen Soldaten getragene Thompson-Maschinenpistole dargestellt ist, oder ob die russischen Uniformen zwei oder drei Streifen brauchen, um möglichst korrekt auszusehen. Am meisten sollte sich der Wissenschaftler darauf konzentrieren, wie alle „historischen" Details zusammenspielen, um den Eindruck von Historizität zu erwecken.

Hierfür schaut der Wissenschaftler dem Spieler zum einen über die Schulter und zum anderen – sinnbildlich gesprochen – in den Kopf hinein. Er beobachtet, was auf dem Bildschirm zu sehen ist und was dabei im Spieler vorgeht. Er sieht sich genau an, welche Fakten auf dem Bildschirm erscheinen, und in welcher Form. Er steht ein wenig über den Dingen, um genau aufschlüsseln zu können, wo sich die Geschichte im Spiel verbirgt und wie geschickt sie manipuliert wird, um den Spieler glauben zu machen, sie sei immer noch echt, obwohl inzwischen soviel daran gezerrt und geschliffen wurde, dass es selbst dem Wissenschaftler schwerfällt, den Ursprung zu erkennen.

An diesem Punkt der Vorbereitung wollen wir uns nun ein wenig der Praxis zuwenden und uns einmal einige Beispiele für gelungene Geschichtsmanipulation, aber auch für gelungene Geschichtsintegration in Weltkriegsshootern, etwas genauer betrachten.

Wir befinden uns in einem Briefing; die Truppe wird in die Details der Operation Overlord eingeführt. Wir, in diesem Fall ein Private Martin, *hören zu, wie uns eine körperlose Stimme die Einzelheiten der Invasion der Normandie erläutert. Wir erfahren, dass früh am Morgen des 06. Juni britische, US-amerikanische und kanadische Soldaten die Strände der Normandie stürmen werden, gekennzeichnet durch kleine Flaggen auf der Karte. Weiterhin wird uns erklärt, dass wir, ein Teil der 101. US-Luftlandedivision, eine schlaflose Nacht erleben werden, da wir schon Stunden früher am Zug sind. Wir werden nahe bei dem schönen französischen Städtchen Sainte-Mère-Église vom Himmel fallen, um eine Landezone für den Rest der Division zu sichern, damit wir dann alle Mann anpacken können, um es den Deutschen so schwer wie möglich zu machen, aus dem Landesinneren Verstärkung an die Strände zu rufen. Soweit der Plan. Der Monolog endet mit einer kurzen Diashow von Schwarz-Weiß-Fotografien und einer etwas dürftigen Ermutigung seitens unseres Vorgesetzten.*

D-Day, 02:00 Uhr morgens. Wir haben es geschafft, mit beiden Füßen auf französischem Boden zu landen und uns trotz heftigen Widerstands bis in das reichlich mitgenommen aussehende Dorf vorzukämpfen. Dort angekommen, stellen wir fest, dass unsere Kameraden, die noch in der Luft sind, unter schwerem Flakbeschuss stehen, und dem müssen wir möglichst schnell ein Ende setzen. Den Besatzern schmeckt das freilich überhaupt nicht, weswegen sie uns den gesamten Weg über eifrig beharken. Echte amerikanische Helden lassen sich aber so leicht nicht aufhalten und so kämpfen wir uns tapfer den Weg von Flakpanzer zu Flakpanzer frei und verarbeiten einen nach dem anderen via Sprengladungen in einen Haufen Altmetall. Haben wir das erfolgreich erledigt, versammeln wir uns im recht zweifelhaften Schutz einer zerbröckelnden Mauer um Captain Foley, der daraufhin eine kleine Ansprache hält; wir waren super, gönnen wir uns eine kurze Pause, aber dann zurück zur Verteidigung der Ruinenlandschaft. Foley heißt die Frischlinge im echten Krieg willkommen und warnt die, die das alles bereits kennen, dass sie es eigentlich doch nicht kennen und im Grunde gar nichts vom Krieg wissen. Herzig. Da bekommt man gleich frischen Mut.[1]

---

1 Nacherzählung von *Call of Duty*, Mission Burnville

Dieses Szenario entstammt den ersten Levels des Ego-Shooters *Call of Duty* (2003). Gleich zu Beginn (vom ziemlich simplen und für erfahrene Ego-Schützen obendrein überflüssigen Trainingscamp abgesehen) werden wir in eine ausgewachsene Schlacht geworfen. Diese spielt an einem Ort, der wirklich existiert und an dem ein ähnliches Gefecht während des Zweiten Weltkriegs stattfand. In der Tat war Sainte-Mère-Église Schauplatz der Landung von etwa 14.000 Soldaten der 82. sowie der 101. US-Luftlandedivision, die sich dort einen heftigen Kampf mit den deutschen Besatzern lieferten. Hier wird der Spieler also zunächst einmal mit harten Fakten konfrontiert: Wir befinden uns an einem echten Kriegsschauplatz, folgen dem Verlauf einer bereits geschlagenen Schlacht und tun dies mit Mitstreitern, die einer real existierenden militärischen Einheit angehören. Untermauert wird es durch den Einsatz von Kartenmaterial und Fotografien, die so eingebunden werden, dass man sich in einer echten militärischen Lagebesprechung wähnen könnte. Der Spieler ist sich der Tatsache bewusst, dass die Situation im Spiel bis zu diesem Punkt der Wahrheit entspricht. Mit diesem Wissen stürzt er sich ins Getümmel der Schlacht.

Wir zücken also unser Gewehr, detailverliebt einer echten Waffe aus dem Zweiten Weltkrieg nachempfunden, und folgen unseren Kameraden in den Kampf. Alsbald finden wir uns im Kugelhagel wieder; wir kämpfen um Private Martins Überleben und das seiner Einheit, wir stürzen uns mit Gebrüll auf die Nazis, die so närrisch sind, sich uns in den Weg zu stellen, und bahnen uns schießend und mit Sprengsätzen um uns werfend einen Weg über die Karte, während Foley uns immer wieder Kommandos und Kommentare zuruft. Mit gelegentlichem Fluchen und der Frage im Kopf, warum man ein halbes Dutzend KI-Helferlein hat und trotzdem das meiste alleine machen muss, erledigen wir unsere Mission: Die Besatzer haben den Schauplatz fluchtartig verlassen, die Flakpanzer sind Geschichte und wir lauschen zufrieden Foleys kurzer Rede, bevor es an die nächste Karte geht. Wir sind stolz, überlebt zu haben.

Am Levelende beim Speicherbildschirm hat der Spieler erst einmal das Gefühl, nach einer intensiven Schlacht eine kurze Verschnaufpause einzulegen. Aber wie entsteht dieses Gefühl überhaupt? Wie ist ein Computerspiel in der Lage, uns zumindest für kurze Zeit davon zu überzeugen, dass das, was auf dem Bildschirm geschieht, wirklich so passiert ist?

Da ist zunächst einmal der simple Trick des historisch verbürgten Schauplatzes. Ein solches Detail kann viel ausmachen; allein das Wissen, dass der Ort existiert und dass es dort wirklich einmal eine Schlacht gab, setzt sich so sehr fest, dass wir unterbewusst anfangen, auch andere Dinge ungefragt als wahr hinzunehmen. Nun ist es zwar höchst unwahrscheinlich, dass Sainte-Mère-Église von einer Handvoll Soldaten eingenommen wurde, deren Handlungsweise nicht immer sonderlich intelligent wirkt; nicht davon zu reden, dass auch unsere Widersacher offenbar nicht gerade die hellsten Köpfe der Wehrmacht sind. Aber das ist, vor allem für unser Unterbewusstsein, erst einmal zweitrangig. Die echten geschichtlichen Informationen sind abgespeichert, und nun ist es nicht mehr so, dass wir aktiv nachdenken müssen, was von dem, was wir sehen, wahr ist, sondern uns aktiv darauf konzentrieren müssen, was *nicht* wahr ist. So, wie wir in einem gut recherchierten historischen Roman, der vor einem realen Hintergrund spielt, dazu neigen, die Details zunächst einmal ungeprüft als ‚historisch' hinzunehmen, so passiert uns das mit der Zeit auch beim Spielen eines Weltkriegsshooters, der wie *Call of Duty* an real existierenden Schauplätzen spielt. Wir werden mit Informationen gefüttert, von denen einige der Geschichte entnommen sind, andere aber der Handlung des Spiels dienen und erfunden wurden. Welche Informationen in welche Kategorie gehören, ist dabei selten eindeutig zu unterscheiden, wenn man nicht einschlägig gebildet ist.

Auch das Gameplay selbst entscheidet in hohem Maße darüber, wie realistisch oder real sich das Geschehen auf dem Bildschirm für uns anfühlt. In der Rolle des Private Martin kämpfen wir gegen Nazi-Deutschland. In dieser Funktion schießen, bomben und messern wir uns durch hordenweise Nazis, sehen also die Kugeln fliegen, hören die Schreie und das Stöhnen der Getroffenen und wir sehen, wie das Blut nur so spritzt – jedes Mal, wenn wir einem Gegner den Garaus machen. Das klingt nun möglicherweise brutal; aber ist Krieg das nicht? Trägt nicht diese Bildschirmbrutalität dazu bei, dass wir uns ein bisschen fühlen wie in einer echten Schlacht? Sie vermittelt uns ein dringendes Gefühl der Bedrohung und hält dem Spieler vor Augen, dass es auch mit Private Martin, unserem Avatar, dem Bildschirm-Ich, jederzeit so zu Ende gehen könnte, ganz wie im echten Krieg.

Allerdings: Dieses Gefühl hält nur so lange an, wie das Spiel es schafft, einigermaßen realistisch zu bleiben. Wenn der ‚ungezogene' Nazi auch nach der dritten gut gezielten Salve aus unserer Thompson noch versucht, wieder aufzustehen und unserem virtuellen Leben ein Ende zu setzen, dann wirkt das doch unfreiwillig komisch, insbesondere, da das Spiel sonst sehr auf Darstellungsrealismus bedacht ist. Diese Komik sorgt für einen Bruch im Spiel und seinem Streben danach, die Realität möglichst genau abzubilden. Teilweise wird diese Komik auch bewusst eingesetzt – etwa im berühmten „Nazi-

Zombie-Modus" späterer Teile der *Call of Duty*-Reihe, in dem man sich so lange wie möglich der heranstürmenden untoten Wehrmachtssoldaten erwehren muss.

Hier hört das Gefühl von Realismus und Echtheit schlagartig auf; hier fängt das Spiel an, deutlich ironische Züge anzunehmen und versucht nicht einmal mehr, dem Spieler vorzugaukeln, dass das, was da passiert, echt sei – Pixelblut hin und Hakenkreuzbinden her. Gekonnt nimmt sich das Spiel selbst auf die Schippe und führt somit im Grunde allen vorher im eigentlichen Spiel etablierten Realismus ad absurdum.

Hier sehen wir nun, dass diese vorgetäuschte Historizität mit Sicherheit dann endet, wenn sich zu den historisch verbürgten Details ein eindeutiger Humor gesellt. Solange das Spiel sich aber selbst ernst nimmt und bewusst fiktive Elemente mit Fakten mischt, ist es doch recht knifflig, den Unterschied zwischen Wahrheit und Fiktion auszumachen, vor allem als reiner Spieler ohne wissenschaftlichen oder forschenden Blick auf den Gegenstand Spiel.

Wir haben uns jetzt einige der Kniffe angesehen, mit denen die *Call of Duty*-Reihe arbeitet; zwar sind das nur eine Handvoll, dafür aber höchst wirkungsvoll. Sie beruhen auf einem hohen Detailgrad der Darstellung und äußerst geschickter Vermischung von Wahrheit und Lüge. Sehen wir uns im Genre der Weltkriegsshooter um, dann sehen wir, dass diese Tricks von den meisten, ja nahezu allen dieser Spiele angewandt werden. Wieso auch nicht, schließlich funktionieren sie ja offenbar äußerst gut. Aber ist das wirklich alles? Haben diese Spiele noch andere Möglichkeiten, uns in die Irre zu leiten und uns an der Nase herumzuführen, wenn wir versuchen, geschichtliche Wahrheit und Erfindung der Spieledesigner zu trennen?

Werfen wir zu diesem Zweck doch einfach einen Blick auf ein Spiel aus der Konkurrenzreihe. *Medal of Honor: Pacific Assault* (2004; im Folgenden als *Medal of Honor* bezeichnet) teilt sich mit *Call of Duty* den Hintergrund des Zweiten Weltkriegs, ist jedoch, man erahnt es, nicht in Europa, sondern im pazifischen Raum angesiedelt. Nichtsdestoweniger bedient sich auch *Medal of Honor* realer Schauplätze: Pearl Harbor, Makin, Tarawa. Wie *Call of Duty* versorgt uns *Medal of Honor* häppchenweise mit Fakten, die wir in jedem entsprechenden Geschichtsbuch nachlesen können; im Grunde finden wir all das, was bereits auf *Call of Duty* zutraf, nun auch hier vor, wenn auch in anderen Ausformungen. Aber sehen wir es uns doch einfach einmal an:

„Dear Dad,

Sorry I haven't written in a while, but ... I'm back in action again ... It's been nearly eight months since the Japs hit us at Pearl and we've been run ragged ever since. They gave me a thirty-day furlough followed by ninety days of special training. I've joined the Second Raider Battalion, led by a man named Carlson. These guys are considered the elite, so ... I'm excited to be among them.

A lot of the boys are saying, now that we won at Midway, it's time to turn the tables and start taking the fight to them. I guess that's what we're doing now. We're raiding a small island the Japs are hunkered down on, in hopes of creating a diversion for a much larger attack that ... oh, I can't tell you about that right now. The Major says most of us will end up there soon enough anyhow, but I'm trying to stay focussed on the task at hand ..."

Makin-Atoll, 17. August 1942, nachts. Wir – Private Thomas Conlin *– befinden uns auf einem kleinen Landungsboot, das uns mit unserer Einheit auf einer kleinen Pazifikinsel absetzt, die von den Japanern besetzt ist. Die Schuhe voller Sand und recht unbequem hinter ein Gebüsch geduckt erfahren wir, dass es unsere Aufgabe ist, einen Sendeturm der Japaner ausfindig zu machen und dort so viel Schaden wie möglich anzurichten. Augenblick. So viel Schaden wie möglich? Das klingt nicht, als würde man vollen Erfolg von uns erwarten, oder gar unsere Rückkehr ...*

Nun gut, als brave Soldaten protestieren wir nicht, sondern geben unser Bestes. Wir bahnen uns also unseren Weg über die Insel, gelegentlich überrascht von im Dunkeln schwer auszumachenden Japanern, die sich alle Mühe geben, unser Vorankommen zu verhindern, indem sie wahlweise versuchen, uns mit Kugeln zu durchsieben oder, etwas eleganter, uns die Kehle durchzuschneiden.

Nach dem einen oder anderen Feuergefecht, einem unangenehmen Vormarsch durch ein Gewässer und unter den gelegentlich reichlich widersprüchlichen Befehlen unseres Vorgesetzten erreichen wir schließlich die japanische Stellung mit dem Sendeturm, den wir sehr effektiv mit ordentlich Kawumm funktionsuntüchtig machen. Es folgt ein letztes kurzes Verteidigungsgefecht gegen die wütenden Japaner, bevor wir endlich eine kurze Pause machen können. Dann bekommen wir auch schon das nächste Ziel genannt – ein Vorratslager zerstören ...[1]

---

1 Nacherzählung von *Medal of Honor: Pacific Assault*, Mission Nightmoves

Hier wird unser Urteilsvermögen auf eine äußerst fragwürdige Weise auf die Probe gestellt. Wir befinden uns bereits mitten im Spiel; im Gegensatz zu *Call of Duty* folgen wir hier von Anfang bis Ende einem einzigen Mann. Wir kennen also unser Alter Ego bereits gut und wissen, was er durchgemacht hat – wir haben ihn ja dabei begleitet. An diesem Punkt wird uns ein Brief präsentiert, den Private Conlin an seinen Vater schreibt. Mittlerweile stecken wir so tief im Spiel, dass wir uns unwillkürlich fragen: Gab es diesen Brief wirklich? Gab es wirklich einen Soldaten, der diese Worte an seinen Vater schrieb, der vielleicht nie wieder aus dem Krieg heimkehrte, oder ist das jetzt etwas, das allein auf das Konto der Designer geht und sollen wir an die Echtheit des Briefes nur *glauben*, damit sich das Spiel für uns realistischer *anfühlt*?

Das Spiel selbst verrät es uns nicht. Unser Urteil wird zusätzlich dadurch erschwert, dass, während Private Conlins Off-Stimme uns den Brief vorliest, eine Serie von Videoaufnahmen gezeigt wird – historische Schwarz-Weiß-Aufnahmen aus dem Zweiten Weltkrieg. Diese gehen dann gegen Ende des Briefes in die Ingame-Darstellung des Private Conlin über, wie er den Brief verfasst. Indem wir beides zusammen präsentiert bekommen, fällt es uns sehr schwer, selbst wenn wir aktiv darüber nachdenken, zu einem Schluss zu kommen, ob der Brief nun echt ist oder nicht. Bis wir eine endgültige Antwort darauf bekommen, entweder durch das Spiel oder eigene Recherche, bleiben die Zweifel. Diese Unklarheit, ob es sich um Fakt oder Fiktion handelt, dient dazu, uns noch tiefer in das Spiel hineinzuziehen, noch mehr Nähe zwischen uns und unserem Avatar zu erschaffen, wodurch wir noch stärkeren Anteil haben an dem, was er durchmacht, als durch das Mischen von Wahrheit und Erfindung in der Handlung allein.

Schiebt man nun die ganz offensichtlich erfundenen Teile der Spiele wie die untoten Nazis und die ganz offenbar hochgradig suizidgefährdeten KI-Gefährten einmal beiseite, dann bleibt das übrig, was wahr ist, und das, was so gut erfunden ist, dass es wahr sein *könnte*. Es sind wenige Handgriffe, die nötig sind, um historische Genauigkeit und geschichtliche Wahrheit zu vermitteln, aber sie *funktionieren*. Es ist sehr leicht, die Geschichte dergestalt zu transformieren, dass man auf den ersten und vielleicht auch noch auf den zweiten Blick nicht unterscheiden kann, was wahr ist und was nicht. Bekommen wir genügend harte Fakten präsentiert und wird das, was dazuerfunden wird, auf die richtige Weise an die Seite dieser Fakten gestellt, dann neigen wir offenbar dazu, das Gesamtpaket als wahr anzunehmen – ist es unmöglich, Erfundenes *derart* gut mit historisch verbürgten Fakten zu mischen, dass man *nachschlagen* muss, um zwischen beidem zu unterscheiden? Mitnichten, wie wir jetzt wissen. Wenn wir alles, was das Spiel uns vorsetzt, als gegeben hinnehmen und nicht permanent teilen in „wahr" und „erfunden", dann wird das Spielerlebnis unter Umständen viel intensiver. Die gekonnt manipulierte Geschichte packt uns, zieht uns in ihren Bann; das macht die Faszination von Weltkriegsshootern aus. Sicher sind sie nicht die einzigen Shooter, die ihr Publikum zu fesseln wissen – die Reihen *Halo*, *Crysis* und unzählige andere Vertreter des Genres beweisen das. Aber von einem Spiel, das sich darauf beruft, auf wahren Ereignissen zu basieren, und in dem wir nicht in der Lage sind zu unterscheiden, was Fakt und was Fiktion ist, geht eine völlig andere Art der Faszination aus.

Insofern kann man den Designern also nur gratulieren. Sie schaffen es hervorragend, eine Handvoll Geschichte zu nehmen und sie so geschickt zu bearbeiten, dass man kaum erkennt, dass Manipulation im Spiel ist, wenn man nicht genau hinsieht. Wer möchte sich auch schon den Kopf über den Unterschied zwischen Fakt und Fiktion zerbrechen, wenn er auch einfach das Spiel genießen kann?

Quellenverzeichnis

Ludografie

DARRAH, MARK (2009): *Dragon Age: Origins*. BioWare Edmonton, Edge of Reality; Electronic Arts. System: PC, Mac, Microsoft Xbox 360, Sony PlayStation 3.

GIOLITO, RICK (2004): *Medal of Honor: Pacific Assault*. EA Los Angeles, TKO Software; Electronic Arts. System: PC.

LYMAN, THAINE (2003): *Call of Duty*. Infinity Ward; Activision. System: PC, Mac, N-Gage, Microsoft Xbox 360, Sony PlayStation 3.

SEROPIAN, ALEXANDER (2001): *Halo: Combat Evolved*. Bungie, Gearbox Software, Westlake Interactive; MacSoft, Microsoft Game Studios. System: PC, Mac, Microsoft Xbox, Microsoft Xbox 360.

Oskar Hendrik Voretzsch

Authentifizierung und Geschichtsvermittlung im Film *Der Soldat James Ryan* und in der Spieleserie *Brothers in Arms*
Vergleichende Analyse der Inszenierungsmittel in Kriegsfilm und Kriegsspiel

Was wissen Sie über die Invasion in der Normandie? Welche Bilder kommen Ihnen beim Gedanken daran in den Kopf? Woher stammen Ihr Wissen, woher die Bilder?

1998 veröffentlichte Regisseur STEVEN SPIELBERG den Film *Der Soldat James Ryan*. Es war der erste kommerziell erfolgreiche Spielfilm über den Zweiten Weltkrieg seit vielen Jahren. In den Jahren darauf zog er eine Reihe weiterer in diesem Setting angesiedelter Filme US-amerikanischer Produktion – zum Beispiel *Der schmale Grat* (1998) und *Pearl Harbor* (2001) – sowie die zehnteilige Serie *Band of Brothers* (2001) nach sich. Auffällig ist, dass zur gleichen Zeit eine Reihe von Weltkriegsspielen produziert wurde, die besonders erfolgreich waren – so zum Beispiel *Medal of Honor* (1999), *Battlefield 1942* (2003) oder *Call of Duty* (2003). Nicht nur angesichts dieses zeitlich gehäuften Auftretens liegt es nahe, die Wirkmechanismen dieser Filme und Spiele zu untersuchen und sowohl inhaltlich als auch formell zu vergleichen, denn „[a]ls referentielle Fiktionen beziehen sich Kriegsfilme in besonderem Maße auf thematische Vorläufer und bilden damit starke Erzähltraditionen zu Kriegen aus", und weiter: „Damit geht die Beobachtung einher, dass diese audiovisuellen Fiktionen vom Publikum zunehmend als Dokumente des Krieges angenommen werden" (SCHWAB 2010: 319).

Auf Basis dieser Vorannahme gilt es zu überprüfen, ob sich bestimmte Elemente aus Kriegsfilmen auch in den Kriegsspielen fortsetzen – und wenn ja, um welche es sich dabei handelt. Wenn beispielsweise *Der Soldat James Ryan* als eine „kinotechnisch aufwendige Simulation der Kampfsituation" (KLEIN/STIGLEGGER/TRABER 2006: 26) wahrgenommen wird, deuten sich bereits Überschneidungen zu ähnlichen Wirkmechanismen des Computerspiels an. Solche Vergleiche wurden bereits durchgeführt, die Ergebnisse beschränken sich jedoch meist auf den Nachweis der Remediation bestimmter Sequenzen aus den Filmen durch die Spiele (so zum Beispiel bei BENDER 2010). *Brothers in Arms* besitzt im Vergleich mit anderen Kriegsspielen, die bislang für diese Vergleiche herangezogen wurden, ein besonderes Merkmal, das es für einen direkten Vergleich mit *Der Soldat James Ryan* geeignet macht: eine das Spiel begleitende Narration, die eine kleine Gruppe Soldaten in den Mittelpunkt stellt.

So lassen sich aus dem Vergleich nicht nur Erkentnnisse hinsichtlich historifizierender und authentifizierender Darstellungsmechanismen gewinnen, sondern auch über die Funktion der Dramaturgie im Zusammenwirken mit diesen. Zudem sind beide Werke durch die Wahl ähnlicher Schauplätze besonders gut für einen Vergleich geeignet: „Bestimmte Ereignisse werden dabei [Anm. O.H.V.: bei ihrer Reinszenierung] so wiederholt als Handlungshintergründe genutzt und funktionalisiert, dass sie gleichsam Subgenre-Status einnehmen. Dies gilt etwa für [...] die Landung der Alliierten in der Normandie" (KLEIN/STIGLEGGER/TRABER 2006: 14).

Brothers in Arms behandelt nicht die Anlandung an den Stränden der Normandie, sondern beginnt mit den in der vorherigen Nacht durchgeführten Fallschirmlandungen. Dennoch finden sich im weiteren Verlauf beider Werke große Parallelen, die sich auch im Zusammenhang zu Erzähltraditionen betrachten lassen. Im Folgenden werden daher zunächst beide Werke einzeln betrachtet und ihre wesentlichen Inszenierungs- und Authentifizierungsmittel identifiziert. Darauf aufbauend wird die Nutzung dieser Mittel direkt miteinander verglichen und in den Kontext bereits nachgewiesener Erzähltraditionen des Kriegsfilms gestellt. Somit soll im Ergebnis die Funktionsweise der Geschichtsvermittlung beider Werke deutlich werden.

Der Soldat James Ryan

Der Film beginnt mit einer Sequenz, die etwa zur Produktionszeit des Films, dem Jahr 1998, spielt. Der mittlerweile gealterte James Ryan besucht mit seiner Familie auf dem amerikanischen Soldatenfriedhof im französischen Colleville-sur-Mer das Grab von Captain John H. Miller. Dabei erinnert er sich an die Ereignisse im Zweiten Weltkrieg. Es folgt die Handlung am Tag der Invasion der Alliierten in der Normandie, dem 06. Juni 1944. Zunächst ist die Anlandung US-amerikanischer Truppen am Strandabschnitt „Omaha" zu sehen, unter ihnen auch Miller. Nach verlustreichen Kämpfen gelingt ihnen das Durchbrechen der deutschen Verteidigungsstellungen. Als die Gefallenen-Listen des Tages durchgearbeitet und die Benachrichtigungen an die Angehörigen abgeschickt werden, bemerkt eine Sachbearbeiterin, dass am Tag der Invasion drei von vier Brüdern der Familie Ryan gefallen sind und ihre Mutter somit drei Todesmeldungen auf einmal erhalten wird. Daraufhin beschließt die militärische Führung, den vierten Bruder, Private James Ryan, zu retten und in die USA zurückzubringen. Da er vor der Invasion mit dem Fallschirm hinter den feindlichen Linien abgesprungen und seine Position somit unbekannt ist, muss ein Suchtrupp losgeschickt werden. Miller erhält dazu den Auftrag und zieht mit seiner Gruppe los.

Unterwegs stoßen sie auf diverse Schwierigkeiten, wie beispielsweise einen Scharfschützen und eine Maschinengewehr-Stellung der Deutschen, wodurch zwei Soldaten der Gruppe getötet werden. Erst nach längeren Such- bemühungen in den verstreuten amerikanischen Verbänden gelingt es ihnen schließlich, Ryan in einer kleinen Stadt aufzuspüren. Dieser weigert sich jedoch trotz der Nachricht vom Tod seiner drei Brüder, seine Einheit zu ver- lassen, da diese den Befehl hat, eine wichtige Brücke zu halten und ein An- griff der Deutschen kurz bevorsteht. Miller entscheidet daraufhin, mit seiner Gruppe bei der Verteidigung zu helfen. Im Laufe der schweren Kämpfe kommt der Großteil des verbliebenen Suchtrupps einschließlich Miller ums Leben, bevor die Deutschen dank Luftunterstützung zurückgeschlagen wer- den können. Vor seinem Tod sagt Miller zu Ryan, dass er sich der Opfer des Suchtrupps würdig erweisen solle. Nach einem Zeitsprung zurück auf den Friedhof fragt der gealterte Ryan schließlich angesichts dieser Erinnerungen seine Frau, ob er ein gutes Leben geführt habe, was diese ihm bestätigt.

Die historische Referenz des Geschehens in *Der Soldat James Ryan* ist sehr beschränkt. Ein klarer Verweis auf eine tatsächliche historische Bege- benheit findet sich nur in Form der Invasion am Omaha Beach. Der Hand- lungsverlauf danach ist rein fiktional, einschließlich der Stadt Ramelle, die am Ende des Films verteidigt werden muss. Allerdings werden Elemente aufgegriffen, die historisch belegt sind, wie die Verstreuung der Luftlande- einheiten in der Normandie, die die Suche nach James Ryan erschwert. Die Geschichte des zeitnahen Todes mehrerer Brüder hat zwar zwei historische Vorbilder,[1] jedoch ist die Aussendung eines Suchtrupps ebenfalls ein fiktives Element. Diese Vorbilder werden im Film jedoch nicht thematisiert und sie hatten für größere historische Zusammenhänge keine Bedeutung – ebenso wie der fiktive Auftrag des Suchtrupps, Ryan zu finden, im Film für den

---

1 a) Die fünf Sullivan-Brüder, von denen 1942 vier beim Untergang eines Kreuzers star- ben. Dies veranlasste das US-Militär zur Einführung von Regelungen zur Rückholung von Soldaten, die bereits Angehörige im Kampf verloren haben. b) Die vier Niland- Brüder, von denen 1944 zwei innerhalb von zwei Tagen in der Normandie fielen, wor- aufhin ein dritter zurück in die USA geschickt wurde.

übergeordneten Verlauf der Invasion keine Bedeutung hat. Lediglich die Wichtigkeit der Brücke in Ramelle wird angedeutet; sie ist für den Vormarsch der Alliierten von hoher Bedeutung und muss daher gehalten werden. Trotzdem findet das Geschehen immer vor dem Hintergrund der Invasion statt, sie ist stets gegenwärtig. Auf seinem Weg stößt der Suchtrupp auf verstreute Truppenteile, gerät in Gefechte, begegnet den Spuren vorangegangener Kampfhandlungen. Selbst beim nächtlichen Marsch ist die Schlacht präsent in Form entfernter Explosionen, die durch dumpfe Donner hörbar und durch Lichtblitze am dunklen Himmel sichtbar sind. Die zahlreichen Kondolenzbotschaften zu Beginn, die vielen Erkennungsmarken, die die Gruppe auf der Suche nach dem Namen Ryans durchsucht und die große Anzahl von Kreuzen auf dem Soldatenfriedhof, auf dem der gealterte Ryan auf das Geschehen zurückblickt, sind als Verweis auf die zahlreichen Kriegsopfer lesbar.

Hinsichtlich der Ausstattung versuchte Regisseur SPIELBERG, historisch möglichst detailgetreu zu sein, und kommuniziert dieses Ziel auch dem Publikum. An mehreren Stellen werden die verwendeten Waffen mit Typbezeichnung erwähnt: am Strand in Omaha die „Bangalore"-Stabbomben zum Sprengen der Stacheldrahtsperren, im Kampf um Ramelle die deutschen Panzer „Tiger" und „Panther", die Panzerabwehrwaffe „Panzerschreck" oder die 20-mm-Flugabwehr-Kanone (im Folgenden „FlaK" genannt). Auch hinsichtlich der militärischen Taktik versuchte SPIELBERG historisch genau zu arbeiten. Er engagierte dafür DALE DYE, einen bekannten militärischen Berater für Filmproduktionen. Dieser unterzog die Schauspieler einem mehrtägigen militärischen Training. Für die Massenszene am Omaha Beach wurden Angehörige der britischen Armee eingesetzt. Da nicht am Originalstrand gedreht werden konnte, wurde ein möglichst ähnlich aussehender Strand ausgewählt. Als Vorlagen für die Inszenierung verwendete SPIELBERG Aufnahmen des Kriegsfotografen ROBERT CAPA vom Tage der Invasion (vgl. STADLER 2007: 58). Darüber hinaus fällt auf, dass die beiden Deutschen, die im Film eine größere Rolle spielen, tatsächlich mit deutschen Schauspielern besetzt wurden. Mellish, der jüdische Angehörige des Suchtrupps, ist mit einem jüdischen Schauspieler besetzt (ADAM GOLDBERG). Es hat eine gewisse Tradition im Kriegsfilm, die verschiedenen Rollen jeweils mit Schauspielern aus den entsprechenden Ländern zu besetzen – als garantiere die übereinstimmende Nationalität der Schauspieler und ihrer Figuren zusätzliche Glaubwürdigkeit der Darstellung. Dies geschah bereits in dem Film *Der längste Tag* (1962), in dem sogar ein deutscher Regisseur (BERNHARD

WICKI) für die Szenen mit deutschen Protagonisten zuständig war. Als ein weiteres Beispiel ist *Die Brücke von Arnheim* (1977) zu nennen. Im Making-of von *Der Soldat James Ryan* kommen zudem einige Zeitzeugen sowie DALE DYE zu Wort, die die Realitätsnähe des Films unterstreichen. Zusätzlich sind zahlreiche Original-Filmaufnahmen zu sehen, die allerdings nicht direkt im Zusammenhang mit den Begebenheiten im Film stehen, sondern willkürlich ausgewählt scheinen.

Die Landungssequenz nimmt in *Der Soldat James Ryan* eine herausgestellte Position ein. Sie inszeniert die Kampfhandlungen auf eine besonders prägnante und eindringliche Weise und ist diejenige, die in Presse und Forschung am häufigsten genannt wurde, wenn die Realitätsnähe von *Der Soldat James Ryan* thematisiert wurde. So schreibt JAN DISTELMEYER in der Zeitschrift *Film* von der „spürbare[n] Dringlichkeit dieses Films, von Anfang an dem Grauen der Soldaten so nah wie möglich kommen zu wollen" (1998: 35). Welche Mittel setzt Regisseur STEVEN SPIELBERG ein, um dieses Ziel zu erreichen?

Am Omaha Beach ist die Kamera meist ganz nah an den amerikanischen Soldaten. Das Geschehen wird nicht ruhig aus der Entfernung betrachtet, sondern die Kamera ist mittendrin und bewegt sich viel. Dabei sind die Aufnahmen oft stark verwackelt. Es werden vorwiegend Handkameras eingesetzt. Die Kamera taucht oft im Wasser unter und drängt sich mit den Soldaten hinter Panzersperren in Deckung. Bei Treffern spritzt das Blut direkt auf die Linse. Die Farben sind im gesamten Film blass gehalten. Als in Millers Nähe eine Granate explodiert und er von der Explosion benommen ist, spielt sich alles nur noch in Zeitlupe ab. Das Bild verschwimmt leicht, bis seine Benommenheit nachlässt. Die Aufnahmen scheinen nicht nur seinen Blick, sondern auch die physischen Auswirkungen der Explosion auf seinen Körper wiederzugeben. Auch der Ton spielt dabei eine besondere Rolle. Es sind beständiges Maschinengewehr-Feuer, Explosionen, Schreie, das Zischen der Kugeln und ihr dumpfer Einschlag in Körpern zu hören. Insgesamt ist die Tongestaltung sehr räumlich, d.h. nahe Geräusche sind sehr laut, entferntere leiser zu hören. Nur wenn die Kamera untertaucht, erstirbt die Geräuschkulisse für kurze Zeit. Es entsteht der Eindruck, dass Bild- und Tonaufnahmen mitten im wirklichen Kampfgeschehen gemacht wurden und die Kamera nicht außerhalb des Geschehens steht. Am Omaha Beach scheint sie tatsächlich eine Art eigenständige physische Existenz zu besitzen. Die drastische Darstellung der Verwundungen (abgetrennte Gliedmaßen, zerrissene Körper und herausquellendes Gedärm) unterstützt diesen Eindruck. Die Kamera registriert dies nicht nur beiläufig und hastet daran vorüber, sondern verweilt gezielt mehrere Sekunden lang auf den panisch schreienden Verletzten, um das Leid stärker wirken zu lassen.

Eine noch wirkungsvoller inszenierte Sterbeszene ist der Tod des Sanitäters Wade an einer Maschinengewehr-Stellung (etwa in Filmmitte). Umringt von seinen hilflosen Kameraden wird er minutenlang bei seinem Todeskampf begleitet; er ist in Panik, seine Worte ersticken in Röcheln, er schnappt nach Luft, immer mehr Blut quillt aus seiner Bauchwunde hervor und vermengt sich mit dem Dreck auf seinem Körper, bis sein Tod schließlich geradezu erlösend wirkt. Als Kontrast dazu dient die ruhige Umgebung. Es steht nur Wades Leiden und sein Tod im Mittelpunkt, nichts lenkt davon ab. Dadurch erhält sein Tod eine wesentlich größere Wirkung als die zahlreichen anderen in der Landungssequenz, die im Sekundentakt am Zuschauer vorüberziehen und vom Chaos und Lärm des Gefechts überdeckt werden.

Die Verwendung kontrastierender Gestaltungsmittel setzt sich auch in der Umgebung fort: Die Landschaften und Städte sind nach Kämpfen von Explosionskratern und Trümmerbergen geprägt, der Himmel ist rauchverhangen, die Farben blass und schmutzig. Dem steht die Gestaltung ruhigerer Szenen gegenüber, beispielsweise durch die Stille und den Regen in dem kleinen Dorf, das die Gruppe als erstes erreicht: das üppige Grün der Wiesen und Felder entlang ihres Marsches, die dunkle, nur vom Kerzenschein erleuchtete Kirche oder die Musik von EDITH PIAF in Ramelle kurz vor dem Kampf.

Bemerkenswert ist auch die Darstellung der Deutschen im Film. Sie werden in der Landungssequenz kaum gezeigt – und wenn doch, dann nur kurz in einer silhouettenhaften Rückansicht. Erst nach der Überwindung der Befestigungen am Strand sieht man ihre Gesichter näher, als sie aus ihren Bunkern kommen. Einige von ihnen werden von den US-Soldaten erschossen, obwohl sie sich ergeben. Als ein Bunker mit einem Flammenwerfer belegt wird, ruft einer der US-Soldaten, dass man die Deutschen brennen lassen solle. Durch die sehr starke Inszenierung des Leids der US-Soldaten in den vorigen Szenen wirken diese Handlungen jedoch fast nachvollziehbar.

Größtenteils steht das Erleben der US-Soldaten im Vordergrund, die Kamera orientiert sich an ihrer Perspektive. Erst im späteren Verlauf des Films erhalten die Deutschen in zwei Szenen (die Gefangennahme eines Deutschen und ein Messerkampf mit einem anderen Deutschen) eine tiefer gehende Identität. SPIELBERG zeigt zunächst einen um Gnade wimmernden Soldaten, der im Angesicht des drohenden Todes seinen Kampfeswillen abzuwerfen scheint, dabei jedoch vor dem Hintergrund des zuvor von ihm verursachten und im Film drastisch inszenierten Todeskampfes von Sanitäter Wade nur schwer Mitleid erregen kann. Für den Zuschauer ist er nicht Opfer, sondern Täter. Damit die US-Soldaten nicht die Schuld eines Kriegsverbrechens auf sich laden, muss er jedoch verschont werden. Es geht bei dieser Handlung nicht um das Verzeihen, nicht um die Anerkennung des Deutschen als eine den Zwängen des Kriegs unterworfene Person oder gar als Opfer des Kriegs. Er bleibt selbst nach Beendigung der Kampfhandlung Feind und potenzieller Gegner im Kampf aufgrund der Befürchtung einiger US-Soldaten, dass er bei nächster Gelegenheit wieder zur Waffe greifen werde. Das bestätigt sich auch später, als der Freigelassene im Kampf um die (fiktive) Stadt Ramelle erneut auftaucht und Miller tödlich verwundet. Daraufhin erschießt ihn ausgerechnet Upham, der zuvor gegen dessen angedrohte Exekution protestiert hatte. Das wertet Uphams moralische Position deutlich ab und lässt zugleich jedes Mitleid mit den Deutschen als gefährliche Fehleinschätzung erscheinen.

Der zweite Deutsche[2] wird in einem langen Messerkampf mit Mellish gezeigt, der mit dem Tod des Letzteren endet. Der Kampf ist ein Kräftemessen von fast unerträglicher Langsamkeit und wirkt dadurch umso intensiver. Obwohl der Deutsche fast sein Leben verloren hätte, kämpft er gleich danach unbeirrt weiter. Er zeigt keine Anzeichen von Schwäche oder Angst, was ihn brutal und gefühllos erscheinen lässt. Zusätzlich wird er durch seine Kragenembleme als Angehöriger der berüchtigten Waffen-SS gekennzeichnet, was den Eindruck seiner Brutalität verstärkt. Die Bedeutsamkeit der Situation wird zusätzlich durch den Fakt, dass Mellish Jude ist (was er bereits vorher im Film äußerte), aufgeladen.

Die Eigenschaften der Deutschen in *Der Soldat James Ryan* werden jedoch – abgesehen von subtilen Deutungszusammenhängen wie in der eben geschilderten Situation – kaum mit der Ideologie des Nationalsozialismus in Zusammenhang gebracht. Im Film spielen Führungspersönlichkeiten wie Offiziere, die das Feindbild der Deutschen verkörpern und als Träger nationalsozialistischer Ideologie dienen könnten, kaum eine Rolle. Trotz aller gezeigten Brutalität findet sich kein Fanatismus in den Handlungen der Deutschen,

---

2 Dieser zweite Deutsche (gespielt von MAC STEINMEIER) ist nicht derselbe wie der freigelassene von der Maschinengewehr-Stellung, der in Ramelle auf Miller schießt (gespielt von JÖRG STADLER), wie dies zum Beispiel JAN DISTELMEYER annimmt (vgl. 1998: 36). Die Verwechslung beruht wohl darauf, dass beide sich im Film recht ähnlich sehen.

selbst wenn sie bei der Exekution von verletzten und wehrlosen US-Soldaten zu sehen sind. Kriegsverbrechen gegen die Zivilbevölkerung werden nicht gezeigt, selbst das Hakenkreuz als Zeichen für die Verbrechen des National-sozialismus ist kaum präsent. In *Der Soldat James Ryan* sind die Deutschen primär Gegner im Kampf, weniger historische Akteure. Grausamkeit wird zwar thematisiert, entspringt aber vielmehr den Mechanismen des Kriegs als dem Fanatismus.

Die Gruppe um Miller ist das Zentrum der Erzählung in *Der Soldat James Ryan*. Die Gruppe findet sich bereits kurz nach Beginn zusammen und besteht bis zu ihrem Zerfall am Ende. Das Ziel ihrer Mission und Träger der Handlung ist zwar die Suche nach James Ryan, jedoch erhält das Gruppengefüge und die Entwicklung der Charaktere den größeren Raum im Film. ULRIKE SCHWAB formulierte den Ansatz, dass das Team im Hollywood-Kriegsfilm ein zentrales Element darstellt. Das Team definiert sie in diesem Zusammenhang folgendermaßen: „Ein Team ist eine Kleingruppe, deren Mitglieder (7–10) unmittelbar in Kontakt treten, um eine relativ dauerhafte, zielorientierte Gemeinschaft zu bilden. Im Team sind Individuen mit individuellen Fähigkeiten wichtig, aber ebenso ihre Bereitschaft, sich in ihrem Verhalten anzupassen" (2008: 148).

Der Suchtrupp in *Der Soldat James Ryan* erfüllt diese Kriterien. Im Verlauf des Films steht stets die Mission, James Ryan zu finden, als Hauptziel für das Team fest. Auf dem Weg zu diesem Ziel stellen die auftretenden Schwierigkeiten unterwegs immer wieder neue Bewährungsproben für das Team dar, die bestanden werden müssen, um das Ziel zu erreichen. Besonders der Scharfschütze Jackson wird in einigen Situationen aufgrund seiner Fähigkeiten für das Team zur Schlüsselfigur, beispielsweise wenn er einen anderen Scharfschützen auf große Distanz ausschalten muss. Auch Upham ist mit seinen Fähigkeiten als Übersetzer nützlich für die Gruppe. In den Kampfsituationen, wie der Erstürmung der Maschinengewehr-Stellung oder dem Kampf um Ramelle, wird stets das Agieren der Gruppe im Zusammenspiel durch Aufgabenteilung hervorgehoben. Darüber hinaus werden die Aktionen oftmals vorher gemeinsam geplant, wodurch der zu erwartende Kampf zu einer „technischen Aufgabenstellung" (ebd.: 150) wird, an der das Team seine kooperative Funktionsfähigkeit unter Beweis stellt. Besonders die Planung der Verteidigung von Ramelle gibt dem Erfolg im Kampf u. a. mit der Konstruktion von Haftbomben aus Socken, Sprengstoff und Schmierfett eine handwerkliche Dimension.

Zu den Bewährungsproben gehören auch Konflikte innerhalb der Gruppe, die sich nicht in Fragen militärischer Taktiken äußern, sondern vielmehr das soziale Gruppengefüge und moralische Fragestellungen betreffen. Hier kommt besonders Upham eine besondere Rolle zu. Fast alle Mitglieder des Trupps stehen für Miller bereits nach dem Erhalt des Auftrags fest, er scheint den Großteil von ihnen bereits zu kennen. Nur Upham stößt als Außenstehender zu dem Team, da Miller für die Mission noch einen Übersetzer braucht. Als Neuling stößt er im Team zunächst auf Ablehnung, erweist sich oftmals als unerfahren und ungeschickt, so beispielsweise im Umgang mit Waffen oder durch seine Unkenntnis des Worts „FUBAR"[3]. Seine reflektierende, nachdenkliche Perspektive stellt einen Kontrast zu den Sichtweisen des restlichen Teams dar (beispielsweise zitiert er des Öfteren Lyrik). Er ist zudem der einzige Angehörige des Suchtrupps, der eindeutig für den gefangenen Deutschen Partei ergreift und gegen dessen Behandlung protestiert. Upham ist also einerseits eine moralische Instanz, andererseits fehlen ihm die Durchsetzungsfähigkeit und der Kampfgeist der anderen Soldaten. Seine lähmende Angst vor dem Kampf führt dazu, dass dem Maschinengewehr-Team in Ramelle die Munition ausgeht und Mellish im Messerkampf getötet wird, weil Upham sich nicht traut einzuschreiten. Zum Filmende hin überwindet er diese Schwäche jedoch, als er alleine eine Gruppe Deutscher gefangen nimmt. Er wird dadurch zu einem richtigen Teil der Gruppe, indem er seine Ängste überwindet und Tapferkeit unter Beweis stellt. Dies entspricht der Funktion der Kleingruppe im Kriegsfilm gemäß MICHAEL WEDEL, in dem „das Ensemble der Figurengruppe [sich] stets als Gruppe wahr[nimmt]. Insofern ist es auch die Gruppe selbst, ihre Genese und Auflösung, um die die Dramaturgie der Filme kreist" (2010: 92).

Es ist die Freilassung des Deutschen an der Maschinengewehr-Stellung, die die Gruppe erstmals an den Rand des Zerfalls bringt. Reiben kann nicht verstehen, weshalb Miller schließlich entscheidet, den Deutschen freizulassen. Seine Wut darüber, gepaart mit Zweifeln am Sinn der Mission, bringt ihn dazu, Befehle zu missachten und beinahe zu desertieren. Horvath sieht sich sogar dazu gezwungen, ihn mit seiner Waffe zu bedrohen, bis Miller ihm

---

3 „FUBAR" ist ein Wort aus dem Englischen unbekannter Herkunft. Es besitzt mehrere hineininterpretierte Bedeutungen, wie beispielsweise „fucked up beyond all recognition". Es wird stets für negative Situationen/Entwicklungen benutzt. Erst gegen Ende des Films erfährt Upham die wahre Bedeutung, was einen Teil seiner vollständigen Integration in die Gruppe darstellt.

schließlich freistellt zu gehen. Es sind allerdings weder militärisches Pflicht-gefühl noch drohende Sanktionen, die Reiben schließlich doch dazu veran-lassen, bei der Gruppe zu bleiben, sondern das Pflichtgefühl gegenüber sei-nen Kameraden. Dies bewegt auch Ryan später in Ramelle, als er sich weigert, mit dem Suchtrupp seine Einheit zu verlassen.

Ingesamt werden die Charaktere im Film nicht als Heldenfiguren auf-gebaut, obwohl sie ihre Fähigkeiten im Kampf durchaus unter Beweis stellen und stets ihre kameradschaftlichen Tugenden betont werden. In ebenso gro-ßem Maße offenbaren sie jedoch ihre Schwächen – Caparzo etwa, der in einem Dorf unbedingt ein kleines französisches Mädchen, das dessen Eltern dem Suchtrupp anvertrauen, mitnehmen möchte, da es ihn an seine Nichte erinnert. Er handelt damit entgegen klarer Befehle von Miller und lässt die eigentliche Mission außer Acht. Zudem begibt er sich in eine exponierte La-ge und wird daher kurz darauf von einem deutschen Scharfschützen erschos-sen.

Das minutenlange Sterben von Wade und Mellishs Tod im Messerkampf lassen die Sterblichkeit und Schwäche der Männer trotz ihrer Tapferkeit deutlich werden und demontieren jedes Heldentum. Selbst Miller als respek-tierter Befehlshaber des Teams, der stets Besonnenheit und taktisches Ge-schick beweist, besitzt in Form seiner beständig zitternden Hand einen Ma-kel. Spätestens als er offenbart, dass er von Beruf Lehrer ist – was zuvor Gegenstand von Spekulationen und Wetten unter den Männern war – und äußert, dass er so schnell wie möglich zurück nach Hause zu seiner Frau möchte, bietet auch seine Figur keinen Raum mehr für das klassische Hel-denbild des furchtlosen Kriegers mit überlegenen Fähigkeiten im Kampf.

Spuren davon finden sich jedoch an einigen Stellen bei Jackson und Hor-vath. Jackson zitiert während des Kampfs ständig Bibelstellen und scheint seinen Kampfgeist aus seinem Glauben zu beziehen. Während er vom Kirch-turm aus im Sekundentakt Deutsche erschießt, wirkt er regelrecht maschi-nenhaft und dem eigentlichen Geschehen entrückt. Dementgegen steht Hor-vath, der in einer Szene fluchend und grobschlächtig sogar seinen Helm auf einen Deutschen wirft, als ihm die Munition ausgeht. Er wird im Laufe der Kämpfe mehrfach angeschossen und tut seine Verwundungen u.a. mit der Bemerkung ab, dass ihm nur kurz die Luft weggeblieben sei. Beide verlieren jedoch im Kampf ihr Leben, womit zuletzt nicht ihre Stärke als die ent-scheidende Tugend erscheint, sondern ihre Aufopferung.

Ebenso wie Miller erhalten auch Wade und Ryan eine Biografie. Wade berichtet bei einer Übernachtung in der Kirche seinen Kameraden von seiner

Kindheit, seiner berufstätigen Mutter und seiner dadurch bedingten Einsamkeit. Ryans Zuhause ist am Anfang des Films zu sehen: eine Farm in Iowa, deren Idylle durch die Schrecken des Kriegs in Form der Militärboten mit den Todesnachrichten seiner Brüder gestört wird. Später berichtet er von Kindheitserlebnissen mit diesen. Dies tut auch der erste Ryan im Film, der fälscherweise für den gesuchten gehalten wird. Biografische Informationen – vor allem in Bezug auf die Familie – kommen im Film häufig vor. Sie geben den Figuren eine über die Kriegserlebnisse hinausgehende Identität und emotionale Tiefe.

Meist sind es die ruhigeren Sequenzen im Film, wie die erwähnte Übernachtung in einer Kirche, die langen Fußmärsche oder das Hören einer Schallplatte in Ramelle, die Gelegenheit bieten, die Charaktere zu entwickeln. Besonders in diesen Szenen äußern sie Ängste, machen Witze oder werden nachdenklich. All diese Elemente lassen die Charaktere insgesamt menschlicher, glaubwürdiger und schwächer erscheinen. Sie schreien im Kampf vor Angst und Schmerz, zweifeln an ihrer Mission, scheuen die Lebensgefahr und wollen zurück in die Heimat. Gleichzeitig wird dadurch ihre Tapferkeit, ihr Zusammenhalt und ihre Aufopferung im Kampf betont, da deutlich wird, welche Ängste sie überwinden müssen und was sie zu verlieren haben.

Eine weitere Funktion des Teams ist auch eine Abgrenzung zu den größeren Organisations- und Befehlsstrukturen. In *Der Soldat James Ryan* ist insofern bereits eine Abgrenzung gegeben, als dass der Suchtrupp nicht innerhalb eines größeren Verbands an einer militärisch bedeutsamen Operation teilnimmt (abgesehen vom Kampf in Ramelle). Die Gruppe ist also weder von historischen Begebenheiten gelenkt, noch von der direkten Einwirkung höherer Befehlshaber. Sie agiert größtenteils autark. Ihre Mission ist zwar klar umrissen, die Erfüllung ergibt sich jedoch eher aus Zufall, da Ryan nur durch Herumfragen aufgespürt werden kann. Miller ist mit seinem Rang des Captains der Ranghöchste im Team; höhere Ränge spielen für die Erfüllung der Mission des Suchtrupps keine Rolle. Die Fokussierung auf das Team zeigt sich auch in den Filmeinstellungen. Sie begleiten stets das Team im chronologischen Missionsverlauf. Einstellungen, die räumlich oder zeitlich davon getrennt sind (etwa um das Geschehen in größere historische Zusammenhänge einzuordnen oder gleichzeitig stattfindende Ereignisse zu zeigen), kommen nicht vor.

Dass Miller einerseits Respekt genießt und militärische Fähigkeiten zeigt, andererseits aber seine Schwächen deutlich hervortreten und er oft auf emotionaler Ebene mit seinen Männern spricht, führt dazu, dass sein Rang von nur geringer Bedeutung für seine Autorität ist. Diese erlangt er dadurch, dass er seine Menschlichkeit offenbart und sich eher wie eine Vaterfigur anstatt wie ein Kommandant verhält. Er offenbart Gefühle und interessiert sich auch für die seiner Männer. Als die Gruppe an einem Lastensegler vorüberkommt, der nur zum Schutz eines Generals gepanzert wurde, deshalb abstürzte und zahlreiche Tote forderte, äußert er Unverständnis: „*... und das alles für einen General?*". Hohe Führungspersönlichkeiten und somit auch die Einbettung des Teams in größere militärische Strukturen sind also nicht nur abwesend, sondern geradezu irrelevant für den Erfolg der Mission. Der Prozess, den das Team durchlaufen muss, um am Ende zu bestehen, findet nur in seinem Inneren statt, wodurch er zum entscheidenden und zentralen Element des Films wird.

Brothers in Arms

Die Spieleserie *Brothers in Arms* besteht aus drei Hauptteilen: *Brothers in Arms: Road to Hill 30* (2005, im Folgenden *Road to Hill* genannt), *Brothers in Arms: Earned in Blood* (2005, im Folgenden *Earned in Blood* genannt) und *Brothers in Arms: Hell's Highway* (2008, im Folgenden *Hell's Highway* genannt), die von einer zusammenhängenden Handlung verknüpft werden.[4] Das Hauptelement der Geschichte ist die persönliche Entwicklung des Protagonisten Matthew Baker im Verlauf des Kriegs im Zeitraum von der Invasion in der Normandie am 06. Juni 1944 bis zum Ende der Operation *Market Garden* am 27. September 1944. In *Earned in Blood* übernimmt jedoch Joe Hartsock, ein Kamerad Bakers, die Hauptrolle. Das Spiel ist ein Ego-Shooter, ermöglicht es dem Spieler aber auch, das Kommando über bis zu zwei Drei-Mann-Teams zu übernehmen und ihnen einfache Befehle (wie zum Beispiel Gruppieren oder Angreifen) zu erteilen.

Vor der Invasion erhält Baker das Kommando über eine Gruppe Soldaten, da sein Vorgänger sich verletzt hat. Er übernimmt diese Aufgabe zunächst nur widerwillig und betont mehrfach, dass er nie bestrebt war, die Verantwortung als Truppführer zu übernehmen. Er wird dann mit seiner Einheit in der Nacht vor der Invasion per Fallschirm hinter den feindlichen Linien abgesetzt. Mit den ersten Verlusten im Kampf zeigt sich, dass Baker mit dem Tod seiner Männer und seiner Verantwortung ihnen gegenüber nur schwer

---

4 Es existieren noch vier Ableger der Serie, die jedoch die Haupthandlung nicht weiterführen.

umgehen kann. Zusätzlich belastet ihn der Suizid seines Kameraden Kevin Leggett, der seinem Kommando unterstellt war. Dieser hat durch die Provokation eines lautstarken Streits im Kampfgebiet drei Deutsche auf sich und zwei Kameraden (Allen und Garnett) aufmerksam gemacht. Als die Deutschen angreifen, ist er unfähig zu reagieren: Wie paralysiert bleibt er stehen und sieht mit an, wie die Deutschen und seine Kameraden sich gegenseitig töten.[5] Leggett vertraut nur Baker den Vorfall an. Dieser weist Leggett an, niemandem davon zu erzählen, um wegen seiner Untätigkeit nicht den Zorn seiner Kameraden auf sich zu ziehen. Leggett kann seine Schuld jedoch nicht ertragen, weshalb er schließlich Suizid begeht, indem er sich in einem Kampf offen dem feindlichen Feuer aussetzt.

Nach diesen Ereignissen wird Baker im gesamten Spielverlauf immer wieder von Visionen über die gefallenen Soldaten und Leggett heimgesucht. Sehr zu schaffen machen ihm zusätzlich der Tod eines holländischen Jungen, den er zuvor noch retten konnte, sowie der Tod seines Untergebenen Frank LaRoche, den er nicht von dem Versuch abhalten kann, eine junge holländische Frau zu retten. Bei diesem Versuch werden LaRoche und die Frau von Deutschen getötet. Eine wichtige Rolle im Zusammenhang mit einigen Toden spielt eine Pistole, die Baker als Kind von seinem Vater, der ebenfalls Soldat war, geschenkt bekam. In diese ist der Schriftzug „Brothers in Arms" eingraviert. Unter den Soldaten hat sie den Ruf, jedem, der sie berührt, den Tod zu bringen.

Während der Operation *Market Garden* stellt sich heraus, dass Leggett vor seinem Suizid Dawson (einem weiteren Mann Bakers) ebenfalls von den Geschehnissen berichtet hat. Dieser zwingt Baker schließlich dazu, seinen Männern die Wahrheit zu sagen. Baker tut dies und hält kurz darauf eine Rede vor seinen Männern, in der er ihren Kampfgeist beschwört und sich seiner Verantwortung als Kommandant stellt.

Historische Bezüge spielen in *Brothers in Arms* eine große Rolle. Bereits die Geschichte und die einzelnen Level werden historisch klar verortet. Dem Spieler wird stets auf verschiedene Weise mitgeteilt, an welchem Ort und in welcher Zeit er sich befindet und welche Rolle das aktuell dargestellte Geschehen im Kontext des historischen Kriegsverlaufs einnimmt. Dies geschieht am Anfang der Level durch Texteinblendungen sowie in den Kapitelübersichten mit Zeit- und Ortsangaben. Während der Level informieren die

---

5 Von den wahren Geschehnissen erfährt der Spieler erst im letzten Teil der Serie. Bis dahin werden sie nur angedeutet und stellen ein Rätsel dar.

Kameraden (meist Offiziere) über den aktuellen Verlauf der Kämpfe. Zudem wird das Geschehen auch auf operativer Ebene verortet. Baker und seine Männer gehören dem 502. Fallschirmspringerregiment der 101. Luftlandedivision an. Die Missionsziele werden meist in Zusammenhang mit dem aktuell übergeordneten militärischen Ziel genannt. Hinzu kommt, dass einige Charaktere im Spiel real-historische Persönlichkeiten darstellen, so zum Beispiel Lt. Col. Robert Cole (1915–1944), Brig. Gen. Samuel Marshall (1900 bis 1977) und Lt. Col. Robert Sink[6] (1905–1965). Ihre Rollen im Spiel wurden ihren tatsächlichen Lebensläufen nachempfunden. So wird Cole im Spiel von einem Scharfschützen erschossen, wie dies auch in Wirklichkeit geschah. Marshall interviewte, wie auch im Spiel, tatsächlich US-Soldaten und fertigte Gefechtsberichte an. Sink war auch in der Realität Kommandeur des 502. Fallschirmspringerregiments und Teilnehmer der Invasion sowie der Operation *Market Garden*. Andere Charaktere, wie Baker, basieren lose auf mehreren historischen Personen.

Informationen über diese Verbindungen erhält der Spieler durch umfangreiches Bild- und Textmaterial, das durch Fortschritte im Spiel freigeschaltet wird. Darin finden sich neben Informationen über die oben genannten Personen und ihre Rollen im Zweiten Weltkrieg auch originale Einsatzberichte sowie Fotos und Beschreibungen von Waffen, Fahrzeugen, Ausrüstung etc., die Deutsche und Amerikaner im Zweiten Weltkrieg nutzten. Dieses historische Material wird stets ergänzt durch Bilder seiner Umsetzung im Spiel. Beispielsweise sind bei der Beschreibung des deutschen Halbkettenfahrzeugs sowohl Originalfotos, als auch Bilder aus dem Spiel zu sehen. Die Lebensläufe der realen Personen werden durch fiktive Biografien und Briefe einiger Charaktere des Spiels ergänzt. Weiterhin findet sich auch ein Making-of der Spiele, dass die Produktionsabläufe erläutert. Die Mitarbeiter von *Gearbox Software* sind dabei zu sehen, wie sie französische Dörfer in der Normandie besuchen und fotografieren. Diese Aufnahmen dienen schließlich im Studio als Vorlage für die Schauplätze im Spiel.

---

6 Robert Sink wird im Spiel von DALE DYE gesprochen, dem bereits erwähnten militärischen Berater, der auch für den Film *Der Soldat James Ryan* tätig war. Dieser war selbst nicht am Zweiten Weltkrieg beteiligt, besitzt aber als öffentlich bekannter Berater und Darsteller für Hollywood-Kriegsfilme eine Autorität, die sich dementsprechend auf die Wahrnehmung der historischen Genauigkeit der Produktionen auswirkt, an denen er beteiligt ist.

Es wird nicht nur fiktives Material unterschiedslos – somit gleichwertig – neben historisches gesetzt und dadurch eine enge inhaltliche Verbindung zwischen beidem hergestellt: Durch das Nebeneinanderstellen von Gefechtsberichten, Waffenbeschreibungen und persönlichen Briefen wird ein Konglomerat erschaffen, das aus Ereignissen, technischem Wissen und Emotionen besteht und somit verschiedene Dimensionen von Geschichte zu einer Einheit verschmelzen will. Dieses wirkt sich wiederum auf die Wahrnehmung der Geschichte und das Spielen selbst aus. Es entsteht der Eindruck, der Spieler befände sich in einer in jedem Detail an historischen Begebenheiten orientierten Welt.

Im Spiel wird versucht, die Kampfhandlungen möglichst realistisch darzustellen. Wenn Kugeln in der Nähe ins Erdreich einschlagen, spritzt Erde in das Blickfeld, bei Treffern färbt sich der Bildschirm rot. Fliegen Kugeln vorbei, so ist ein Zischen zu hören, leichte Grauschleier visualisieren dabei die Luftverwirbelung. Regnet es, so scheinen Regentropfen das Sichtfeld zu benetzen. Bei Explosionen von Granaten wird die Spielfigur vom Druck umgeworfen und ist vorübergehend nicht kontrollierbar, die Sicht färbt sich währenddessen grau und wirkt verschwommen. Geräusche sind dann nur noch dumpf zu hören und werden von einem lauten Pfeifen übertönt.

Weiterhin kommt der Spielwelt eine wichtige Rolle dabei zu, den Eindruck von Realismus zu erwecken. So ist in der Nacht der Widerschein weit entfernter Explosionen an den Wolken zu sehen, aus der Ferne sind dumpfe Explosionen und Geschützfeuer zu hören. In einiger Entfernung sind feuernde FlaK-Geschütze zu sehen, die aber für den Spieler nicht zugänglich sind. Am Himmel sieht man Flugzeuge und Fallschirmspringer. So wird der Eindruck erzeugt, die Spielwelt ende nicht an den Grenzen der tatsächlich betretbaren Areale, sondern es fänden unabhängig vom Spieler weitere Kampfhandlungen statt. Die Kameraden der Spielfigur beginnen, sofern sie keine Befehle erhalten, miteinander kurze Konversationen zu führen. Tritt der Spieler nahe an sie heran, so sprechen sie ihn an. Im Kampf schreien und fluchen sie beständig. Verluste unter ihnen werden nicht, wie in anderen Weltkriegsshootern – zum Beispiel *Call of Duty 2* (2005) – sofort vom Computer ersetzt.[7] Die Spielwelt soll so insgesamt lebendiger erscheinen. Das Spiel will seine ‚Gemachtheit‘, seine technisch bedingten Grenzen, vor dem Spieler verschleiern.

---

7 Solche Charaktere, die während eines Levels sterben, ohne dass dies Teil der Narration ist, sind für den Rest des Levels tot, im darauffolgenden allerdings wieder am Leben.

Die Spielwelt wird auch eingesetzt, um Stimmungen zu erzeugen. Ein Beispiel ist der Anfang eines Levels in *Earned in Blood*: Der Spieler erwacht in einem provisorischen Lazarett und ist umgeben von schwer verwundeten Kameraden. Draußen liegt eine Reihe toter Deutscher unter Leichentüchern. Läuft der Spieler nun weiter, stößt er unweigerlich auf ein steinernes Kreuz am Wegesrand, das so positioniert ist, dass der Spieler dessen schwarzen Umriss vor der roten Abendsonne sieht. Tritt er näher, scheucht er einige Vögel auf, die hinter dem Kreuz in Richtung Horizont davonfliegen. Ob dies nun ein besonders geeignetes Mittel ist, um die Darstellung von Verwundung und Tod im Krieg zu ergänzen, sei hier nicht weiter kommentiert – das Kreuz steht jedenfalls nicht zufällig an dieser Stelle. Es wurde bewusst positioniert, um vor dem Hintergrund der Szenerie im Lazarett eine Stimmung von Trauer und Nachdenklichkeit zu unterstützen.

Die Narration findet größtenteils in den Zwischensequenzen statt, jedoch erhält der Spieler auch während der Level Informationen zur Geschichte, beispielsweise durch Äußerungen der Kameraden oder dadurch, dass sich Elemente aus den Zwischensequenzen auch in den Leveln wiederfinden lassen. Der durch Leggett verschuldete Tod von Allen und Garnett ließe sich hier als Beispiel anführen. Die Sequenzen sind computeranimiert, teils in Spielegrafik (in *Road to Hill 30* und *Earned in Blood*), teils gerendert (in *Hell's Highway*), wobei sie durch Kamerafahrten, Schnitte, Musik etc. filmisch inszeniert werden. Es wird jeweils meist zu Beginn und zum Ende eines Levels eine Sequenz gezeigt. Zusammen mit dem Level werden sie im Spiel als „Kapitel" bezeichnet. Schon dies verweist darauf, dass die einzelnen Level und die dazugehörigen Sequenzen als eine Einheit wahrgenommen werden sollen, die die Geschichte gleichrangig weitererzählen. Es finden sich auch Überschneidungen zwischen beiden: So erinnert sich Hartsock in *Earned in Blood* in einer Zwischensequenz an seinen Absprung über der Normandie. Es folgt ein Schnitt in das Flugzeug und in die Perspektive Hartsocks, während weiterhin seine Stimme zu hören ist, die von seinen Erinnerungen an die Situation berichtet. Im Flugzeug kann der Spieler dann den Blick Hartsocks steuern, bis die Einstellung endet und die Zwischensequenz wieder filmisch abläuft.

Diese medialen ‚Sprünge' finden auch umgekehrt statt: Am Beginn eines Levels in *Earned in Blood* wird das Spiel kurz unterbrochen und das Bild färbt sich grau. Der Spieler (in der Rolle Hartsocks) hat weiterhin die Kontrolle über den Blick, aber nicht über die Bewegung der Spielfigur. Ein Voice-over aus der Situation, die in *Earned in Blood* die Rahmenhandlung darstellt, wird eingespielt: ein Interview zwischen Samuel Marshall und Hartsock über dessen Erinnerungen an den Einsatz. Darin berichtet Hartsock über den Tod seiner drei Kameraden, die er im Level gerade vor sich sieht. Anschließend wechselt die Einstellung wieder ins Spiel zurück. So wird eine Verbindung zwischen dem Spiel und der Narration aufgebaut, mit der die Wahrnehmung der Kameraden als bedeutsame Persönlichkeiten in das Spiel hinein fortgesetzt werden soll, wo diese eigentlich nur als spielerisches und nicht als narratives Element fungieren.

In den Intros, Ladebildschirmen und Menühintergründen finden sich Ausrüstungsgegenstände, (computergenerierte) Schwarz-Weiß-Fotos, die die Spielcharaktere zeigen, und Dokumente, wie zum Beispiel Urkunden oder Briefe, die auf Spielcharaktere verweisen. Der Geschichte wird so eine zusätzliche, gegenständliche Dimension verliehen. CHRISTIAN STEWEN spricht dies am Beispiel von Kriegsfilmen an: „Zudem werden einzelne Ausstattungsstücke [...] als bedeutsame Katalysatoren der Narration ,museal' inszeniert: Sie werden zu Gegenständen des historischen Blicks, der der Betrachtung in einem Museum gleicht" (2008: 50).

So erinnert auch der Menühintergrund von *Earned in Blood*, der ein menschenleeres Feldlager, Ausrüstungsgegenstände und zwei Flugzeuge auf dem Rollfeld zeigt, an ein Diorama im Museum. Solche rahmenden Elemente bilden gewissermaßen eine Schnittstelle zwischen der Gegenwart des Spielers und der Vergangenheit, in die er sich dann während des Spiels hineinversetzen soll. Sie bilden ihrerseits keinen historischen Bezug, sondern sind historifizierende Gestaltungsmittel, d.h. sie präsentieren das, was sie zeigen, als historisch.

Brothers in Arms setzt verschiedene Mittel ein, um die deutschen Soldaten zu charakterisieren und thematisiert dabei auch Kriegsverbrechen. In *Road to Hill 30* findet der Spieler im Laufe eines Levels neben einer Feldküche auf einem Tisch einen blutüberströmten US-Soldaten vor, dessen Kopf nach unten hängt. Diesem wurde ein Messer in die Brust gerammt. Über ihm hängt ein weiterer toter Kamerad an seinem Fallschirm in einem Baum. Dass der Tote auf einem Tisch liegt, lässt die verantwortlichen Deutschen besonders grausam wirken, da Gedanken an Folterpraktiken aufkommen. In *Earned in Blood* wird der Spieler Zeuge, wie sich ergebende wehrlose US-Soldaten von Deutschen erschossen werden, ohne dass er eingreifen könnte. Kurz zuvor hing er selbst noch hilflos in einem Baum und wäre beinahe von einem Deutschen erschossen worden, was ein Kamerad gerade noch rechtzeitig verhindern konnte. Diese Szenen sollen verdeutlichen, dass die Deutschen keine

Gnade kennen und keine Gefangenen machen. Kaum weniger grausam erscheinen die Deutschen in *Hell's Highway*. Hier kommen erstmals auch Zivilisten vor. Zu Beginn des Spiels findet der Spieler in einer Scheune eine erhängte Frau vor.[8] Später kann er einen kleinen holländischen Jungen gerade noch vor einem Deutschen retten. Kurz darauf kommt der Junge aber zusammen mit seinem Vater ums Leben, als eine Granate ihr Haus zerstört. Ebenso tritt auch ein deutscher Scharfschütze auf, der in seinem Versteck für jedes seiner Opfer eine kleine Kerbe in die Fensterbank geritzt hat. Schließlich erschießen die Deutschen sowohl eine wehrlose junge Frau als auch einen von Bakers Männern, der sie retten will. Erstmals sind hier Zivilisten Leidtragende der Gewalt der Deutschen, wodurch diese noch brutaler erscheinen. Die Gewalt entspringt nicht mehr der kriegerischen Auseinandersetzung und richtet sich nicht mehr ausschließlich gegen Soldaten, sondern wird willkürlich und fordert zivile Opfer.

Keines der Verbrechen wird kontextualisiert, etwa indem die nationalsozialistische Ideologie thematisiert würde. Die Deutschen erhalten auch keine Identität; an keiner Stelle findet ein Dialog statt. Gefangennahme kommt nicht vor, kein Deutscher ergibt sich während des Spiels. Sie sind keine Charaktere, sondern nur gesichtslose, mechanisch agierende Gegner. Allerdings fällt auf, dass, trotz der Herausstellung ihrer Grausamkeit, diese nie vonseiten der Protagonisten reflektiert wird. Sie leiden zwar offensichtlich unter den Auswirkungen des Kriegs und bringen dies auch zur Sprache, doch scheint es dabei nicht von Bedeutung zu sein, wer der Gegner eigentlich ist. Lediglich die Wichtigkeit und historische Dimension ihres Erfolgs wird des Öfteren betont.

Neben Bakers persönlicher Entwicklung hat auch die Gruppenstruktur seines Teams eine zentrale Bedeutung für die Geschichte. Jeder seiner Männer im Spiel hat einen Namen und zu den meisten erfährt der Spieler im Laufe der Zeit zumindest einige biografische Details, wobei diese allerdings eher rudimentär sind. Ihnen kommt nur die Funktion zu, die Charaktere nicht als vollkommen identitätslose Spielfiguren erscheinen zu lassen. Die wenigen Informationen über sie sowie viele Konversationen untereinander, in denen sie zum Beispiel Witze machen, Ängste und Zweifel äußern oder sich ums Betrügen im Kartenspiel streiten, genügen jedoch, sie als eigenständige Persönlichkeiten der Narration wahrzunehmen. Wird einer von ihnen getötet, so

---

8 In der deutschen Version des Spiels wurde dies entfernt.

ist dies vor diesem Hintergrund ein bedeutsamer Verlust, der durch die teilweise sehr drastische Inszenierung der Tode noch verstärkt wird.

Leggett nimmt im Gruppengefüge die Außenseiterrolle ein. Er sticht schon optisch als Brillenträger hervor, ist still, zurückhaltend und zögerlich. Exemplarisch ist eine Szene zu nennen, in der ein Kamerad nachts die Pforte eines Gartens auftritt und Leggett sich Sorgen darum macht, wer dem Besitzer den Schaden bezahlen werde. Auch im Streit mit Allen und Garnett vor deren Tod spielt sein Außenseitertum eine Rolle. Mit seiner Unfähigkeit, im anschließenden Gefecht einzugreifen, und dem daraus resultierenden Tod seiner Kameraden hadert er dermaßen, dass er sich schließlich, scheinbar dem Wahnsinn verfallen, absichtlich dem feindlichen Feuer aussetzt und getötet wird. Während die Tode der übrigen Kameraden durch Kampfhandlungen bedingt sind, ist sein Tod indirekt Folge mangelnder Tapferkeit und der Unfähigkeit, seine Schuld zu ertragen.

Auch LaRoches Schicksal ist tragisch. Der 17-Jährige hat bei der Rekrutierung gelogen, um trotz seines Alters in die Armee aufgenommen zu werden, da er unbedingt kämpfen möchte. Er hat zwar keine Kampferfahrung, schießt jedoch sehr gut und wird deshalb mit in den Einsatz genommen. In Holland trifft er dann bei den Feierlichkeiten zur Befreiung einer Stadt ein junges Mädchen und verliebt sich. Später entfernt er sich trotz der Warnungen seiner Kameraden vom Team, um das Mädchen vor den Gefechten in der Stadt zu schützen. Die beiden werden anschließend von den Deutschen erschossen. Einerseits zeigt er Wagemut, indem er das Mädchen beschützen will, andererseits scheint sein Tod auch Folge jugendlicher Naivität und Disziplinlosigkeit zu sein. Leggetts und LaRoches Schicksale zeigen Ambivalenz und sind auch diejenigen, die Baker am meisten zu schaffen machen, da er bei sich als Kommandant die Verantwortung für seine Männer sieht und meint, er hätte ihren Tod verhindern können.

Bakers Biografie wird am ausführlichsten thematisiert. Die Erinnerungen an seine Kindheit werden als Kontrast zu den Erlebnissen im Krieg dargestellt: Er erinnert sich an sein von Wiesen umgebenes idyllisches Zuhause sowie an seinen besten Freund George Risner aus Kindheitstagen (der in *Road to Hill 30* ums Leben kommt). In diesen Erinnerungen ist allerdings auch sein Vater präsent, der ebenfalls Soldat war und ihm schon im Alter von zwölf Jahren die später als „Todespistole" berüchtigte Waffe schenkte. Er stellte Baker die Frage, was einen guten Soldaten ausmache: sein Hirn oder sein Herz. Diese Frage wirkt bei Baker im Spielverlauf nach, ebenso wie die Äußerung seines Vaters, ein Soldat habe zwei Familien: diejenige, die er aufziehe bzw. gründe, und diejenige, mit der er durch die Hölle gehe (*"those you raise and those you raise hell with"*). Mit diesem ‚Erbe' zieht Baker in den Krieg. Es anzunehmen fällt ihm sichtlich schwer; so äußert er oft, dass er das Kommando eigentlich gar nicht übernehmen wollte. Die vielen Tode unter seinen Männern (insgesamt sterben sieben Soldaten aus seiner Gruppe) lassen ihn am Sinn der Aussagen seines Vaters zweifeln. Symbolhaft findet dies Ausdruck in der geschenkten Pistole mit der Inschrift „Brothers in Arms", der einige der Männer die Schuld für die Tode zuschreiben.

Zuletzt stellt sich Baker jedoch seiner Aufgabe. Den Ausschlag gibt Hartsock, der im Laufe des Spiels ein enger Vertrauter Bakers wird. Auch dieser offenbart im Laufe des Spiels Schwäche und Zweifel. Er kann beim Interview mit Marshall nicht über den Tod seiner Männer sprechen und möchte am liebsten zurück nach Hause zu seiner Familie. Nach einem Granateneinschlag ist er querschnittsgelähmt und stellt Baker die Frage, ob die Männer dieses Opfer wert gewesen seien. Nun kann Baker endlich einen Sinn in den Toden seiner Männer finden: Es ist die Bereitschaft zum Opfer für die Kameraden. Von Kampfgeist ergriffen, hält er eine pathetische Rede vor den Männern, in der er verkündet, sie wenn nötig bis nach Berlin führen zu wollen.

Vergleich

Vergleicht man *Der Soldat James Ryan* und *Brothers in Arms* direkt miteinander, fallen in den Darstellungsweisen einige große Ähnlichkeiten, aber auch Unterschiede auf. Die Herstellung historischer Bezüge ist für beide Werke vor allem auf zwei Ebenen wichtig: zum einen zur Versicherung des Realismus in der Ausstattung und Gestaltung gegenüber dem Rezipienten, zum anderen für die Herstellung von Glaubwürdigkeit der Charaktere und der Narration. *Brothers in Arms* verwendet dabei häufiger direkte historische Bezüge und Verweise als *Der Soldat James Ryan*.

Innerhalb der ersten Ebene der Realitätstreue thematisieren beide Werke ihren Entstehungsprozess im Begleitmaterial auf unterschiedliche Weise. Im Making-of zu *Der Soldat James Ryan* kommen vor allem Zeitzeugen und Schauspieler im Interview zu Wort. Die Zeitzeugen bekräftigen die historische Bedeutsamkeit der Invasion, beschreiben ihre persönlichen Gefühle und die Kameradschaft zueinander. Die Schauspieler betonen, wie gut sie sich aufgrund der Zeitzeugen, des militärischen Trainings und der originalgetreuen Ausstattung in die Soldaten des Zweiten Weltkriegs hineinversetzen konnten. Sie versichern damit für den Zuschauer die historische Genauigkeit des

Films. Das zwischendurch gezeigte Original-Filmmaterial übernimmt eine zusätzliche Bestätigungsfunktion. Insgesamt findet diese Bestätigung aber, verglichen mit *Brothers in Arms*, eher auf einer emotionalen Ebene im Sinne eines Nachfühlens statt. Das Spiel stellt dagegen eher Faktenwissen zur Verfügung. Dem Spieler werden die Quellen deutlicher offengelegt, die den Produzenten des Spiels zur Verfügung standen, und die Art, wie sie diese Informationen ins Spiel übertrugen, wird transparent gemacht. Da es im Spiel keine Instanz gibt, die dem Spieler die historische Genauigkeit versichern könnte, muss er diese Aufgabe über das Material selbst erledigen.

Die zweite Ebene der Glaubwürdigkeit ist im Spiel von großer Bedeutung, da die Charaktere computeranimiert sind. Ihre Künstlichkeit ist stets offensichtlich. Historisch glaubwürdig werden sie also erst durch den Verweis auf ihren Ursprung in der realen Welt. So werden im Spiel nicht nur wirkliche Personen nachgestellt, sondern auch der Aufbau der übrigen fiktiven Charaktere basiert auf biografischen Komponenten wirklicher Personen. *Der Soldat James Ryan* besitzt zwar, wie bereits erwähnt, eine reale Vorlage in Form der Geschichten der Sullivan- und Niland-Brüder, jedoch ist diese von geringer Bedeutung.

Die Darstellung der Deutschen in beiden Werken ist recht ähnlich. Im Film erhalten diese durch die Gefangennahme und Todesangst des Maschinengewehr-Schützen zwar eine gewisse Ambivalenz, werden jedoch recht eindimensional als grausame Gegner dargestellt. Das Spiel stellt die Kriegsverbrechen der Deutschen noch drastischer dar, kontextualisiert diese aber nicht. Während im Film zuweilen auch amerikanische Soldaten zu sehen sind, die sich ergebende Deutsche erschießen, werden im Spiel ausschließlich von deutscher Seite Kriegsverbrechen verübt. In beiden Werken haben die Deutschen primär die Funktion, die historisch bestimmte Gegnerrolle im Krieg zu übernehmen, an der sich dann die beiden Gruppen amerikanischer Soldaten messen können. Vor diesem Hintergrund ertragen sie persönliches Leid und stellen zugleich ihre Tugenden unter Beweis.

Unter den Gestaltungsmitteln fällt in beiden Werken vor allem die Herausstellung des Kampfgeschehens auf: Beide versuchen den Kampf als Erlebnis für Spieler bzw. Zuschauer darzustellen – er soll nicht nur gezeigt und wahrgenommen, sondern auch nachempfunden werden. Dazu werden sehr ähnliche Mittel eingesetzt. Die physischen Auswirkungen des Gefechts auf einen Soldaten werden visualisiert und es wird versucht, die ‚sichere' Perspektive des Zuschauers bzw. Spielers zu destabilisieren. In *Brothers in Arms* geschieht dies primär durch direkte Adressierung des Spielers, indem auf seine Wahrnehmung und die Kontrollmöglichkeiten Einfluss genommen wird. Da der Spieler selbst Agierender im Gefecht ist, erlebt er sich jedoch im Vergleich zum Film *Der Soldat James Ryan* dem Geschehen weniger ausgeliefert, da er größtenteils die Kontrolle behält und der Kampf durch die Spielmechanik stets regelhaft und vorhersehbar bleibt (zum Beispiel auch durch die taktische Übersichtskarte). Im Film hingegen ist der Zuschauer dem Blick der Kamera ausgeliefert. Hier zielen die benutzten Effekte darauf ab, das Vorhandensein der Kamera und die damit verbundene Zuschauerfunktion nicht filmisch und inszeniert wirken zu lassen. Es wird versucht, einen dokumentarischen Gestus aufzubauen, wodurch das Geschehen als unkontrollierbar, von der Kamera und ihrem Blick losgelöst, erscheint. Beide Werke versuchen auf ihre eigene Weise die Medien, durch die sie wahrgenommen werden, in ihre Wirkung einzubeziehen und deren Grenzen im Rahmen ihrer Möglichkeiten aufzulösen.

Zum Vergleich: Im Film *Die Brücke von Arnheim* (1977), der ebenso wie *Brothers in Arms* die Operation *Market Garden* thematisiert, finden sich bereits ähnliche stilistische Mittel, wie sie in den untersuchten Werken verwendet werden: Blutspritzer auf dem Objektiv der Kamera (beim Überqueren des Rheins mit Booten) und das Sehen durch die Augen eines Soldaten (beim Fallschirmsprung). Sie haben dort allerdings kein großes Gewicht, wirken eher wie merkwürdige Ausbrüche aus der filmischen Sprache. Weiterhin findet diese subjektive, auf das Erleben des einzelnen Soldaten konzentrierte Darstellung dort keine Fortsetzung in der Narration, wie dies in *Der Soldat James Ryan* und *Brothers in Arms* der Fall ist.

In beiden Werken ist das Erleben des Kampfs von großer Bedeutung für die Narration, die erst vor diesem Hintergrund ihre ganze Dramaturgie entfalten kann. *Brothers in Arms* erreicht dies dadurch, dass der Kampf, das Spielen also, stets eng von der Narration begleitet und gerahmt wird. *Der Soldat James Ryan* widmet den Kämpfen der Landungssequenz und dem um Ramelle viel Zeit: der Landungssequenz etwa 20 Minuten, dem Kampf um Ramelle ungefähr eine halbe Stunde. Die Botschaft, die das Chaos und die Unkontrollierbarkeit der Kämpfe vermittelt, ist die der Ohnmacht der Protagonisten. So finden auch in beiden Werken die Todesfälle stets unvorhersehbar und willkürlich statt und jeder der Überlebenden stellt ein potenzielles nächstes Opfer dar.

Die größte Parallele beider Werke besteht in der zentralen Rolle einer kleinen Gruppe von Soldaten sowie im Aufbau der Dramaturgie durch die inneren Konflikte der Gruppe und ihre Wahrnehmung des Kriegs. Beide

Geschichten sind größtenteils fiktiv, verschaffen sich aber Glaubwürdigkeit durch Verweise auf historische Ereignisse und Personen sowie die Genauigkeit der Ausstattung. Auch der Aufbau der einzelnen Charaktere ist dabei wichtig. Die größten Ähnlichkeiten bestehen zwischen den beiden Anführern Miller und Baker sowie zwischen Upham und Leggett.

Beide Anführer haben zu Beginn der Geschichte weder für sich persönlich noch für ihre Männer einen Sinn in ihrer Mission gefunden. Sie definieren diesen für sich (und damit für den Rezipienten) erst im weiteren Handlungsverlauf. Beide leiden unter den Verlusten, die unter ihrem Kommando auftreten. Weiterhin stellen beide für die Männer eine Art Vaterfigur dar, der sie ihre Ängste und Sorgen anvertrauen können, woraufhin beide versuchen, ihnen diese zu nehmen. Sie achten mindestens in ebenso großem Maße auf die Verfassung ihrer Männer wie auf den Erfolg der Mission. Eine ihrer wichtigsten Aufgaben besteht darin, die Gruppe bei Konflikten zusammenzuhalten. Upham und Leggett kommt in beiden Werken eine ähnliche Funktion zu: Sie sind jeweils die empfindsamsten und zugleich schwächsten Gruppenmitglieder. Bei beiden zeigt sich dies schon an Äußerlichkeiten: Upham ist im Vergleich zu den anderen relativ schmächtig und im Kampfeinsatz unerfahren, da er hauptsächlich als Funker und Übersetzer tätig ist. Dies macht ihn im Team zum Außenseiter. Leggett ist der einzige Brillenträger im Spiel und sehr introvertiert, weshalb er trotz seiner Kampferfahrung schwächer wirkt. Er ist zudem ebenfalls Funker. Beide verschulden den Tod von Kameraden, da sie unfähig sind, im entscheidenden Moment in den Kampf einzugreifen. Leggett geht daran letztlich zu Grunde, ähnlich wie Upham, der zwar zuletzt Stärke beweist und überlebt, aber die moralischen Werte verrät, die er zuvor verteidigte.

Schließlich gibt es auch noch zwischen Reiben und Corrion gewisse Ähnlichkeiten. Sie sind diejenigen, die das Team in Frage stellen – Reiben, weil er den Sinn der Mission anzweifelt und desertieren will (wovon ihn dann schließlich seine Bindung zu den Kameraden abhält); Corrion, weil er Baker das Verschweigen der wahren Ereignisse bezüglich Leggett und eine nicht erhaltene Beförderung nicht verzeihen kann. Er verlässt deshalb das Team zum Ende des Spiels. Die übrigen Charaktere gleichen sich zumindest grob in ihrem Aufbau. Sie haben Angst, im Krieg zu fallen, aber halten ihn insgesamt für notwendig. Sie machen oft Witze, unterhalten sich über Mädchen, thematisieren ab und zu familiäre Konflikte. Hinsichtlich ihres gesellschaftlichen Status stellen sie den Durchschnitt dar. Sie geben aber stets genug Informationen über ihre Vergangenheit, ihre Gefühle und ihre Persönlichkeit preis, um als Individuen aufzutreten. Keiner von ihnen sticht als heroische Figur hervor. Sie zeigen Tapferkeit, aber auch Schwächen.

Beide Werke gleichen sich auch in ihrer Struktur: Die Gruppen finden sich zu Beginn zusammen, werden auf eine Mission geschickt und bewegen sich räumlich im Laufe der Zeit immer weiter fort. Sie müssen unterwegs Gefechte bestehen, Verluste hinnehmen und Konflikte innerhalb der Gruppe austragen. Die Notwendigkeit des Kriegs wird nicht in Frage gestellt, allerdings kommen innerhalb beider Gruppen Fragen darüber auf, wie die Soldaten persönlich damit umgehen können. Am Ende wird diese Frage, ausgehend von beiden Kommandanten, auf die gleiche Weise beantwortet: indem sie zum Opfer für ihre Kameraden bereit sind.

Erzähltraditionen als Authentifizierungsmittel

Wie erklärt sich nun abschließend die Wahrnehmung von Authentizität aus den festgestellten Inszenierungsmitteln? Zunächst spielt die Herstellung historischer Bezüge und die authentische Ausstattung der Produktionen eine wichtige Rolle. Beides kann aber angesichts der Stellung dieser Stilmittel in den Werken nur ein Teil der Erklärung sein. Sie leisten allerdings den ersten wichtigen Schritt: „Die Glaubwürdigkeit [...] entsteht aus der Beziehung der ‚echten' Akteure zum Wissen über die wiedererzählte Vergangenheit" (DAVIS 1991: 44). Betrachtet man dies aus der Perspektive der Produktion, so entsteht die Glaubwürdigkeit beider Werke durch die Offenlegung der Quellen und Produktionsmechanismen. Dies spricht sozusagen vom möglichen Manipulationsvorwurf frei. Erst auf dieser Basis können beide Werke ihre Geschichten aufbauen und erzählen. Dies ist kein neuer Wirkmechanismus: Bereits *Der längste Tag* galt zu seiner Zeit hinsichtlich der historischen Genauigkeit als besonders authentisch, da die Invasion mit einem bislang noch nie betriebenen Aufwand und mit größtmöglicher Realitätsnähe in der Ausstattung inszeniert wurde. Eine wichtige Rolle spielt zudem die öffentliche Wahrnehmung und der Vergleich mit anderen Werken. „Ein Film wie Der Soldat James Ryan trifft sein Publikum nicht unvorbereitet. Zum einen eilt ihm sein Ruf als geschichtsträchtiges Ereignis voraus [...]. Zum anderen geht es sowohl um die Erzeugung als auch um das Abrufen gemeinsamer Voraussetzungen" (DISTELMEYER 1998: 34).

Was aber sind diese gemeinsamen Voraussetzungen und warum wirken sie? JEANINE BASINGER (2005) identifiziert einige wesentliche Merkmale des *World War II Combat Films*, den sie als Subgenre des Genres Kriegsfilm betrachtet. Dies sind Filme, in denen Kampfhandlungen eine zentrale Rolle

spielen – im Gegensatz zu solchen Kriegsfilmen, die zwar im Krieg angesiedelt sein können, nicht aber notwendigerweise Kampfhandlungen als zentrales Element beinhalten. Eine Auswahl der von BASINGER genannten
Merkmale (nach ebd.: 38 f.):

> „The group as a democratic mix,
>
> A hero who is part of the group but is forced to separate himself from it because
> of the demands of leadership,
>
> The objective,
>
> The internal group conflicts,
>
> The faceless enemy,
>
> The absence of women,
>
> The need to remember and discuss home,
>
> The journeying or staying nature of the genre,
>
> The events combatants can enact in their restricted state: writing and receiving
> letters, cooking and eating meals, exploring territory, talking and listening,
> hearing and discussing news, questioning values, fighting and resting, sleeping,
> joking;
>
> The attitudes that an audience should take to the war are taught through events,
> conversations and actions."

Beide Werke erfüllen grob alle diese Merkmale. Das Auffällige daran ist,
dass BASINGER diese Merkmale am Film *Bataan* (1943) nachwies. Sie lassen
sich bis zu *Der Soldat James Ryan* an zahlreichen Kriegsfilmen nachweisen,
unabhängig von deren historischem Setting. Sie sind also als eine über Jahrzehnte währende Erzähltradition zu verstehen, die nicht nur im zeitgenössischen Kriegsfilm nach wie vor präsent ist, sondern auch, wie am Beispiel von
Brothers in Arms zu sehen ist, ihre Übertragung ins Computerspiel erfährt.
Darüber hinaus gibt es noch weitere Elemente, die sich speziell auf das Subgenre des Westfront-Kriegsfilms, d.h. von der Invasion in der Normandie bis
zum Übertritt über den Rhein, in mehreren Werken finden:

- totes Vieh als Sinnbild der Zerstörung durch den Krieg (*Der Soldat James Ryan*, *Call of Duty 2*, *Brothers in Arms*);
- der Strandabschnitt Omaha als exemplarisches Beispiel für die gesamte
  Invasion (*Der längste Tag*, *The Big Red One* (1980), *Der Soldat James
  Ryan*, *Call of Duty 2*);[9]

---

9 Eine Erklärung für die bevorzugte Nutzung des Omaha Beach als Motiv ist wohl die
  dort besonders hohe Verlustrate unter den alliierten Truppen. Diese kam u.a. dadurch
  zustande, dass dort keine Panzerunterstützung verfügbar war, anders als an den anderen
  Strandabschnitten Gold, Sword, Juno und Utah.

- das Sprengen einer Sperre am Omaha Beach mittels Bengalore-Stab-bomben – samt expliziter Erwähnung von deren Bezeichnung – als entscheidender Durchbruch (*Der längste Tag*, *The Big Red One*, *Der Soldat James Ryan*);
- am Baum hängende tote Fallschirmjäger als Sinnbild für die unkoordinierten, verlustreichen Landeaktionen (*Der längste Tag*, *Die Brücke von Arnheim*, *Brothers in Arms*);
- das zufällige Überraschen einer Gruppe Deutscher beim Essen in einem Haus (*Der Soldat James Ryan*, *Brothers in Arms*);
- das beständige Aufsagen von Bibelzitaten während des Kampfs (*Die Brücke von Arnheim*, *Der Soldat James Ryan*).

Diese Liste ließe sich nach eingehender Betrachtung wahrscheinlich noch um weitere Beispiele ergänzen. Film und Spiel greifen also nicht nur auf gemeinsame Erzähltraditionen zurück, sondern auch auf Motivtraditionen. Wie lässt sich dieses gehäufte Auftreten und die beständige Verwendung derselben Elemente erklären? DIETER KÖHLER liefert dafür einen interessanten Ansatz im Bezug auf historischen Realismus im Computerspiel. Er erwähnt eine Verfahrensweise der Landschaftsmalerei: „Alles für eine Landschaft Charakteristische wird verdichtet zusammengestellt und in eine symbolhafte Beziehung zueinander gesetzt" (KÖHLER 2009: 227). Dies beschreibt nicht nur eine allgemeine Verfahrensweise, sondern kann in Bezug auf einige der eben genannten Motive sogar wörtlich genommen werden: Es sind Merkmale einer (Kriegs-) Landschaft, die symbolisch funktionieren. Sicherlich haben all diese Elemente ihren Ursprung in historischen Begebenheiten. Das erklärt aber nicht, warum sie nach wie vor eine so große Wirkung haben, denn ihre Ursprünge werden kaum aufgegriffen. Vielmehr stehen sie durch ihre beständige Verwendung mittlerweile für sich selbst: „Von den nach 1945 Geborenen verfügt niemand mehr über authentische Erfahrungen im Hinblick auf den Zweiten Weltkrieg [...] – gleichwohl hat dazu jeder ein persönliches Bildarchiv im Kopf, das wesentlich von Filmbildern bestimmt wird" (RIEDERER 2003: 90).

Je öfter in diesem persönlichen Bildarchiv bestimmte Elemente vorkommen, desto präsenter sind sie beim Gedanken an das tatsächliche Ereignis. Ihr beständiges Auftreten kann als eine umso größere Bestätigung ihrer Authentizität erscheinen, als dass die Vermutung aufkäme, hier hätten sich einfach Film an Film oder Spiel an Film orientiert – ein Prinzip, an dem sich auch das *Histotainment* bedient, wie MATTHIAS STEINLE feststellt, wenn er vom „selbstreferenziell-autolegitimatorischen Zirkel" spricht (2009: 150).

Hinsichtlich der Geschichte und des Aufbaus der Charaktere machen *Der Soldat James Ryan* und *Brothers in Arms* vieles anders als andere Weltkriegsfilme und -shooter. Das Team als Schicksalsgemeinschaft alleine macht diese Andersartigkeit nicht aus. Vielmehr ist es die Art, wie die Frage nach dem Sinn des persönlichen Einsatzes und deren Beantwortung am Ende hergeleitet wird. Sie entstammt nur dem eigenen inneren Empfinden der Charaktere. Schwäche und Zweifel spielen dabei eine zentrale Rolle. Nichtsdestotrotz laufen diese Antworten in beiden Werken nur auf die in den meisten Kriegsfilmen beschworenen Pathosformeln von Kameradschaft und Opferbereitschaft hinaus. Allerdings treten diese erst ganz am Ende beider Werke auf, der Weg dorthin ist nicht von diesen Antworten vorgeprägt. „Wirklichkeitstreue und Glaubwürdigkeit sind die Komponenten der Authentizität, die am besten erreicht wird, wenn Filme die Werte, Beziehungen und strittigen Fragen in einer Zeit darstellen" (DAVIS 1991: 61).

Ob die Werte, Beziehungen und strittigen Fragen, die beide Werke darstellen, tatsächlich glaubwürdig sind, ist nicht von Bedeutung. Sie *erscheinen* glaubwürdig, da sie in einen authentifizierenden Komplex eingebunden werden, der auf sie abfärbt. Sie erreichen ihre Authentizität aus dem Zusammenspiel der unterschiedlichen Inszenierungsmittel und knüpfen mit vielen dieser Mittel an bereits vorhandene Rezeptionserfahrungen des Publikums an. Ihre Authentizität erwächst also nicht nur aus ihnen selbst, sondern ist ebenso Gegenstand von Zuschreibung.

Es ist deutlich geworden, welche Inszenierungmittel beide Werke einsetzen und wie diese im Hinblick auf Geschichtsvermittlung und Authentifizierung wirken. Darüber hinaus hat sich gezeigt, welche filmischen Traditionen in *Der Soldat James Ryan* und schließlich in *Brothers in Arms* fortgeführt werden. Es ist jedoch hervorzuheben, dass aufgrund der untersuchten Werke diese Mittel Spezifika darstellen in Bezug auf ihren kulturellen Ursprung in den USA und auf ihren (Sub-) Genrestatus des Westfrontkriegsfilms aus amerikanischer Perspektive. Eine aus diesen Erkenntnissen resultierende Fragestellung ist, inwiefern sich ähnliche Spezifika in anderen Subgenres oder Kriegsfilmen aus anderen kulturellen Zusammenhängen gebildet haben und ob es Kriegsspiele gibt, in denen diese ebenso fortbestehen. Weiterhin wäre zu untersuchen, inwiefern es genuin spieletypische Darstellungskonventionen in Bezug auf den Zweiten Weltkrieg gibt.

Quellenverzeichnis

Bibliografie

BASINGER, JEANINE (2005), „The World War II Combat Film: Definition", in: EBERWEIN, ROBERT T. (Hrsg.): *The war film*. New Brunswick, N.J.: Rutgers University Press, S. 42–73.

BENDER, STEFFEN (2010), „Durch die Augen enfacher Soldaten und namenloser Helden. Weltkriegsshooter als Simulation historischer Kriegserfahrung?", in: SCHWARZ, ANGELA (Hrsg.): „*Wollten Sie auch immer schon einmal pestverseuchte Kühe auf Ihre Gegner werfen?*" : *Eine fachwissenschaftliche Annäherung an Geschichte im Computerspiel*. Münster: Lit, S. 123–147.

DAVIS, NATHALIE ZEMON (1991), „„Jede Ähnlichkeit mit lebenden oder toten Personen ...'. Der Film und die Herausforderung der Authentizität", in: ROTHER, RAINER (Hrsg.): *Bilder schreiben Geschichte : Der Historiker im Kino*. Berlin: Wagenbach, S. 37–64.

DISTELMEYER, JAN (1998), „Der Soldat James Ryan", in: *Film*, 1998, 10, S. 34–36.

HEDIGER, VINZENZ (1998), „Montage der nachträglichen Angst", in: *Cinema*, 43, S. 47–61.

KLEIN, THOMAS; STIGLEGGER, MARCUS; TRABER, BODO (2006), „Einleitung", in: dies. (Hrsg.): *Filmgenres: Kriegsfilm*. Stuttgart: Reclam, S. 9–28.

KÖHLER, DIETER (2009), „Historischer Realismus in Computerspielen", in: HORN, SABINE; SAUER, MICHAEL (Hrsg.): *Geschichte und Öffentlichkeit : Orte – Medien – Institutionen*. Göttingen: Vandenhoeck & Ruprecht, S. 226–233.

RIEDERER, GÜNTHER (2003), „Was heißt und zu welchem Ende studiert man Filmgeschichte? Einleitende Überlegungen zu einer historischen Methodik der Filmanalyse", in: CHIARI, BERNHARD; ROGG, MATTHIAS; SCHMIDT, WOLFGANG (Hrsg.): *Krieg und Militär im Film des 20. Jahrhunderts*. München: Oldenbourg, S. 85 bis 106.

SCHWAB, ULRIKE (2008), „Das Team: eine dramaturgisch-ideelle Genrekonstante im Hollywood-Kriegsfilm", in: FAHLENBRACH, KATHRIN; BRÜCK, INGRID; BARTSCH, ANNE (Hrsg.): *Medienrituale : Rituelle Performanz in Film, Fernsehen und Neuen Medien*. Wiesbaden: VS, S. 141–152.

SCHWAB, ULRIKE (2010), „Der Kriegsfilm: Historisch-kritische Reflexionen zur Bestimmung eines Genres", in: BUCK, MATTHIAS; HARTLING, FLORIAN; PFAU, SEBASTIAN (Hrsg.): *Randgänge der Mediengeschichte*. Wiesbaden: VS, S. 313 bis 322.

STADLER, HEINER (2007), „Über den Kreislauf der Bilder. Das kollektive Bilderge-dächtnis und seine Wirkung", in: SPONSEL, DANIEL (Hrsg.): *Der schöne Schein des Wirklichen : Zur Authentizität im Film*. Konstanz: UVK, S. 47–62.

STEINLE, MATTHIAS (2009), „Geschichte im Film: Zum Umgang mit den Zeichen der Vergangenheit im Doku-Drama der Gegenwart", in: KORTE, BARBARA; PALETSCHEK, SYLVIA (Hrsg.): *History goes Pop : Zur Repräsentation von Ge-schichte in populären Medien und Genres*. Bielefeld: Transcript, S. 147–166.

STEWEN, CHRISTIAN (2008): *Reconstructing America : Nationale Geschichtsinsze-nierung im US-amerikanischen Kriegsfilm der Jahrtausendwende*. Saarbrücken: VDM.

WEDEL, MICHAEL (2010), „Körper, Tod und Technik. Der postklassische Holly-wood-Kriegsfilm als reflexives Body-Genre", in: HOFFMANN, DAGMAR (Hrsg.): *Körperästhetiken : Filmische Inszenierungen von Körperlichkeit*. Bielefeld: Tran-script, S. 77–99.

Ludografie

GUSTAVSSON, LARS (2002): *Battlefield 1942*. DICE; Electronic Arts. Systeme: PC, Mac OS.

HIRSCHMANN, PETER (1999): *Medal of Honor*. Dreamworks Interactive; Electronic Arts. System: Sony PlayStation.

PITCHFORD, RANDY (2005): *Brothers in Arms: Road to Hill 30*. Gearbox Software; Ubisoft. Systeme: PC, Microsoft Xbox, Sony PlayStation 2, Nintendo Game-Cube, Nintendo Wii, iPhone.

PITCHFORD, RANDY (2005): *Brothers in Arms: Earned in Blood*. Gearbox Software; Ubisoft. Systeme: PC, Microsoft Xbox, Sony PlayStation 2, Nintendo Wii, iPhone.

PITCHFORD, RANDY; MARTEL, BRIAN (2008): *Brothers in Arms: Hell's Highway*. Gearbox Software; Ubisoft. Systeme: PC, Microsoft Xbox 360, Sony PlayStation 3.

ZAMPELLA, VINCE (2003): *Call of Duty*. Infinity Ward; Activision. Systeme: PC, Mac OS, Microsoft Xbox 360, Sony PlaySation 3, Nokia N-Gage.

ZAMPELLA, VINCE (2005): *Call of Duty 2*. Infinity Ward; Activision. Systeme: PC, Mac OS, Microsoft Xbox 360.

Filmografie

ANNAKIN, KEN et al. (1962, USA): *Der längste Tag*.

ATTENBOROUGH, RICHARD (1977, UK, USA): *Die Brücke von Arnheim.*

BAY, MICHAEL (2001, USA): *Pearl Harbor.*

FULLER, SAMUEL (1980, USA): *The Big Red One.*

GARNETT, TAY (1943, USA): *Bataan.*

MALICK, TERRENCE (1998, USA): *Der schmale Grat.*

RICHARDS, MARY (2001, UK, USA): *Band of Brothers.*

SPIELBERG, STEVEN (1998, USA): *Der Soldat James Ryan.*

02

Ansichten aus dem Meta-Museum

Rudolf Thomas Inderst

"Fire in the Hole!"
Zur Darstellung des Vietnamkriegs 1965–1973 in ausgesuchten Videospielen

Einleitung

Die vorliegende Arbeit beschäftigt sich mit sogenannten *First Person Shootern*, kurz FPS (vgl. DUTTON/ELLISON/LOADER 2004: 93). Im deutschen Sprachraum wird dieses Video- und Computerspielgenre gemeinhin auch als *Ego-Shooter* bezeichnet. Das bedeutet, dass SpielerInnen ihre Spielfiguren in diesem Genre aus einer Ego-Perspektive des Protagonisten oder der Protagonistin heraus durch diverse Levelarchitekturen steuern und versuchen, virtuelle Gegner (entweder computergesteuerte Charaktere oder menschliche MitspielerInnen) mittels realistischen oder fantasieorientierten Waffen auszuschalten. Den Durchbruch schaffte dieses Genre 1992 mit dem Titel *Wolfenstein 3D* (1992) und bis heute zählt es zu den beliebtesten Spielgenres auf Heimcomputern und Videospielkonsolen. Der zumeist brachiale und schonungslose Umgang mit Gewalt und Gewaltdarstellung sicherte dieser Spielvariante und seinen SpielerInnen einen eher zweifelhaften Ruf in Medien und Öffentlichkeit. FPS stehen nicht selten unter dem Verdacht, eine Brutstätte der Aggression zu sein (vgl. NOVAK 2005: 87).

Speziell wird sich die Untersuchung mit einer Untergruppe dieser FPS auseinandersetzen: Es sollen diejenigen Spiele genauer betrachtet werden, die den Militäreinsatz der US-Amerikaner in Vietnam zwischen 1965 und 1973 thematisieren. Obgleich auf die dargestellte Gewalt eingegangen wird, soll doch ein anderer Hauptforschungsgegenstand ins Auge gefasst werden.

An die Frage, wie der bewaffnete Konflikt in Vietnam in FPS dargestellt wird, schließen sich andere, für die Grundlagenforschung der Geschichtswissenschaft interessante Fragen an. So ist eine zentrale Fragestellung im Bereich der Quellenforschung verortet: Können PC- und Videospiele als historische Quellen genutzt werden? Wenn ja, in welchem Umfang und unter welchen Gesichtspunkten? Besonders aufschlussreich dürfte dieses Forschungsfeld angesichts der Literaturlage sein: Vermeintlich ,jüngere' Medien, wie etwa Fernsehen oder Film, stehen auch heute noch zu wenig im Fokus der Quellenforschung – betritt man jedoch den Bereich der digitalen Spiele, befindet man sich weitgehend auf Neuland. Das mag damit zu tun haben, dass schlichtweg bisher niemand an diese Art der Fragstellung dachte, oder, was eher zu vermuten ist, dass eine gewisse Skepsis ob der vermeintlich fehlenden Seriosität dieses „neuen Mediums" unter den Forschenden herrscht.

Die Arbeit geht zunächst näher auf das Genre der *First Person Shooter* ein, was bedeutet, dass Einblicke in die Entwicklung des Genres, herausragende Merkmale und bedeutsame Vertreter aufgezeigt werden. Anschließend werden die Vietnam-FPS, die die Forschungsgrundlage dieser Arbeit bilden, vorgestellt: Es handelt sich dabei um folgende Titel: *Men of Valor* (2004), *Conflict: Vietnam* (2004), *Shellshock: Nam '67* (2004) und *VietCong: Purple Haze* (2004). Neben eigener Analyse durch intensives Spiel und passive Spielbeobachtung bei Bekannten werden auch Besprechungen der Spiele aus Fachzeitschriften und Online-Portalen in die Betrachtung einfließen. Daraufhin wird ein Abschnitt auf das Themenfeld ‚historische Quellen' eingehen. Über grundlegende Fragen, wie etwa „Was ist eine Quelle?" oder „Was ist Quellenkritik?", soll schließlich die Aufgabe bewältigt werden, Video- und PC-Spiele in den geschichtswissenschaftlichen Quellenkanon einzuordnen. Methodisch soll dabei ein weicherer hermeneutischer Zugang in Form der Kulturgeschichte, speziell die Mentalitätsgeschichte, Anleitung geben, wie mit Videospielen als Vertreter eines Zweigs von „neuen Medien" umzugehen ist und auf welche Weise diese bestimmte Vorstellungen transportieren. Die Schlussbetrachtung wird die gewonnenen Resultate des Hauptteils pointierend zusammenfassen. Dies wird mit einem Ausblick verbunden sein, welche offenen Fragen für weitere Arbeiten von Interesse sind, beziehungsweise welche aktuellen Problemstellungen sich aus den erzielten Erkenntnissen ergeben. Ebenfalls wird eine eigene kritische Bewertung gegeben.

First Person Shooter: Geschichte und Entwicklung

FPS zählen zu den beliebtesten Video- und Computerspielgenres und nehmen regelmäßig die oberen Ränge der Verkaufscharts ein. Ebenso regelmäßig nehmen FPS allerdings Raum in einer kritischen medialen Berichterstattung ein. Zumeist wird dann die Frage diskutiert, inwiefern das Spielen dieser Art Spiel zu gewaltbereitem Handeln führt. Diese Untersuchung ist jedoch nicht der geeignete Rahmen, um diese Fragestellung zu erörtern.

1992 kann als Schlüsseljahr in der Entwicklung des Genres gelten. Hatten zuvor nur PC-Simulationen und Weltraum-Actiontitel von 3D-Modellen Gebrauch gemacht, so war es die Texaner Software-Schmiede *id Software*, die das stilbildende *Wolfenstein 3D* für den heimischen Computer veröffent-

lichte. Erstmals konnte aus den Augen des Protagonisten agiert werden –
allerdings rief die Spielthematik um einen amerikanischen Agenten, der ein
NS-Schloss infiltrieren und sich dort der Wehrmacht, der SS und dem Führer
höchstpersönlich stellen muss, die deutsche Bundesprüfstelle für jugendge-
fährdende Schriften auf den Plan, die aufgrund der enthaltenen NS-Symbolik
das Spiel aus dem Verkehr zog. Der Journalist RAINER SIGL bilanziert dazu:
„Durch Darstellung von Nazi-Dekoration oder satanistischen Szenen speku-
lierte id-Software in jenen Jahren wohl am gerissensten mit dem elterlichen
Aufregungspotenzial einerseits sowie mit kodierten juvenilen Rebellionsriten
andererseits" (SIGL 2005).

Den endgültigen Durchbruch des Genres jedoch schaffte ein anderer Titel
von *id Software* im Jahr 1993: *Doom* (1993), die Geschichte um einen Soldaten, der sich auf dem Marsmond Phobos allerlei Gefahren aus der subjektiven
Perspektive mithilfe von Schrotflinte und Maschinengewehr erwehren muss,
atmete den phallussymbolhaften Geist vorrangig pubertierender, männlicher
Spieler. *Doom* unterstützte als erstes Spiel die später zum Standard werdende
Maussteuerung und bot außerdem als Neuheit die Möglichkeit, per Netzwerk, Modem oder seriellem Kabel mit-/gegeneinander zu spielen.

Im Jahr 1996 veröffentlichte *id Software* unter dem Konkurrenzdruck
eines Shootertitels namens *Duke Nukem 3D* (1996) der Firma *3D Realms* den
FPS *Quake* (1996), der eine technische Revolution bot. Hatte man es bisher
lediglich mit zweidimensionalen Arrangements samt unterschiedlichen
Höheebenen zu tun, gab es nun echte 3D-Modelle von Figuren und Umgebung zu bestaunen. Dies änderte freilich nichts am recht linearen *Gameplay*
des Titels: Erneut hastete der Protagonist durch düstere Gänge, löste einfache
Schalterrätsel und eliminierte Unmengen von virtuellen Monstern. Die zweite Fortsetzung des Titels, *Quake III Arena* (1999) richtete sich bereits komplett auf das Onlinespiel aus und löste so einen Trend im Genre FPS aus:
FPS-Neuerscheinungen legten oft wesentlich mehr Wert auf eine gute Multiplayer-Variante und reduzierten den Singleplayer-Modus auf das Nötigste.
Dies geht mit dem generellen Vorwurf einher, dass sich das Genre FPS weit
weniger um *Storytelling* kümmert als andere PC- und Videospielgenres (vgl.
SIGL 2006).

Die Firma *Epic Games* nahm sich schließlich 1998 der künstlichen Intelligenz der Spielgegner an: Die *Unreal*-Spielreihe (1998) hat bis heute ihren
festen Platz auf den Festplatten der FPS-Spieler. Nur ein Jahr später erschien
Half-Life (1998) von *Valve*. *Half-Life* erzählte die Geschichte des Wissenschaftlers Gordon Freeman, der ungewollt Mittelpunkt einer gigantischen

Verschwörungsgeschichte wird. *Half-Life* erzielt in diversen Spieletests durchgehend Höchstnoten – allerdings nicht, weil man durch grafische Pracht punkten konnte, sondern weil zum ersten Mal die Geschichte durchgehend, also ohne etwaige Zwischensequenzen, erzählt und auf diese Weise eine sehr dichte Atmosphäre geschaffen wurde.

Die bisher vorgestellte FPS-Geschichte ist zweifelsfrei eine PC-Geschichte. Da die kommende Arbeit auf Videospieltiteln beruht, ist es jedoch notwendig, auch die Entwicklung des Genres auf Videospielkonsolen näher zu beleuchten. PC-SpielerInnen und Konsolen-SpielerInnen beäugen sich und die Hardware des jeweils Anderen mit erstaunlich kritischen, manchmal auch neidischen Augen und pflegen mitunter polemische Wortgefechte um den Wert der jeweils eigenen Spieleplattform. Tatsache ist, dass manches Spielgenre aufgrund bestimmter Aspekte der Eingabegeräte auf der einen oder anderen Plattform unterrepräsentiert ist; so ist etwa das in Deutschland sehr beliebte Genre der Strategiespiele kaum auf Videospielkonsolen zu finden.[1] Frühe Umsetzungen von PC-FPS-Titeln auf Konsolen, wie etwa *Wolfenstein 3D* im Jahr 1993 für das *Super Nintendo Entertainment System* oder *Doom* ein Jahr später für die *Sega 32X*, blieben unmotivierte, uninspirierte und wirtschaftlich wenig rentable Versuche der Industrie, das Genre auf den Konsolen zu etablieren.

Den ersten erfolgreichen Versuch konnte das Unternehmen *Rare* verbuchen: Im Jahr 1997 veröffentlichten DAVID DOAK, STEVE ELLIS, KARL HILTON und GRAEME NORGATE für *Nintendo 64* den Titel *GoldenEye 007* (1997), der in Deutschland sofort indiziert wurde. Der Referenztitel war perfekt an das konsolentypische Eingabegerät, das Game- oder Joypad, angepasst und bot intelligente Gegner, eine überzeugende Grafik sowie einen einladenden Multiplayer-Modus. Damit war der Damm gebrochen und erfolgreiche andere Serien[2], die interessanterweise plötzlich selbst zum Objekt von Portierungen hin zum PC wurden, wuchsen zu ökonomisch lohnenden Spielprojekten heran.

---

1 Die Maus als nahezu unverzichtbares Instrument solcher Titel hat traditionell keinen Platz an Konsolen. Versuche, diese als Steuerinstrument fest zu etablieren, scheiterten bisher. Der Grund mag am Spielplatz liegen: Konsolen werden zumeist im heimischen Wohnzimmer vor dem TV ohne feste Unterlage gespielt. Eine Maus als Eingabegerät erweist sich hierbei als wenig praktisch.

2 Zu nennen wäre beispielsweise *Halo. Combat Evolved* (2001).

Insgesamt kann festgehalten werden, dass sich das FPS-Genre seit seiner Entstehung im Jahr 1992 zu einer Erfolgsgeschichte der Spieleindustrie entwickelt hat – wobei es durchaus Anlaufschwierigkeiten im Bereich der Videospielkonsolen (aufgrund der Steuerung und der grafischen Kapazitäten) gab. Im kommenden Abschnitt werden nun die vier Spieletitel *Men of Valor*, *Conflict: Vietnam*, *Shellshock: Nam '67* und *Vietcong: Purple Haze*, die auch gleichzeitig als Primärquellen dienen, näher vorgestellt.

"Hollywood superhero films [...] suggested that America still had the right stuff" (MAGA 2000: 296). STEVEN SPIELBERGs *Saving Private Ryan* (1998) hatte einen maßgeblichen Einfluss auf die PC-FPS-Industrie. Den atmosphärisch dichten, blutigen ersten dreißig Minuten des Films um die Landung der Amerikaner in der Normandie am D-Day folgend, überrollte eine ganze Armada von Zweite-Weltkriegs-Shootern die heimischen Computer, nur um wenig später von der nächsten Shooter-Welle getroffen zu werden: den Vietnam-FPS (die freilich wenig später selbst von urbanen Anti-Terrorkampfszenarien abgelöst wurde).

Men of Valor

Das Entwicklerteam *2015*, das zuvor in Zusammenarbeit mit dem Unterhaltungsriesen *Electronic Arts* an der *Medal of Honor*-Reihe (1999) gearbeitet hatte, präsentiert in *Men of Valor* (2004), zu deutsch etwa „tapfere oder mutige Männer" (gemeint sind Infanteristen), die Geschichte des Afroamerikaners Dean Shepard, der als Novize seinen Dienst in einer Infanterie-Einheit ableisten muss. Auf diversen Missionen wird er mit den Grausamkeiten des Kriegs konfrontiert. In insgesamt zwölf verschiedenen Unternehmungen werden SpielerInnen mit verschiedenen Aufgaben konfrontiert: Hinterhalte müssen gelegt, Brücken gesprengt oder Fahrzeuge zu Luft und zu Wasser im Kampf eingesetzt werden. Shepard wird immer größere Verantwortung zuteil und später im Spiel kommandiert er schließlich selbst Soldaten.

Die Ladezeiten zwischen den einzelnen Missionen der knapp 15 Stunden dauernden Solo-Kampagne werden durch Briefe des schwarzen Infanteristen an seine Familie überbrückt. Des Weiteren tauchen während Ladepausen innerhalb der Spielabschnitte immer wieder kurze Textpassagen auf, die ‚Faktenwissen' über den Konflikt in Südostasien für den Spieler aufbereiten – meist werden dazu authentische Fotografien präsentiert. Entscheidet man sich für die Multiplayer-Variante, bietet das Spiel zwei Möglichkeiten: Man kann entweder den Solo-Modus kooperativ per Split-Screen spielen oder die SpielerInnen wählen aus den unterschiedlichen, klassischen FPS-Multiplayer-Modi wie etwa *Deathmatch*[3] beziehungsweise *Team Deathmatch*, wobei es in diesen Spielvarianten ebenfalls möglich ist, Kämpfer des Vietcong zu spielen.

Das Urteil der Fachpresse war zwiespältig. So lobte etwa Andreas Donath, Redakteur bei golem.de, die Soundkulisse des Titels, bemängelte jedoch den hohen Schwierigkeitsgrad sowie die mittelprächtige Grafik. Auch die schlechte Gegner-KI[4] war für DONATH ein Grund, *Men of Valor* abzuwerten (vgl. DONATH 2005). Online-Redakteur PETER GRUBMAIR nennt den Titel einen typischen Vertreter von „Einbahn-Egoshooter" (Grubmair 2006) und bemängelt weiterhin: „[E]twas taktischen Anspruch hätten wir uns schon erwartet, der uns aber kaum geboten wird. Denn selbstständiges Denken führt in diesem Spiel nicht zum Erfolg, stattdessen gilt es in mehreren Versuchen herauszufinden [,] auf was es die Entwickler angelegt haben. In der Zwischenzeit fangen wir viele Schüsse [,] dessen [sic!] Herkunft uns auf immer ein Rätsel bleiben wird und bekommen die mitunter nicht ganz jugendfreien Gespräche unserer Kameraden mit" (ebd.). DOUGLASS C. PERRY schließlich verweist auf die Kriegsmüdigkeit unter SpielerInnen und RedakteurInnen, was Vietnam-FPS betrifft; seiner Meinung nach hätte man das Spiel mit wohlwollenderer Kritik bedacht, wären nicht zur selben Zeit derart viele Vietnam-Titel auf den Markt geworfen worden: "[T]here is simpoly [sic!] not enough here to warrant an instant purchase" (PERRY 2004a).

Vietcong: Purple Haze

Vietcong: Purple Haze[5], entstanden aus einer Kooperation von *Coyote Developments, Illusion Softworks, Pterodon Software* und *Take-2 Europe*, versetzt SpielerInnen in die Rolle eines amerikanischen GI, der das Kommando über vier andere Infanteristen hat. Sie müssen diverse Missionen im Dickicht des vietnamesischen Dschungels durchführen: Mit an Bord sind ein Scout (der den Weg weist und auf Fallen aller Art, wie zum Beispiel Tretminen, auf-

---

3 *Deathmatch* ist die populärste Form der FPS-Multiplayer-Varianten. Die einzelnen SpielerInnen stehen ihren menschlichen MitspielerInnen in sogenannten *Maps* gegenüber und versuchen, sich gegenseitig auszuschalten. Der Großteil des Online-Spiels wird ebenfalls auf dieser Multiplayer-Basis gespielt.

4 ,*KI*' steht für *K*ünstliche *I*ntelligenz und bestimmt den Grad, wie selbstständig-intelligent computergesteuerte Figuren agieren, egal ob ,Freund' oder ,Feind'.

5 *Purple Haze* bezeichnet umgangssprachlich Hanfpflanzen, womit auf den Drogenmissbrauch der GIs in Vietnam angespielt werden soll.

merksam macht), ein Pionier, ein Sanitäter und ein Soldat mit schwerer Be-
waffnung. Als Kommandant kann man sich entweder alleine den
unterschiedlichen Aufgaben, wie *Seek and Destroy* oder Rettungseinsätzen,
stellen, man kann diese Aufgaben aber auch an sein Team delegieren. Der
Fortgang der Geschichte wird in rudimentären *Cut Scenes* erzählt.[6] Auch
Vietcong: Purple Haze bietet einen mehr oder minder umfangreichen Multiplayer-Modus: Mithilfe des zentral organisierten Online-Services *Xbox Live*
von *Microsoft* ist es möglich, Kartenmaterial für *Deathmatch*-Begegnungen
herunterzuladen. Auch die obligatorischen *Capture the Flag*-Varianten[7] sind
enthalten. Zudem können einige der 19 Missionen offline kooperativ in Angriff genommen werden.

    Vietcong: Purple Haze schnitt in der Fachpresse schlecht ab. DOUGLASS
C. PERRY prangert die technisch unsaubere Programmierung in Form einer
mangelhaften Kollisionsabfrage[8] an: "If you want a Vietnam shooter, just
restrain yourself a little longer" (PERRY 2004b). Abschließend kommentiert
PETER GRUBMAIR von gamezone.de in spöttischem Ton: „Ich wusste […]

---

6 Unter sogenannten *Cut Scenes* versteht man vorgeskriptete, filmartige Sequenzen, die
  entweder in Spielgrafik gehalten sind oder auf leistungsstarken Industrierechnern vor-
  gerendert werden. Sie werden dazu benutzt, die Spielgeschichte weiterzuerzählen. Für
  die SpielerInnen bedeuten *Cut Scenes* einen Bruch der Immersion und der Interaktion
  mit dem Spiel, denn sie haben keinen Einfluss auf den Hergang des Spiels. Zudem verliert die Spielerschaft nicht selten die subjektive Ego-Perspektive, da der Blickwinkel
  von *Cut Scenes* das Geschehen zumeist aus der Perspektive einer fiktiven dritten Person
  zeigt. Andererseits ist aber auch von Spielerseite zu hören, dass – optisch ansprechende
  – *Cut Scenes* als Belohnung für ihre Spielmühen verstanden werden.

7 *Capture the Flag* ist einer der beliebtesten Multiplayer-Modi. Dabei versuchen beide
  Teams, in das Hauptquartier des Gegners einzudringen, dort eine Flagge zu stehlen und
  diese dann zur eigenen Flagge zurückzutragen. Die Schwierigkeit besteht hauptsächlich
  darin, dass auf dem Rückweg die Waffe nicht abgefeuert werden kann. Man ist also
  ganz auf die eigenen Ortskenntnisse bezüglich Laufrouten und etwaige Abkürzungen
  oder Schleichwege sowie das Deckungsfeuer der Teamkameraden angewiesen.

8 Die sogenannte ‚Kollisionsabfrage' regelt das gegenseitige Berühren von Dingen beziehungsweise Personen in der virtuellen Welt. Gäbe es sie nicht, würde etwa die Spielfigur einfach durch Häuser oder Fahrzeuge hindurch gehen können. Besonders interessant im FPS-Fall wird die ‚Kollisionsabfrage', wenn es um Genauigkeit bei virtuellen Schusswechseln geht: Wie präzise muss zum Beispiel der Spieler oder die
  Spielerin zielen, um einen Treffer zu landen? Wie weit kann der Spieler oder die Spielerin sich aus der Deckung wagen, bevor die Gegner-KI ihn oder sie per Kopfschuss
  ausschaltet? – Vgl. BENEKE/SCHELLBACH (2005: 92).

nicht mehr [,] ob ich Lachen [sic!] oder Weinen [sic!] sollte [,] als mein MG-Schütze exakt einen Meter vor einem Charlie stand und sich die beiden Figuren befeuerten [,] was die Rohre hergaben [,] ohne auch nur den geringsten Schaden davon zu tragen [sic!]. Irgendwie erinnerte mich das an Teenager auf Exctasy [sic!] [,] die sich eben zu Tode steppten" (GRUBMAIR 2004).

Conflict: Vietnam

Conflict: Vietnam, entwickelt von *Pivotal Games*, ist der inoffizielle dritte Teil der *Conflict*-Reihe, die SpielerInnen bereits vor der Vietnam-Episode zweimal in ein *Third Person Shooter*[9]-Szenario im Irak versetzte. Im Unterschied zu den anderen in dieser Arbeit vorgestellten Titeln beinhaltet *Conflict: Vietnam* eine weitreichende taktische Komponente: Als Kommandoführer einer kleinen Einheit hat man als SpielerIn nicht nur die Möglichkeit, den KI-Kollegen Befehle zu erteilen, sondern kann jede der Spielfiguren übernehmen, um die einzelnen Missionen erfolgreich zu absolvieren. Der Vietnam-Shooter hält eine bekannte Hintergrundgeschichte bereit. Als junger GI namens Private Harold Kahler wird man 1968 in die ,grüne Hölle' geschickt, um dort seinen Dienst abzuleisten. Nach einer obligatorischen Einführung in die Steuerung des Spiels durch Übungen am Schießplatz des amerikanischen Basislagers, geht es in den Dschungel, in dem die zwölf Missionen auf die SpielerInnen warten. Flora und Fauna halten die genretypischen Tücken für die Soldaten bereit: Fallen, Scharfschützen und aus dem Unterholz brechende Vietcong-Einheiten halten die amerikanischen GIs in Atem. Neben der Solo-Kampagne können die Level auch mit bis zu drei weiteren MitspielerInnen kooperativ angegangen werden. Eine Online-Unterstützung bietet *Conflict: Vietnam* nicht.

Auch *Conflict: Vietnam* konnte sich im Pressespiegel keinen Spitzenplatz unter den FPS-Titeln sichern. ED LEWIS von ign.com fasst das Spiel zum Beispiel folgendermaßen zusammen:

> "[T]he basic gameplay of running through the jungles and temples and different vehicles and the tons of shooting is fun, but with all the clutter in the way the game has fewer moments to shine than it deserves. Add these issues with the problems in the AI and Conflict: Vietnam is a title that is pretty much an aver-

---

9 Die Perspektive der Spielfigur ist in diesem Titel nicht durchgehend First Person, sondern eine sogenannte *Third Person*-Perspektive. Jederzeit kann allerdings auf eine subjektive, *First Person*-Sicht umgeschaltet werden. Dies geschieht automatisch, wenn SpielerInnen über Kimme und Korn mit der Waffe auf Gegner zielen.

age shooter with difficult controls. The intensity of the situations provides some insight into just how funked [sic!] up the the war was for those involved and the controls earns them some sympathy, but there is no excuse for a game that occasionally reminds one of playing with a Rubik's Cube in terms of hand movements." (Lewis 2004)

Shellshock: Nam '67

Shellshock: Nam '67[10] ist der einzige Titel der hier vorgestellten Vietnam-Shooter, der auf eine *First Person*-Sicht verzichtet und stattdessen auf eine fortlaufende *Third Person*-Perspektive setzt. Die Hintergrundgeschichte von *Shellshock: Nam '67* kreist ebenfalls um einen jungen namenlosen Soldaten auf seiner ersten Tour in den Dschungel Vietnams. Die Solo-Kampagne beinhaltet verschiedene Missionsziele, wie etwa das Retten von Kriegsgefangenen oder die Unterstützung eingekesselter Kameraden. Seitens der Entwickler verzichtete man auf einen Multiplayer-Modus; weder kooperativ noch in irgendeiner Form von Netzwerk können die Missionen gemeinsam angegangen werden. *Shellshock: Nam '67* rühmt sich in seiner Werbekampagne, die ‚horrors of war' möglichst realistisch einzufangen. Tatsächlich spart der Titel nicht mit blutigen Einzelheiten wie etwa dem Zurschaustellen von Opfern diverser Fallen oder Kopfschüssen. Besonderen Wert legen die Programmierer auch auf die Zeit im Basislager zwischen den einzelnen Unterfangen – die SpielerInnen können sich dort ‚leistungssteigernde' Drogen beschaffen oder sogar Prostituierte zu den zeitgenössischen Klängen von Popgrößen wie *Sonny and Cher, Roy Orbinson, The Monkees* oder *The Troggs* aufsuchen. *Shellshock Nam '67* bekam dafür in den Vereinigten Staaten postwendend ein *M-Rating*.[11] Tatsächlich waren es die allzu gewaltverherrlichenden Aspekte, die die Kritik einhellig als verkaufsfördernde PR-Maßnahmen erkannte und ablehnte:

> "[…] Vietnam was horrific. While plenty of games have come sporting this particular war theme to further their own specific kind of action, Shellshock is one of the few titles that actually boasts the horror of Vietnam as a selling point. […] [I]t's [sic!] superfluous violence is laughably animated, less it comes as a

---

10 *Shell shocked* ist die militärisch-medizinische Bezeichnung für den körperlichen und geistigen Zustand eines Soldaten oder einer Soldatin, in deren unmittelbarer Nähe Sprengstoff explodierte. Temporäre Taubheit, geplatzte Äderchen in den Augen, Orientierungslosigkeit und/oder Angststarre können Folgen sein.

11 „*Rated M for Mature*" stellt eine Alterfreigabe dar. SpielerInnen ab einem Alter von 18 Jahren dürfen den Titel käuflich erwerben.

part of a senseless cutscene that develops no story, but serves as a happy medium used to showcase unnecessary brutality that's completely irrelevant to the game and the plot. But hey, look at what one knife, one jerk, and one helpless victim can make when they're all put together." (SULIC 2004)

Als abwechslungsarm und gezeichnet von einer schlechten Gegner-KI beschreibt es der amerikanische Spielejournalist JOSH CHAPIN (2004), während durch eigenes Spiel durchaus von einer unausgegorenen Steuerung und veraltetem Spieldesign gesprochen werden kann. Vergleicht man abschließend die Urteile der Fachpresse, so stellt *Shellshock: Nam '67* den schwächsten Vertreter der vorgestellten Titel dar.

Der Begriff der „Quelle" in der Geschichtswissenschaft

„Geschichtswissenschaft als Methode ist entstanden im Zusammenhang mit der Entwicklung der Einsicht, dass es eine Unzahl von Zeugnissen der Vergangenheit gibt, dass diese sich unter einem Gesamtbegriff ‚historische Quellen' methodisch zusammen fassen [sic!] lassen, und dass mit deren Hilfe neue Wahrheiten gewonnen werden können. [...] Quellenkunde ist ein wesentlicher Bestandteil jeder allgemeinen wissenschaftlichen Methodik." (SCHMIDT 1975: 55)

Auf die Frage, was denn eine Quelle darstelle, antwortete 1947 der Geschichtswissenschaftler PAUL KIRN, als Quelle seien „alle Texte, Gegenstände oder Tatsachen" zu bezeichnen, „aus denen Kenntnis der Vergangenheit gewonnen werden kann" (KIRN 1968: 29). VOLKER SELLIN erläutert dieses Zitat:

„Daß Texte dazugehören müssen, leuchtet sofort ein. [...] Daß Gegenstände dazugehören müssen, lässt sich auf einem Gang durch ein beliebiges Museum bestätigen. Aber Tatsachen? [...] [U]nsere Bräuche und Institutionen, unsere Lebensweise, unsere Ansichten und Wertvorstellungen: all dies sind ebenso viele Quellen und Erkenntnis für den Historiker. [...] Diese Tatsachen und Sachverhalte sind Teil unserer Überlieferung, Teil der Traditionen, in denen wir stehen. Jede Tradition verweist als solche zurück auf ihre Ursprünge und auf ihr Fortwirken bis in die Gegenwart. Insofern ist die heute bestehende Tradition eine unmittelbare Erkenntnisquelle für geschichtliches Leben." (SELLIN 1995: 45)

Das letztlich entscheidende Kriterium für eine Quelle ist ihr Erkenntniswert für die historische Forschung. Hierbei kommt es vor allem auf die ‚Nähe' oder ‚Ferne' zu den entsprechenden Ereignissen oder Zuständen an. Die Bezeichnung als ‚Primär'- beziehungsweise ‚Sekundärquelle' hat sich hinsichtlich dieser Fragestellung bewährt (vgl. FABER/GEISS 1983: 76). Ein genaues Abwägen zwischen den beiden Quellentypen ist unabdingbar: So mag spontan bewertet ein Augenzeugenbericht (= ‚Primärquelle') Vorrang vor einer späteren Protokollierung eines Ereignisses haben, dennoch kann eine ‚Sekundärquelle' aufgrund ihrer größeren zeitlichen Distanz beziehungsweise Objektivität die ‚Primärquelle' in bestimmten Fällen an Wert übertreffen. Der Historiker JOHANN GUSTAV DROYSEN (1808–1884) unterschied als erster in seinen *Vorlesungen über Enzyklopädie und Methodologie der Geschichte* zwischen Quellen, die „bewusst-unabsichtlich" oder „absichtlich" Zeugnis von einem historischen Faktum ablegten (ARNOLD 1998: 45). Diese Methodik entwickelte ERNST BERNHEIM (1850–1942) entscheidend weiter. Terminologisch unterschied er zwischen ‚Tradition' einerseits und ‚Überresten' andererseits:

> „*Tradition* ist alles, was von den Begebenheiten übrig geblieben ist, hindurchgegangen und wiedergegeben durch menschliche Auffassung; *Überreste* sind alles, was unmittelbar von den Begebenheiten erhalten geblieben ist. Die durch menschliche Auffassung geformte Überlieferung mit Blick auf eine Unterrichtung der Mit- und Nachwelt, die ‚Tradition', ist zu unterscheiden von den „Überresten", den unabsichtlichen, unwillkürlichen Hinterlassenschaften vergangener Zeiten." (ARNOLD 1998: 45; Hervorhebungen im Original)

Die Unterscheidung jedoch, die auf den ersten Blick eine sehr stringente zu sein scheint, offenbart Schwächen in der Praxis – etwa, wenn eine Quelle, die zu einem eindeutigen Zweck gefertigt wurde, plötzlich dem Historiker oder der Historikerin einen ganz anderen Nutzen bringt. Man denke dabei zum Beispiel an den Privatfilm eines Passanten, der den Besuch des amerikanischen Präsidenten John F. Kennedy in Dallas drehte. Was als Freizeiterinnerung geplant war, entwickelte sich zum Beweisgegenstand vor Gericht. Die Differenzierung zwischen ‚intentional' und ‚nicht-intentional' kann also nicht bedeuten, dass die eine verlässlicher oder transparenter wäre als die andere.

Die Hinterfragung des BERNHEIMschen Konzepts führt zu einem Prozess, der unmittelbar mit der Quellenarbeit verbunden ist: die Quellenkritik und -interpretation. Letztere speist sich aus der Überlegung, dass HistorikerInnen sich niemals zu der Annahme hinreißen lassen dürfen, eine Quelle lesen zu können, „ohne auf die historischen und historiographischen Kontexte zu achten, die ihr Bedeutung verleihen. Dies ist […] der Kern historischer Interpretation. Quellen sind also jene Materialen, aus denen Historicr Bedeutung konstruieren" (HOWELL/PREVENIER 2004: 26).

Die weiteren Aspekte einer umfangreichen Quellenanalyse umfassen verschiedene Problembereiche: Fragen nach der Echtheit der Quelle, nach Entstehungszeit und -ort, nach dem Verfasser beziehungsweise der Verfasserin (zum Beispiel gesellschaftliche Position oder politische Gesinnung), nach der Selbstständigkeit der Quelle oder ihrer Abhängigkeit von Vorlagen (vgl. SCHÄRL 1996: 51).

Technische Innovationen des 19. und 20. Jahrhunderts brachten neue Arten von Quellen hervor. Die Fotografie zum Beispiel hatte zwischen 1800 und 1890 ihre entscheidenden Jahrzehnte. Bereits 1832 experimentierte JOSEPH PLATEAU mit bewegten Bildern (bis zum Tonfilm 1927 war es noch ein weiter Weg); 1877 ermöglichte THOMAS EDISON die ersten Tonaufnahmen, 1902 war Radio für die Öffentlichkeit zugänglich, während Fernsehen erst in den 1950er-Jahren die meisten europäischen Länder erreichte (vgl. HOWELL 2004: 33). Das Problem dieser neuen Quellen wird zunächst nicht unmittelbar vermutet: Verschiedene Produktionsstandards erschweren die Zugänglichkeit. So können manche amerikanische TV-Aufnahmen schlichtweg nicht mehr abgespielt werden, da die entsprechende Gerätschaft nicht mehr existiert. Noch gravierender ist dieses Problem im Fall von EDV-Dokumenten: Zahlreiche ältere Schriftstücke, die mit zeitgenössischer Textverarbeitung erstellt wurden, können nicht mehr gelesen werden, sodass der Historiker KLAUS ARNOLD sogar von einem „Versiegen der Quellen" (ARNOLD 1998: 56) spricht. Auch die Frage nach der immer einfacher werdenden technischen Manipulierbarkeit stellt sich in diesem Zusammenhang.

Geschichte und Geschichtsdarstellung im Computerspiel

Bevor gründlicher auf die Problematik des Computerspiels als historische Quelle eingegangen wird, ist ein Blick auf die Geschichtsdarstellung oder die Thematisierung von Geschichte im digitalen Spiel unumgänglich. Auf diesem Gebiet hat vor allem die Geschichtsdidaktik und Pädagogik Forschungsarbeit geleistet (vgl. FRITZ 2003). Im folgenden Abschnitt werden die zentralen Punkte des Standardwerks *Computerspiele im Geschichtsunterricht* des Historikers WALDEMAR GROSCH vorgestellt.

Zunächst stellt GROSCH die vier Erscheinungsformen von Geschichte im Computerspiel vor: Spiele als historische Quelle, als Abbilder von Geschichte, als Erklärungshilfen und als virtuelle Geschichte. Der erste Punkt kommt bei GROSCH sehr kurz; er konstatiert: „Spielmittel und Spielverhalten sind […] gesellschaftlich bedingt und deshalb als Quellen nutzbar – sie können Auskunft über ihre Zeit und die in ihr gängigen Vorstellungen geben" (GROSCH 2002: 68). Bezüglich des zweiten Punkts fordert GROSCH eine genaue Überprüfung der Abbilder von Geschichte in den Spieletiteln, da diese in konkreten historischen Epochen angesiedelt seien und zudem mit großer Detailversessenheit programmiert würden. Ein Abgleich mit dem aktuellen Forschungsstand der Geschichtswissenschaft sei daher dringend nötig. Computerspiele als Erklärungshilfen bewertet GROSCH kritisch: Oftmals ergäbe sich der Eindruck, dass universale, ewig gültige Regeln den Fortschritt der Weltgeschichte bestimmten. Computerspiele seien zudem ein Spielplatz virtueller Geschichte und der damit verbundenen ‚Was-wäre-wenn-Spekulationen' – einen konkreten Nutzen erkennen VertreterInnen der Geschichtswissenschaft hierbei nicht (vgl. ARNOLD 1998: 69).

GROSCH wendet sich anschließend der Frage nach historischem Lernen im Computerspiel zu. Zunächst stellt er klar, dass Spiele in erster Linie ein wirtschaftliches Produkt darstellen, erdacht von SpieleentwicklerInnen, oftmals nicht unter fachkundiger Anleitung und Korrektur von HistorikerInnen. Zudem würden diese Spieletitel nicht in Fachzeitschriften rezensiert. GROSCH erläutert, dass Wissen und Verhaltensweisen durch die Spiele, wenn auch zumeist unintentional, vermittelt werden. In einem nächsten Schritt werden die Kategorien historischer Erkenntnis im Computerspiel analysiert. Dabei widmet sich GROSCH zunächst den „Leerstellen im Geschichtsbild":

> „Historische Erkenntnis ist immer relativ und lückenhaft. [...] Lückenhaftigkeit und Zweifel kann es aber im Computerspiel ebenso wenig geben wie in dem unter diesem Aspekt recht ähnlichen Spielfilm. Leerstellen werden von Filmemachern und Spieldesignern im günstigsten Fall verschwiegen, meist aber mit mehr oder weniger phantasievollen Annahmen gefüllt, die vertretbar sein können oder auch nicht, aber stets als zweifelsfreie Gewissheit auftreten. [...] Die Grenze zwischen frei erfundenen und quellenmäßig belegbaren Elementen ist erst bei gründlicher Analyse erkennbar. Historisch gesicherte Aussagen, Interpretationen und phantasievolle Ausschmückungen sind vermischt und für einen Laien nicht zu trennen." (GROSCH 2002: 72)

Auch zu unterschwellig vermittelten Aussagen der Spieletitel bezieht GROSCH Stellung; vor allem in diversen Strategietiteln macht der Wissenschaftler Imperialismus in Reinform aus: „[D]ie Höherentwicklung der eigenen Kultur dient dazu, eine Überlegenheit über benachbarte Völker zu erreichen und diese anschließend [...] auf kriegerische Art [...] auszulöschen" (ebd.: 73). In diesem Zusammenhang spricht GROSCH von technokratischer Fortschrittsgläubigkeit, welche innerhalb der Spielegrenzen nicht reflektiert werden kann. Kritisch kanzelt er die Strukturen und Zusammenhänge historischer Spieletitel ab:

> „Zwar bieten gerade Aufbausimulationen eine anschauliche Möglichkeit, Zusammenhänge aufzuzeigen, doch reduzieren sich diese regelmäßig auf solche

strengen Ursache-Wirkungs-Geflechte. Die Mechanismen historischer Entwicklung sind durchschaubar [...]. Dass historische Prozesse eine Eigendynamik entfalten, dass sie nur eine relative Notwendigkeit besitzen [...] und dass es stets ganze Ursachenbündel gibt, kann in der vereinfachten Darstellung auch einer hochkomplexen Simulation nicht abgebildet werden." (ebd.: 74)

Einen bisher wenig beachteten Punkt in der Diskussion um die Darstellung von Geschichte spricht GROSCH ebenfalls an: Die Spielmechanismen und Problemlösungen für bestimmte Spielsituationen sind auf moderne SpielerInnen ausgerichtet. Das bedeutet, dass es sich „von vornherein [verbietet], beispielsweise in *Der Patrizier* [,] die Gedankenwelt eines mittelalterlichen Hansekaufmanns angemessen nachzubilden" (ebd.: 76; Hervorhebung im Original). Die scheinbar in der Vergangenheit handelnden Spielenden haben Informationen zur Hand und legen möglicherweise Verhaltensmuster an den Tag, die im 14. Jahrhundert noch nicht zur Verfügung standen. Dabei drängt sich unter Umständen der Eindruck auf, dass die Differenzen zwischen den Jahrhunderten rein äußerlich-optischer Natur seien. GROSCH mahnt weiterhin an, dass durch die Möglichkeit, an bestimmten Stellen im Spiel zu speichern, Geschichte zum *Trial-and-Error*-Experiment verkommt (vgl. ARNOLD 1998: 77). Computerspiele nutzen Konstruktionen von HistorikerInnen sehr selektiv: „Geschichtsdeutungen [Anm. R. I.: Die Geschichtsdeutungen der Spiele] sind konsistent, aber nur so weit belegt, wie es der Spielidee förderlich ist" (GROSCH 2002: 78). Wissenschaft kann schlechterdings nicht ohne Verallgemeinerungen und Theorien mittlerer Reichweite, die sich während der Arbeits- und Forschungsprozesse ändern können, auskommen. Falsifizierungen der im Spiel vorgegebenen Hypothesen sind allerdings nicht möglich: „Geschichte im Computerspiel ist Geschichte der Sieger, nicht der ungenützten Potentiale. Eine ‚Geschichte der Verlierer' oder ‚verpassten Möglichkeiten' ist in den erfolgsorientierten Computerspielen gar nicht denkbar. Eine Zwangsläufigkeit geschichtlicher Entwicklung besteht aber nur ex post: [...] Dabei wird aber das zulässige Maß überschritten. Selbst in völlig aussichtslosen Lage kann der ‚Held' noch einen Sieg erringen, wenn er nur geschickt genug vorgeht" (ARNOLD 1998: 78).[12]

---

12 Im Nachhinein hat sich diese Position als hinterfragenswert erwiesen. SpielerInnen können mittlerweile sehr wohl mit real vernichteten Völkern die Weltherrschaft anstreben und erreichen – obgleich natürlich die Frage bleibt, weshalb es immerfort in Richtung Expansion gehen soll.

Im letzten Punkt „Konkretisierung und Multiperspektivität" kommt GROSCH auf die personalisierte Geschichtsdarstellung kritisch zu sprechen. Alltagsgeschichte und Leid würden durch die Monoperspektive ausgeblendet, autoritäre Einstellung und anachronistische Fixierung auf übermächtige Subjekte erschwerten kategorische Erkenntnisse. Auch ein möglicher Seitenwechsel (zum Beispiel US-Amerikaner/Vietcong), den Computerspiele erlauben, befriedigt nicht: Nur in Äußerlichkeiten manifestierte sich dieser Unterschied. Als wesentlich gravierender stuft GROSCH allerdings die bereits fertige Geschichtsdeutung ein, „die Vorurteile und Wertmaßstäbe der Hersteller transportiert und nicht kritisch hinterfragt" (GROSCH 2002: 80). Es sei daher kaum zu erwarten, dass in nächster Zeit ein Computerspieltitel erscheine, der den Alltag eines Bauern im Mittelalter oder die Sicht eines unterworfenen Volks der Kolonialgeschichte darstelle. Immerhin gibt es mittlerweile einige Titel, die auch abseits der Siegerperspektive Spielerlebnis bieten, so zum Beispiel in *The Saboteur* (2009).

GROSCHs Fazit kann dennoch als verhalten optimistisch bezeichnet werden. Zwar konstatiert er, dass es bisher kaum Usus sei, dass HistorikerInnen Computerspiele geschichtlichen Inhalts näher untersuchten – geschweige denn mitwirkten –, allerdings sieht er hier eine Chance, in die zukünftige Entwicklung einzugreifen, damit die Geschichtsdeutung nicht großen Softwarehäusern überlassen werde. Die SpieleprogrammiererInnen müssten sich, alsbald diese historische Szenarien oder Versatzstücke verwendeten, historische Fachkritik gefallen lassen. „Die Möglichkeiten, die in der spielerischen ‚Zeitreise' liegen, sind noch lange nicht ausgeschöpft" (ebd.).

„Fons es Machina?" – das Computerspiel als historische Quelle

Computer- und Videospiele repräsentieren zum heutigen Zeitpunkt ein Medium, das Wurzeln in der Erfahrungs- und Medienwelt der Gegenwart geschlagen hat. Die Spiele können als Entertainment-Format gedeutet werden, das in diverse transmediale Kontexte eingebunden ist. Damit stellt das digitale Spiel ein Kulturprodukt dar, dem sich die Geschichtswissenschaft kaum noch verschließen kann. Bisherige Auseinandersetzungen mit dem Medium Computerspiel fanden bisher hauptsächlich in der Geschichtsdidaktik, Pädagogik sowie in den Medienwissenschaften statt. Nun soll es jedoch in erster Linie darum gehen zu zeigen, inwiefern PC- und Videospiele auch als historische Quelle für die Geschichtswissenschaft dienen können. Bevor man jedoch beantworten kann, was Vietnam-FPS für HistorikerInnen leisten, muss die Frage behandelt werden, mit welcher Art von Quelle es die Geschichtswissenschaft im Falle von digitalen Spielen in Generale zu tun hat. Zunächst soll aus einer allgemeineren Perspektive ausgelotet werden, welcher Mehrwert darin liegen kann, Computerspiele in den ‚härteren' Quellenkanon aufzunehmen. Möglichkeiten und Grenzen werden im Anschluss am Beispiel der vier vorgestellten Vietnam-FPS *Men of Valor, Conflict: Vietnam, Shellshock: Nam '67* und *Vietcong: Purple Haze* erläutert.

Die traditionelle Historiografie stößt im Falle von Video- und Computerspielen auf ein großes Hindernis. Im Gegensatz zu klassischen Text- oder Sachquellen ist diese Art von Quelle nicht fixiert. Der mögliche unterschiedliche Spielverlauf innerhalb eines Spieles (inklusive der potenziellen Möglichkeit, mehrere alternative ‚Enden' zu erspielen) und der performative Spielhabitus per se widersprechen der Vorstellung, einen finalen oder letztgültigen Spielablauf zu erfassen. Mögliche Befunde können also divergieren, da grundsätzlich der performative Akt des Spielens selbst den Spielverlauf alternieren kann (vgl. SANDKÜHLER 2004: 214).

Einen Ausweg bietet jedoch eine erweiterte Geschichtswissenschaft, die sich unter dem Begriff der *Neuen Kulturgeschichte* zusammenfassen lässt. Historische Lebenswelten, verstanden als kulturelle und soziale Konstrukte, stehen im Mittelpunkt der Forschungsbemühungen. Dabei geht es nicht primär um realhistorische Ereignisse, sondern vielmehr um die Sinngebungsprozesse, die sich mit menschlicher Erfahrung und menschlichem Handeln verbinden. Das Interesse richtet sich auf Wahrnehmungs- und Deutungsmuster von ‚Wirklichkeit', auf Praktiken der Bedeutungsstiftung, auf ‚Mentalitäten' als für historisches Handeln relevante Parameter. Es ist also durchaus vorstellbar, dass sich neue Quellen erschließen lassen, deren Wert nicht daran bemessen werden kann, ob die porträtierten Ereignisse authentisch sind, sondern ob jene Quellen den Blick auf die Modalitäten der Darstellung fokussieren und die Gründe ihrer Wirksamkeit erklären. Fiktionale Werke, wie etwa der Roman, der Spielfilm oder eben auch das Computerspiel, wären somit durchaus neue Größen in einem erweiterten Quellenpool. Dabei ist festzuhalten, dass digitale Spiele in ihrer realisierten, ergo gespielten Form zu untersuchen sind, da ihre Wirksamkeit erst darin besteht, als Spiel unter aktiver Partizipation der Nutzenden rezipiert zu werden. Dies geht vor allem damit einher, dass sich eine kulturgeschichtliche Perspektive darum bemüht, das Individuum ins Zentrum der Aufmerksamkeit und des Forschungsinteresses zu rücken (vgl. OEXLE 1997: 208).

Für die Geschichtswissenschaft erweist es sich als problematisch, dass Video- und Computerspiele aufgrund ihrer Marktorientierung Industrieprodukte darstellen, die hochgradig inszeniert sind. Das bedeutet, dass sie sich als nicht unmittelbar verbunden mit ihrer Entstehungszeit erweisen, sondern einen selektiven und selektierten Blick liefern (vgl. SANDKÜHLER 2004: 215). Zudem bieten digitale Spieletitel mehrere Informationskanäle. Die beschriebene ‚Lenkung' kann jedoch indirekt gedeutet werden: Zum einen stellen Computerspiele intentional-arrangierte Ensembles einzelner Elemente und Erscheinungen bestimmter epochenspezifischer Kultur dar. Zum anderen bedient sich diese transmediale Erfolgsgeschichte einer Vielzahl von Referenzen und Zitaten anderer Unterhaltungsformate, wie etwa Kino, TV oder Roman.

Damit scheint das Video- und Computerspiel zwar auf der einen Seite sperrig zu sein, verfügt aber andererseits über eine enorm hohe Informationsdichte. Gegen die Deutung als mögliche Quelle einer Mentalitätsgeschichte, in der es um differierende Wahrnehmungsgewohnheiten, die als weltorientierend angesehen werden (vgl. SCHÖTTLER 1989: 87), geht, könnte man kritisch einwenden, dass primär die Vorstellungen, Überzeugungen und Ideologien der ProduzentInnen und ProgrammiererInnen im Endprodukt deutlich werden. Dabei müsste man jedoch in Betracht ziehen, dass diverse Anschauungen als Reaktion auf Publikumsvorlieben und -interessen gedeutet werden können (vgl. MAASE 1997: 76). Auch die Aspekte einer ‚äußeren Quellenkritik' sind nicht zu vernachlässigen. So stellt sich zum Beispiel die Frage nach Authentizitätsansprüchen und ‚Sinnlichkeit', wenn ältere Spieletitel nicht mehr auf ihren Originalhardwareplattformen (zum Beispiel aus Verfügbarkeitsgründen aufgrund des Alters und der Kosten der Hardware), sondern auf Emulatoren[13] gespielt werden. Daran schließt sich selbstredend die Frage nach den Produktionsbedingungen und -umständen an. Im Falle der hier untersuchten Vietnam-FPS kann die Frage nach ‚AutorIn' und ‚AdressatIn' immense Bedeutung erlangen, denn der Wert der Quelle gründet auf diesen Aspekten: Man kann in etwa feststellen, dass die Titel zwar in Vietnam spielen, aber amerikanische EntwicklerInnen ‚am Werk', jedoch vermutlich nicht ‚an der Quelle' waren. Geraten durch die Brille der westlichen Programmie-

---

13 Emulatoren sind Softwareprogramme, die es ermöglichen, ganze Systemhardware als Software zu simulieren und diese dann abzuspielen. So kann zum Beispiel der beliebte *Amiga 500* oder das populäre *Super Nintendo* ganz einfach auf dem PC gespielt werden. Die dazugehörigen emulierten Spieletitel nennt man *Roms*. Oftmals betreten die SpielerInnen rechtliche Grauzonen, denn häufig werden *Roms* gespielt, die nicht als Original im Besitz der Spielenden sind.

rerInnen Klischees und Fremdwahrnehmungen in das Spiel? Wenn ja, in welchem Ausmaß? Auflage des Titels, Vertriebsweg und Entwicklungsbudget stellen weitere Fragefelder dar.

Als harter Befund kann auf einer Metaebene zunächst konstatiert werden, dass das Medium der Computerspiele sich gegen Ende der 1990er-Jahre überhaupt erst als Teil einer Massenkultur etablieren konnte. Die Verkaufszahlen und die SpielerInnen-Rezeption, nachzulesen in diversen Fachzeitschriften oder Internetforen, macht die Verankerung in der Populärkultur evident (vgl. GROSCH 2002: 218). Weniger abstrakt, aber dennoch bedeutsam, ist die Feststellung, dass all die untersuchten FPS, die den Einsatz in Vietnam als Szenario wählten, innerhalb desselben Zeitraums (Herbst 2004) erschienen. Doch dies ist eine Frage der Deutung, auf die später noch einzugehen sein wird.

Äußere, augenscheinliche Befunde der Vietnam-FPS sind zweifelsfrei von Interesse für die bereits im obigen Text dargelegte Realienkunde. Die Xbox-Titel, die uns quasi Geschichte von unten oder *history in the making* durch ihr individualisiertes Gameplay anbieten, behandeln Geschichte als Realie. Das Ziel, das die vorgestellten Spiele in ihrer spezifischen geschichtlichen Verortung anstreben, ist das einer möglichst hohen ‚Authentizität' beziehungsweise ‚Plausibilität' geschichtlicher Realien. Dabei kommt es nicht so sehr auf das Spielgeschehen selbst an, sondern vielmehr auf die Simulation von Gelände, Ausrüstung, Technologie, Aufgabenstellung und Taktiken. Selbstredend ordnet sich dieser historische ‚Realismus' den Spielmechanismen unter. Die Vietnam-FPS benutzen historische Orte und Ereignisse und versuchen, diese möglichst genau erlebbar zu machen – in Form von Architektur, Gelände, Ausrüstung der Kampfparteien, Sichtweisen und Wetterverhältnissen oder der strategischen Vorgehensweise.

Vor dem Hintergrund, es mit einer realistischen Darstellung der materialen Kultur zu tun zu haben, ist es möglich, Befunde aus den untersuchten Spieletiteln mit anderem Quellenmaterial abzugleichen (zum Beispiel Fotografien), wenn es um Uniformen der amerikanischen Streitkräfte geht, oder Aufzeichnungen des Radioprogramms, um einen Vergleich anstellen zu können, ob die Pop-Songs, die während der Spiele eingespielt werden, tatsächlich von GIs gehört wurden. Der Historiker GUNNAR SANDKÜHLER gibt aber in einem Zwischenfazit in seiner Untersuchung zu der *Silent Hill*-Spielereihe zu bedenken:

„Zugegeben: Der Mehrwert eines solchen Befundes erscheint recht mager und wird nicht unerheblich dadurch geschmälert, dass auch stets die oben ange-

sprochenen Brechungen des Blickwinkels der Produzenten und der Konsumen-
ten und der Inszenierungscharakter im Hinterkopf behalten werden müssen."
(SANDKÜHLER 2004: 217)

Die Frage nach der Reaktion auf Zeitverhältnisse ist gleichzeitig auch eine
Frage nach der Quellendeutung. Was bedeutet es zum Beispiel, dass die vorgestellten Vietnam-FPS im selben Jahr etwa zur gleichen Zeit veröffentlicht
wurden? Geht man von den branchenüblichen Entwicklungszeiträumen aus,
die etwa zwischen einem und drei Jahre liegen, müssen die Planungen für die
einzelnen Titel in den Jahren zwischen 2001 und 2003 begonnen haben.
Bedenkt man etwa das Schlüsselereignis des 11. September 2001 und die
politischen sowie militärischen Folgen für die Vereinigten Staaten und den
Rest der Welt, können vorsichtig Rückschlüsse gezogen werden. Deutet das
vermehrte, wirtschaftlich erfolgreiche Auftreten von FPS auf eine Militarisierung der Zivilgesellschaft hin? Könnte es aber auch sein, dass Vietnam-FPS
einfach ein weicher Vertreter des sogenannten *historytainment* sind, wie es in
Deutschland an den *ZDF*-Erfolgen des TV-Historikers GUIDO KNOPP oder in
den USA an den stetig steigenden Einschaltquoten des *History Channels*
festgemacht werden kann?[14] Sind die Spiele eine Reaktion auf die ersten
Wochen des Irak-Feldzugs von 2003, als ein Sandsturm die Vorwärtsbewe-
gung der US-Truppen zum Erliegen brachte? Ein weiterer Deutungsversuch
ist denkbar: Sieht man sich das Durchschnittsalter der SpieleentwicklerInnen
etwas genauer an, ist feststellbar, dass diese eine Generation darstellen, die
mit zahlreichen Vietnamfilmen aufwuchsen, die das Kino die 1980er-Jahre
hindurch begleiteten, bis Anfang der 1990er-Jahre der Golfkrieg jenes Subgenre der Kriegsfilme praktisch aus den Kinos verbannte. Dazu zählen Filme
wie FRANCIS FORD COPPOLAS *Apocalypse Now* (1979), OLIVER STONES
Platoon (1986) oder *Full Metal Jacket* (1987) von STANLEY KUBRICK.
Begreift man die Vietnam-Spiele als Quelle für eine Kultur- und Mentalitätsgeschichte, so lassen sich in allen vier vorgestellten Spieletiteln Muster finden, die ein erstaunliches und zugleich problematisches Verständnis des
Vietnamkriegs zeigen: Der *Rookie*, der junge, noch unerfahrene Soldat, geht
als Kind in den Krieg und kommt als Mann wieder aus ihm hervor: Die harte
Schule des Lebens (und des Kriegs) *'turns boys into men'*.

---

14 Dazu zählen auch die extrem erfolgreichen Dokufiktionen der *BBC*. Hierbei wird
Geschichte durch das Fernsehen stark dramatisiert, unterläuft eine extreme Emotiona-
lisierung und wird auf die Erlebnisse einzelner Personen zugeschnitten.

Zurückgehend auf das Feld einer Mentalitätsgeschichte könnten noch weitere Fragen auftauchen, etwa der Komplex der Befindlichkeiten. Der Umgang mit emotionalem Stress wird in allen Vietnam-FPS realisiert. Daraus kann gefolgert werden, dass der *homo ludens* eine spielerische Auseinandersetzung mit Angst und Stress nicht scheut. Begreift man Video- und Computerspiele weiterhin als Form einer „literarischen Kommunikation" (SCHNEIDER 2004: 311 f.), dann lassen sich vier Typen von Literatur unterscheiden, die „jeweils spezifische historische Ausprägungen und an gesellschaftliche Milieus gekoppelte Partizipationsniveaus aufweisen, jedoch funktional eine hohe Kontinuität zeigen" (SANDKÜHLER 2004: 220). Es handelt sich um eine „Kompensationskultur" der Unterschichten, eine „Unterhaltungskultur" der Mittelschichten, eine „Gelehrtenkultur" der Gebildeten und schließlich eine „Repräsentationskultur" der gesellschaftlichen Führungseliten (SCHNEIDER 2004: 14 f.). Vor diesem Hintergrund weisen die Vietnam-FPS zwei Merkmale auf. Zweifellos bieten die Titel Unterhaltung, die Beschäftigung mit ihnen dient dem allgemeinen Zeitvertreib. Zudem ist eine Verortung in der Mittelschicht zu erkennen, da der Transport normierter Werte und Diskurse nicht von der Hand zu weisen ist (vgl. ebd.). Die handelnden Protagonisten begeben sich in hohe Gefahr, um Normalität herzustellen: Unter Normalität ist in diesem Fall der Sieg über Nordvietnam als ‚Agent des Kalten Kriegs' zu verstehen. Ein Sieg bedeutete die Herstellung des Balance-Zustands zwischen den Machtblöcken Ost und West oder könnte sogar den Beginn eines Pendelausschlags zugunsten der Vereinigten Staaten und des Westens bedeuten. Aber auch die Kompensationskultur spielt eine Rolle. Die explizite Erfahrung von körperlicher Gewalt und Ekel sind in den untersuchten Vietnam-Titeln omnipräsent, am stärksten im Falle von *Shellshock: Nam '67* (vgl. WIEMER 2004: 188).

Schlussbetrachtung

Die vorliegende Arbeit beschäftigte sich mit der Frage der Verwendbarkeit von Video- und Computerspielen im Zuge eines Quellenstudiums für die Geschichtswissenschaft. Es ging dabei vor allem um sogenannte First Person Shooter. Dazu wurde zunächst das Spielgenre vorgestellt und damit der Untersuchungsgegenstand näher eingegrenzt. Nach einer genaueren Beleuchtung der zu analysierenden vier Spieletitel *Conflict: Vietnam, Men of Valor, Shellshock: Nam '67* und *VietCong Purple Haze* (durch Spielen des Verfassers und der Zuhilfenahme eines aus Spieletests bestehenden Pressespiegels) befasste sich die Arbeit mit dem Begriff der Quelle in der Geschichtswissenschaft, um schließlich eine Einordnung des digitalen Spiels in einen modernen Quellenkanon vornehmen zu können. Die Ergebnisse sind dabei ebenso erstaunlich wie ernüchternd.

Das Video- und Computerspiel hat seinen festen Platz im Verbund der Entertainment-Industrie eingenommen. Für ein Kollektiv von SpielerInnen stellen digitale Spiele Gegenstände der Freizeitgestaltung dar. Andererseits handelt es sich um ein Produkt einer wirtschaftlich bedeutsamen Unterhaltungs- oder Massenkulturindustrie. Video- und Computerspiele sind damit Teil einer wahrnehmbaren und beschreibbaren sozialen Realität geworden, was bedeutet, dass sie zukünftig als Quelle für die Geschichtswissenschaft dienen können. Dabei erscheint weniger ein ausgesprochen technischer *modus operandi* geeignet als ein weicherer hermeneutischer Zugang. In Form der Mentalitätsgeschichte oder der Realienkunde, beide als Verfahren einer *Neuen Kulturgeschichte* verstanden, können hierbei wertvolle Erkenntnisse gewonnen werden. Eine äußere Quellenkritik ist diesem Vorgehen jedoch immer voranzustellen. Auch die Befunde und Deutungen müssen stets vor dem Hintergrund ihrer hochgradig fiktionalen Inszenierung durch Produktion und Programmierung gesehen werden.

Die konkreten Beispiele der vorgestellten Vietnam-FPS offerieren verhältnismäßig geringe Erkenntnisse, was mitunter auch daran liegen mag, dass die Titel eng an FPS-Genrekonventionen gebunden sind. Feststellbar ist, wie sich europäische und amerikanische SpieleentwicklerInnen den bewaffneten Konflikt in Vietnam vorstellen. Diese Vorstellungen sind erstaunlich homogen und könnten unter Umständen auf eine gemeinsame Sozialisation durch die bereits erwähnten Vietnam-Filme zurückgehen. Für die Realienkunde ergibt sich ein größerer Befund – unter Zuhilfenahme eines Abgleichs mit anderen Quellen lassen sich umfangreiche Übereinstimmungen feststellen.

Sinnvolle Ergebnisse lassen sich indes nur erzielen, wenn das Computerspiel als Teil von „neuen Medien" des 21. Jahrhunderts begriffen wird und weitere Formate als Vergleichsquellen hinzugezogen werden können. Als singuläre Quellen vermögen es Video- und Computerspiele nur bedingt, zu sinnvollen Erkenntnissen zu führen.

Quellenverzeichnis

Bibliografie

ARNOLD, KLAUS (1998), „Der wissenschaftliche Umgang mit den Quellen", in: GOERTZ, HANS-JÜRGEN (Hrsg.): *Geschichte : Ein Grundkurs*. Hamburg: Rowohlt, S. 42–58.

BENEKE, UWE; SCHELLBACH, PHILIPP (2005), „Die Kollisionsabfrage", in: *GEE*, Februar/März 2005, S. 92.

CHAPIN, JOSH (2004): ShellShock: Nam '67. http://consoles.gwn.com/reviews/game-review.php/id/735/p/0/title/ShellShock_Nam_67.html; verifiziert am 02.12.11.

DONATH, ANDREAS (2004): Spieletest: Men of Valor – Und noch ein Vietnam-Shooter ... Wenig Neues bietende Ballerei. http://www.golem.de/0412/35313.html; verifiziert am 01.12.11.

DUTTON, WILLIAM; ELLISON, NICOLE; LOADER, BRIAN D. (Hrsg.) (2004): *Cyberculture. The Key Concepts*. London: Routledge.

FABER, ERWIN; GEISS, IMANUEL (Hrsg.) (1983): *Arbeitsbuch zum Geschichtsstudium*. Heidelberg: UTB.

FRITZ, JÜRGEN (2003), „Geschichtsverständnis via Computerspiel. CIVILISATION 3 simuliert Grundstrukturen historischer Prozesse", in: FEHR, WOLFGANG; FRITZ, JÜRGEN (Hrsg.): *Computerspiele : Virtuelle Spiel- und Lernwelten*. Bonn: Bundeszentrale für Politische Bildung [CD-ROM-Beilage].

GROSCH, WALDEMAR (2002): *Computerspiele im Geschichtsunterricht*. Schwalbach: Wochenschau Verlag.

GRUBMAIR, PETER (2004): Men of Valor. http://www.gamezone.de/reviews_detail.asp?gameid=16233; verifiziert am 28.11.11.

HOWELL, MARTHA; PREVENIER, WALTER (Hrsg.) (2004): *Werkstatt des Historikers : Eine Einführung in die historischen Methoden*. Köln: Böhlau.

KIRN, PAUL (1968): *Einführung in die Geschichtswissenschaft*. Berlin: Walter de Gruyter Verlag.

LEWIS, ED (2004): Conflict: Vietnam. A game that displays the pain and frustration of Vietnam in more ways than one. http://xbox.ign.com/articles/556/556439p1.html; verifiziert am 03.12.11.

MAGA, TIMOTHY (2000): *The Complete Idiot's Guide to The Vietnam War*. Indianapolis: Alpha Books.

NOVAK, JEANNI (2005): *Game Development Essentials : An Introduction*. Clifto Park: Cengage Learning.

OEXLE, OTTO G. (1997), „Geschichte der Mentalitäten", in: BERGMANN, KLAUS (Hrsg.): *Handbuch der Geschichtsdidaktik.* Seelze-Velber: Kallmeyer, S. 208 bis 212.

PERRY, DOUGLASS C. (2004a): Men of Valor. http://xbox.ign.com/articles/558/558266p3.html; verifiziert am 11.12.2011.

PERRY, DOUGLASS C. (2004b): VietCong: Purple Haze. Making a strong case for contentious objectors. http://xbox.ign.com/articles/549/549033p1.html; verifiziert am 10.12.2011.

SANDKÜHLER, GUNNAR (2004), „Der Historiker und Silent Hill. Prospektive Quellenarbeit", in: BOPP, MATTHIAS; NEITZEL, BRITTA; NOHR, ROLF F. (Hrsg.): *„See? I'm real ..."* : *Multidisziplinäre Zugänge zum Computerspiel am Beispiel von „Silent Hill".* Berlin, Hamburg, Münster: Lit, S. 213–227.

SCHÄRL, WALTER (1996), „Einführung in die Geschichtswissenschaft", in: SCHULTES, FRIEDRICH (Hrsg): *Geschichte.* Augsburg: Fischer, S. 11–40.

SCHMIDT, JÖRG (1975): *Studium der Geschichte.* München: UTB.

SCHNEIDER, JOST (2004): *Sozialgeschichte des Lesens : Zur historischen Entwicklung und sozialen Differenzierung der literarischen Kommunikation in Deutschland.* Berlin: Walter de Gruyter Verlag.

SCHÖTTLER, PETER (1989), „Mentalitäten, Ideologien, Diskurse. Zur sozialgeschichtlichen Thematisierung der dritten Ebene", in: LÜDTKE, ALF (Hrsg.): *Alltagsgeschichte : Zur Rekonstruktion historischer Erfahrungen und Lebensweisen.* Frankfurt a.M., New York: Campus Verlag, S. 85–136.

SELLIN, VOLKER (1995): *Einführung in die Geschichtswissenschaft.* Göttingen: Vandenhoeck & Ruprecht.

SIGL, RAINER (2005): Zurück zur Sturm-und-Drang-Zeit der Egoshooter. http://www.heise.de/tp/artikel/21/21308/1.html; verifiziert am 20.11.11.

SIGL, RAINER (2006): Dieses subtile Gefühl der Angst. http://www.heise.de/tp/artikel/21/21697/1.html; verifiziert am 05.12.11.

SULIC, IVAN (2004): ShellShock: Nam '67. Enjoy the horrors of war and then get yourself a little pointless boom-boom. http://xbox.ign.com/articles/549/549809p1.html; verifiziert am 25.11.11.

WIEMER, SERJOSCHA (2004), „Horror, Ekel und Affekt. Silent Hill 2 als somatisches Erlebnisangebot", in: BOPP, MATTHIAS; NEITZEL, BRITTA; NOHR, ROLF F. (Hrsg.): *„See? I'm real ..."* : *Multidisziplinäre Zugänge zum Computerspiel am Beispiel von „Silent Hill".* Berlin, Hamburg, Münster: Lit, S. 177–193.

Ludografie

ALLTIMES, MARTIN (2004): *ShellShock: Nam '67*. Guerilla Games; Eidos Interactive. System: Microsoft Xbox, Sony PlayStation 2, PC.

BROUSSARD, GEORGE (1996): *Duke Nukem 3D*. 3D Realms; 3D Realms. System: PC.

CARMACK, JOHN (1992): *Wolfenstein 3D*. id Software; Apogee Software. System: PC.

CARMACK, JOHN (1993): *Doom*. id Software; id Software. System: PC.

CARMACK, JOHN (1996): *Quake*. id Software; id Software. System: PC.

CARMACK, JOHN; DEVINE, GRAEME (1999): *Quake III Arena*. id Software; Activision. System: PC.

HARRINGTON, MIKE; NEWELL, GABE (1998): *Half-Life*. Valve; Sierra Entertainment. System: PC.

HOLLIS, MARTIN (1997): *GoldenEye 007*. Rare Ltd., Nintendo of Europe. System: Nintendo 64.

SINGLETON, LEE (2004): *Conflict: Vietnam*. Pivotal Games; Global Star. System: Microsoft Xbox, Sony PlayStation 2, PC.

WICKES, STEPHEN (2004): *Men of Valor*. 2015; Sierra Entertainment. System: Microsoft Xbox, PC.

Filmografie

COPPOLA, FRANCIS FORD (1979, USA): *Apocalypse Now*.

KUBRICK, STANLEY (1987, UK, USA): *Full Metal Jacket*.

SPIELBERG, STEVEN (1998, USA): *Saving Private Ryan*.

STONE, OLIVER (1986, USA): *Platoon*.

Christof Zurschmitten

Die *Zone* als Ort der Erinnerung und des freien Sprechens?
S.T.A.L.K.E.R. – Shadow of Chernobyl: Der Versuch eines Computerspiels als Erinnerungsmedium[1]

In seinem Dokumentarfilm *Chernobyl (4) ever*[2] (2011), der anlässlich des 25. Jahrestags des Tschernobyl-GAUs entstand, versucht Regisseur ALAIN DE HALLEUX der Erinnerung an das Ereignis auf die Spur zu kommen. 25 Jahre entsprechen, wie der Regisseur feststellt, einer Generation. Er portraitiert aus diesem Grund eine Gruppe von ukrainischen Jugendlichen, die im Jahr des GAUs geboren wurden und interessiert sich für ihren Wissensstand. DE HALLEUX kommt zu folgendem Ergebnis: Nur sehr wenige Jugendliche in der Ukraine suchen einen Zusammenhang zwischen ihrem Leben heute und dem, was 1986 geschah. Ihre Generation ist nur dürftig informiert und will auch nicht mehr wissen. Die Generation, die Zeugnis ablegen könnte, ist dabei abzutreten (ebd., TC 00:04:35).

Für DE HALLEUX ist dieser Zustand fatal. Er folgt darin ALEXANDER KLUGE, der bereits anlässlich des zehnten Jahrestages mahnend an den Generationenvertrag erinnert hat. Dieser hält laut KLUGE fest, dass kommende Generationen nicht betrogen werden dürfen „um das Wissen, was gefährlich ist und was nicht" (KLUGE 1996: 15). Entscheidend für DE HALLEUX und KLUGE ist nun aber, dass die Form, in der dieses Wissen und diese Erinnerung tradiert werden, durchaus bedeutsam ist. KLUGE legt seine Sicht wie folgt dar: Die Empfindung vom Kampf zwischen Mensch und Natur, sie aufrechtzuerhalten und zu fühlen, gehört zu den Herausforderungen des 21. Jahrhunderts – unmittelbare Erfahrung festzuhalten gegenüber der nur mittelbaren, die uns die Medien geben (ebd.).

KLUGE beschreibt eine Unterscheidung zwischen Formen der Erfahrungs- und Erinnerungstradierung, die wertend ausfällt: Die Medien, das heißt insbesondere die technischen Medien, sind der direkten zwischenmenschlichen Tradierung untergeordnet. Dieselbe Wertehierarchie findet sich auch in DE

---

1 Der Beitrag basiert auf einem Vortrag, der am 24. September 2011 auf der Tagung „Aufs Spiel setzen. Verortungen des Ludischen" in Basel gehalten wurde.

2 Ebenfalls anzutreffen ist die alternative Schreibweise *Tchernobyl Forever*.

HALLEUX' Film. Nicht zufällig nimmt er die portraitierten Jugendlichen mit zu dem, was in der Pädagogik eine ‚authentische Begegnung' genannt wird. DE HALLEUX führt sie zum zerstörten Meiler von Tschernobyl und zu der entvölkerten Gegend, die sich darum ausgebreitet hat: zur sogenannten ‚Zone' (DE HALLEUX 2011, TC 0:11:50–0:12:50). An diesem Kulminationspunkt des Films inszeniert der Regisseur bewusst besagte Hierarchie, indem er an einem der auffälligsten Wegmarker innerhalb der Sperrzone – dem Riesenrad in der Stadt Prypjat – einen Jugendlichen mit einem Freund telefonieren lässt. Dieser beteuert, dass er „auch da" sei, womit er allerdings nicht das materielle Riesenrad meint, sondern dessen digitale Nachmodellierung im Computerspiel *S.T.A.L.K.E.R. – Shadow of Chernobyl* (im Folgenden *Shadow of Chernobyl* genannt), das vom ukrainischen Entwicklerstudio *GSC Game World* 2007 veröffentlicht wurde.[3]

Abb. 1 Das Riesenrad in der Stadt Prypjat

---

3 Es wurde in der Folge zweimal fortgesetzt, mit *S.T.A.L.K.E.R.: Clear Sky* (2008) und *S.T.A.L.K.E.R.: Call of Pripyat* (2009). Die Ausführungen und Beispiele in diesem Beitrag beschränken sich auf das erste Spiel der Serie; die entwickelten Thesen haben grundsätzlich aber auch für die Nachfolgespiele Geltung.

Abb. 2 Das Riesenrad in *Shadow of Chernobyl*

DE HALLEUX kommentiert dies aus dem Off so:

> „Während das Bild des Reaktors Nr. 4 langsam aus der Wirklichkeit verschwindet, ist Tschernobyl für die Jugend bereits zu einem virtuellen Konstrukt geworden, zu einem Videospiel, das so heißt wie sein Held: Stalker." (DE HALLEUX 2011, TC 00:06:05)

Der Regisseur lässt keinen Zweifel daran, dass dieses „virtuelle Konstrukt" kein zuverlässiges Erinnerungsmedium ist:

> „Wenn einerseits Tschernobyl schon virtuell geworden war und andererseits die Erwachsenen Riesenanstrengungen unternahmen, um dort einen neuen Sarkophag zu bauen, wenn also zum einen das Bild von Tschernobyl verblasst und zum anderen für die Jungen alles virtuell wird, dann geht die Erinnerung verloren." (*Arte* 2011, TC 00:01:20)

Dieses Urteil wird auch dadurch nicht ins Wanken gebracht, dass *Chernobyl (4) ever* Szenen zeigt, die ein klares Indiz für die gedächtnisstiftende Funktion sind, die das Computerspiel in diesem konkreten Kontext einzunehmen scheint: Einer der porträtierten jungen Frauen etwa dient *Shadow of Chernobyl* als Anlass zu einem Gespräch mit ihrem Vater, innerhalb dessen sie zum ersten Mal begreift, dass dieser aktiv an den Aufräumarbeiten um das Kraftwerk beteiligt war. An verschiedenen Stellen erklären die jungen Menschen explizit, dass ihnen das Spiel als wichtiger Zugangspunkt zu den Ereignissen gilt, zumal sie einen Mangel an Informationen von offizieller sowie privater Seite erfahren. Die Diskussion, ob das Computerspiel als mediale

Form der Erinnerung geeignet ist, muss vor dem Hintergrund stattfinden, dass es für diese ukrainischen Jugendlichen bereits eine solche Funktion übernimmt.

Das Computerspiel als Erinnerungsmedium?

Wenn DE HALLEUX diese Tatsache allerdings eher diskreditiert und ignoriert als analysiert, mag dies auf verschiedenen Problematiken fußen: einer allgemeinen Skepsis gegenüber dem Wert jeglicher mediatisierter Tradierung 25 Jahre nach dem GAU – oder einem konkreteren Zweifel am Potenzial des Mediums Computerspiel, an dieser Tradierungsarbeit teilhaben zu können.

Den ersten Bedenken lässt sich leichter begegnen. Wenn DE HALLEUX und KLUGE die unmittelbare, mündliche Überlieferung als Basis einer gesunden Erinnerungsarbeit exponieren, stellen sie sich in eine lange Tradition, die sich mindestens bis zu den Bedenken SOKRATES' gegenüber der Schrift als mnemonischem Instrument zurückverfolgen lässt, wie sie in PLATONs *Phaidros* (1991) geschildert sind. Die Forschung zur kollektiven Erinnerung hat freilich in den letzten Jahren und Jahrzehnten Thesen und Theorien geliefert, die für das Verständnis der Gedächtnissituation von Tschernobyl produktiver sind als diese „Medienschelte" (SCHADE/WENK 2011: 130). Als wichtiger Beitrag sei hier der Ansatz ALEIDA ASSMANNs erwähnt, die unterschiedliche Formen des kollektiven Gedächtnisses differenziert hat. Was DE HALLEUX und KLUGE als einzig gültige Form des Gedächtnisses einfordern, ist für ASSMANN nur eine – wenn auch zentrale – unter anderen: Sie nennt diese das ‚soziale Gedächtnis', worunter sie eine soziale Konstruktion versteht, „die durch zwischenmenschlichen Kontakt und sprachlichen Austausch aufgebaut und zusammengehalten wird" (ASSMANN 2006: 32). Bleibt dieser unmittelbare zwischenmenschliche Kontakt aber aus und ist das Wissen erst einmal vollständig „von seinen lebendigen Trägern abgelöst und auf materielle Datenträger übergegangen" (ebd.: 34), dann hat man es mit dem ‚kulturellen Gedächtnis' zu tun.[4]

---

4 Wie SCHADE und WENK (2011: 130) herausstellen, ist allerdings auch dieser Ansatz nicht ganz frei von nostalgischen Zügen, die der unmittelbaren Kommunikation einen hervorgehobenen Stellenwert einräumen. Sie entgegnen dieser Haltung, „dass Erinnerung ohne Medien nicht denkbar ist, sie also niemals unvermittelt sein kann". Dem gilt es grundsätzlich beizupflichten; für die Belange dieser Arbeit aber erscheint die Unterscheidung von mündlicher und anderweitig mediatisierter Tradierung zumindest zweckdienlich.

In der Regel erfolgt der Übergang vom sozialen zum kulturellen Gedächtnis als historische Abfolge. Im Falle des Tschernobyl-GAUs hingegen ist er
nicht der Mortalität der einen Generation geschuldet, sondern politischen und
sozialen Repressionen, die das Ende der UdSSR überdauert haben – der
GAU scheint bis heute Anathema in der ukrainischen und weißrussischen
Gesellschaft zu sein.[5] Wo aber die direkte Kommunikation derart gestört ist,
da kann oder muss das kulturelle Gedächtnis bereits zu Lebzeiten an ihre
Stelle treten. Das *S.T.A.L.K.E.R.*-Computerspiel nimmt, wie *Chernobyl (4)
ever* zeigt, an diesem Prozess teil – und übernimmt somit eine Funktion, die
von den Entwicklern ausdrücklich intendiert war, wie der Projektleiter
ANTON BOLSHAKOV in einem Interview erklärte:

> "Many facts about the accident and its consequences were concealed by the
> USSR government. As time passes, people start forgetting about the accident
> and the related problems which Ukraine has to cope with, now virtually inde-
> pendently […]. The motif behind S.T.A.L.K.E.R. was to create a game which
> would remind people of the Chernobyl accident and at the same time warn
> mankind against any possible fatal mistakes in the future." (ROSSIGNOL 2007a)

Wenn diese Aussage Skepsis hervorruft, dann mag dies, so die These, auf
Vorannahmen zur mediologischen Natur des Computerspiels fußen, die allerdings keine absolute Gültigkeit haben. DIETER MERSCH (2008: 23) etwa
weist den Weg zu einer möglichen Anfechtung des von BOLSHAKOV for-
mulierten Anspruchs, wenn er in einer Analyse der Bildstruktur des Mediums
Computerspiel zum Schluss kommt, dass sie charakteristische Unterschiede
zu der des Films und des fotografischen Bildes aufweise: Computerspielbilder seien Simulationen, die aus Algorithmen entstehen. Entsprechend entfalle
die für Fotografie und Film typische „Indexikalität", der Verweis auf das im
Bild festgehaltene abwesende Objekt bzw. Subjekt. Computerspielbilder
können, so MERSCH, das Indexbild allenfalls nachahmen. Sie bezeugen aber
nicht, wie Film oder die Fotografie, „die Gegenwart einer Abwesenheit" – sie
sind, mit einem hier doppelt passenden Wort MERSCHs, keine „Gedächtnisbilder".

---

5 Die Aussagen der Jugendlichen in *Chernobyl (4) ever* bezeugen dies ebenso wie der
  Fall YURI BANDAZHEVSKY, der die Folgen von Tschernobyl erforschte. Am 08. Juni
  2001 wurde er von der weißrussischen Regierung aufgrund angeblicher Korruptions-
  vorwürfe zu acht Jahren Haft verurteilt und erst auf Druck internationaler NGOs wieder
  freigelassen (vgl. *Amnesty International* 2005).

Diese Einschätzung kann allerdings ihrerseits in Frage gestellt werden. Die „nachahmende" Natur des Bildes beschränkt sich nicht nur auf das Computerspiel, sondern ließe sich ebenso problematisieren bei Gemälden, Zeichnungen und anderen Bildformen, die in bestimmten historischen Kontexten durchaus als „Gedächtnisbilder" und historische Zeugen fungierten. Tatsächlich ist, wie TRACY FULLERTON unter Berufung auf MICHAEL RENOV beschrieben hat, die „Indexikalität" keine Eigenschaft, die irgendeiner Form von Bild a priori zukommt:

> "Games obviously cannot lay claim to the type of ontological relationship with their subjects in the manner of photography or film. But, as many writers have pointed out, Renov included, this relationship is not as sacrosanct as it might first seem. The issues of selection, mediation, and intervention [...] assure that no matter how sincere our efforts, 'the indexical character of the photograph can guarantee nothing'." (FULLERTON 2008: 217)

Die Zuschreibung von „Zeugenschaft" oder „Indexikalität" muss, so FULLERTON, demnach als sozialer semiotischer Prozess betrachtet werden, und nicht als etwas, dass sich aus der medialen Form selbst ergibt.

DIETER MERSCH eröffnet aber auch eine weitere Ebene, auf der sich die Eignung des Computerspiels zur Repräsentation von Geschichte in Frage stellen ließe: seinen Charakter als Simulation. GONZALO FRASCA (2003) hat diese der Repräsentation (und der Narration als einer ihrer Formen) explizit entgegengesetzt – allerdings sind sie für FRASCA nur Antipoden auf einer gemeinsamen Linie, die keinen Strich durch die expressive Kraft des Mediums Computerspiel macht. Im Gegenteil: Für FRASCA ist die Simulation nicht das bloße Gegenteil, sondern eine Alternative zur Repräsentation, wobei beide unterschiedliche semiotische Strukturen darstellen. Das Computerspiel hat also, selbst wenn man die simulativen zugunsten der repräsentativen Aspekte betont, eigene expressive Qualitäten, die IAN BOGOST (2007, ix) als „procedural rhetoric, the art of persuasion through rule-based representations and interactions rather than the spoken word, writing, images, or moving pictures" definiert. Hält man sich zudem vor Augen, dass – wie JESPER JUUL (2005) gezeigt hat – diese Form der Rhetorik durchaus nicht mit anderen semiotischen (bzw. narrativen) Systemen unvereinbar ist, kann man festhalten, dass der Simulationscharakter des Computerspiels seine Ausdrucksmöglichkeiten nicht diskreditiert, sondern sie allenfalls anderen Lesarten zugänglich macht.[6] Es erscheint also durchaus legitim, *Shadow of Chernobyl* als

---

6 In der geringen Wertschätzung der Simulation als semiotischer Form sieht FULLERTON (2008: 218) im Übrigen ebenfalls soziale Konventionen, die aber im Wandel begriffen

Beitrag zum Erinnerungsdiskurs ernst zu nehmen – sofern man auch das genuine expressive Potenzial des Mediums ernst nimmt.

Im Folgenden soll deshalb die Frage gestellt werden nach den Mitteln, mit denen *Shadow of Chernobyl* Erinnerung tradiert oder zumindest referenziert – nicht trotz, sondern qua seiner medialen Form. Das Spiel wird also nicht als Zeugnis oder Instrument der Verwischung von Erinnerung gelesen. Es wird interpretiert als politischer Text im Sinne RANCIÈREs (2008), der die Möglichkeiten des Computerspiels als Chance zu nutzen versucht, um jenseits des „offiziellen Gedächtnisses" den GAU und seine Folgen zur Sprache zu bringen. Ein ästhetisches Urteil darüber, ob dieses Unterfangen letztlich erfolgreich ist, soll höchstens implizit gegeben werden, zumal *Chernobyl (4) ever* bis zu einem gewissen Grad die Antwort ohnehin vorweggenommen hat.

Im Fokus der Untersuchung soll die sogenannte ‚Zone' stehen – der virtuelle Raum also, in dem sich der Spieler oder die Spielerin bewegt. Diese Gewichtung erscheint nicht nur sinnvoll, weil der Vorrang der räumlichen Dimension im Medium des Computerspiels als anerkannte Forschungsposition gelten kann.[7] Hinzukommt im konkreten Fall, dass *Shadow of Chernobyl* ebenso wie die (fiktionalen und real-historischen) Prätexte, aus denen es seine Narration generiert, in außergewöhnlichem Maße die Bedeutung des Raums betont. Die ‚Zone' in *Shadow of Chernobyl* kann, so die These, geradezu als ein von Erinnerungsartefakten gesäumter Raum und als Beitrag zum „Erinnerungsort" Tschernobyl verstanden werden.[8]

Dieser Schauplatz soll unter zwei Blickwinkeln betrachtet werden: Der erste Fokus ist die visuelle Repräsentation, wobei exemplarisch gezeigt werden soll, wie *Shadow of Chernobyl* Bilder und Motive, aus denen die ‚Zone' zusammengesetzt wird, aus verschiedenen heterogenen Quellen bezieht – aus fiktionalen, aber auch aus dem kollektiven (Bilder-) Gedächtnis. Um dem

---

sind; als Indiz dafür nennt sie die zunehmende Verwendung von digitalen Simulationen als Beweismittel im US-Justizsystem.

7 Beispiele dafür wären die oft kolportierte Metapher des Computerspiels als „space of possiblities" (SALEN/ZIMMERMAN 2003) oder HENRY JENKINS' Verständnis von Game Design als „narrative architecture" (2004).

8 „Erinnerungsort" ist in der Tradition PIERRE NOLAS gemeint im metaphorischen Sinn: „Es handelt sich um langlebige, Generationen überdauernde Kristallisationspunkte kollektiver Erinnerung und Identität, die in gesellschaftliche, kulturelle und politische Üblichkeiten eingebunden sind und die sich in dem Maße verändern, in dem sich die Weise ihrer Wahrnehmung, Aneignung, Anwendung und Übertragung verändert" (FRANÇOIS/SCHULZE 2001: 18).

komplexen Charakter des Mediums gerecht zu werden, soll sodann die Perspektive in einem abschließenden Teil über diese „symbolische Zugriffsoption" (FURTWÄNGLER 2008: 62 f.) hinaus um eine „systemische" Komponente des Spiels erweitert werden: die künstliche Intelligenz, die wesentlich zur eigenwilligen Formierung der ‚Zone' in *Shadow of Chernobyl* beiträgt.

„Vor"-Bilder und „Nach"-Bilder für uns in Shadow of Chernobyl

Doch was ist eigentlich eine ‚Zone'? In der sowjetischen und postsowjetischen Vorstellung ist der Begriff, wie SLAVOJ ŽIŽEK (2000: 238) festhält, mit unterschiedlichen Konnotationen belegt: Er kann für ein (stalinistisches) Gefängnislager, für eine Gegend, in der Eliten wohnen, für fremdes Territorium, aber auch für die Stätte eines ökologischen Desasters oder die Einschlagstelle eines kosmischen Objekts stehen. Entscheidend ist laut ŽIŽEK letztlich "the very indeterminacy of what lies beyond the limit".

Tschernobyl kann nicht als Ursprung, aber doch als Fanal des Konzepts ‚Zone' gelten.[9] Es überrascht deshalb nicht, dass der Schauplatz von *Shadow of Chernobyl* ŽIŽEKs Bedingungen beinahe idealtypisch erfüllt. Dass diese ‚Zone' begrenzt ist, liegt bereits in der Natur des Mediums. Es erschafft seine Räume ständig mathematisch, weshalb sie „prinzipiell endlich bestimmt" sind und das Computerspiel nichts als „Innenräume" kennt – respektive Räume mit beschränktem Zu- und Ausgang laut MERSCH (2008: 24 f.). Die Besonderheit von *Shadow of Chernobyl* aber ist es, dass es die Limitierung des Raums durch ein Narrativ legitimiert, das sich zu gleichen Teilen auf fiktionale Quellen und historische Fakten stützt. Die wichtigste reale Bezugsgröße ist natürlich die tatsächlich existierende Zone starker Kontaminierung, die sich 30 km radial um das Tschernobyl-Kraftwerk ausbreitet und für menschlichen Zutritt gesperrt ist. *GSC Game World* erhielten gleichwohl eine Erlaubnis, die Grenze überscheiten und die Zone betreten zu dürfen, um Referenzfotos für die spätere Spielgrafik machen zu können.

---

9 JIM ROSSIGNOL (2007b) schlägt vor, zwei Ereignisse für die letzten der genannten Konnotationen als prägend zu betrachten: Die „Tunguska-Explosion" und den „Kyschtym-GAU". Bei der „Tunguska-Explosion" wurden 1908 in Sibirien unter nicht restlos geklärten Umständen auf einer Fläche von mehreren Tausend km^2 auf einen Schlag 60 Millionen Bäume umgeknickt. Zum „Kyschtym-GAU" kam es am 29. September 1957 an der ersten Nuklearanlage der UdSSR. Auch hier wurde die Gegend um das AKW großflächig kontaminiert und evakuiert; die Informationen über das Ereignis blieben im Gegensatz zu 1986 aber lange Zeit unter Verschluss.

Abb. 3 Verlassenes Haus in der ‚Zone'

Abb. 4 Verlassenes Haus in *Shadow of Chernobyl*

Auf den ersten Blick mag der unverkennbare Versuch einer fotorealistischen Annäherung an diese Referenzen in *Shadow of Chernobyl* der „Unbestimmtheit" zuwiderlaufen, die ŽIŽEK als zweites Merkmal einer ‚Zone' aus-

gemacht hat. Der – in der Realität wie auch im Spiel – größte Teil dieses Raums besteht zwar aus einem „Wasteland", einer verwilderten Naturlandschaft und verlassenen Siedlungsüberresten, die als merkmalslose Orte das Kriterium der Vagheit gerade noch erfüllen mögen.

Abb. 5 Das Kernkraftwerk Tschernobyl

Abb. 6 Das Kernkraftwerk in *Shadow of Chernobyl*

Dominiert und strukturiert wird diese Landschaft jedoch durch die digitale Nachbildung einiger der nicht nur markantesten, sondern auch bekanntesten Landmarken innerhalb der real-existierenden Zone: das monströs anmutende Raketenwarnsystem Duga-3 etwa, das bereits erwähnte Riesenrad in der GAU-Stadt Prypjat und natürlich das AKW selbst.

Im Kontext von Tschernobyl ist entscheidend, dass alle diese Objekte multiplen Verboten unterlagen: Einerseits liegen sie jenseits eines Sperrgürtels, weshalb sie sich dem direkten Zugriff und Blick entziehen; andererseits aber waren bereits zu Sowjetzeiten Informationen über ihren eigentlichen Zweck unter Verschluss. Die Landmarker erscheinen darum weniger als „Kennzeichen", die die Unbestimmtheit sabotieren, denn als Chiffren, die narrativ und emotional aufgeladen werden können und konnten – wie die Anlage Duga-3, deren Funktion bis zum Ende des Kalten Kriegs Gegenstand von Spekulationen von nahezu sagenhaftem Charakter blieb.[10]

Abb. 7 Der Überlandradar ‚Duga-3'

---

10 Der genaue Zweck war selbst dem ausländischen Militär längere Zeit nicht bekannt; umso weniger Informationen kann man bei der Zivilbevölkerung voraussetzen – vgl. o.V.a (o.J.).

Abb. 8 Der ‚brain scorcher' in *Shadow of Chernobyl*

Letzteres ist durchaus im Wortsinn gemeint: „Sage" wird im Anschluss an JACOB und WILHELM GRIMM als meist (aber nicht zwingend) mündliche überlieferte Erzählung definiert, die im Gegensatz zum Märchen historischer Natur ist – also an bekannte Orte, Zeitpunkt oder Namen gebunden bleibt (BELGRADER 1992: 721). Sie dient dem Zweck der Orientierung in der Welt, bringt aber zugleich auch die „Ängste des Menschen vor ihn bedrohenden Mächten zum Ausdruck und befriedigt sein Bedürfnis nach Sicherheit und Halt im Leben" (VORWIINDEN 2003: 347). Die Narration von *Shadow of Chernobyl* knüpft an Vorstellungen dieser Art an: Duga-3 etwa wird im Spiel zum „brain scorcher" – eine Anlage, deren Emissionen das Bewusstsein der ihnen ausgesetzten Menschen zerstören.[11]

Shadow of Chernobyl generiert seine Narration also in einem Prozess der zweifachen Fiktionalisierung: Einer ersten, in der nur unvollständig verstandene oder erhaltene Informationen fiktional verarbeitet und in Form des sozialen Gedächtnisses – bzw. der Sage – kolportiert wurden; und einer zweiten, die diese aufnimmt und zu einem neuen Narrativ verknüpft, das teilweise

---

11 Tatsächlich findet sich in der Fortsetzung *Clear Sky* eine genauere und auch explizit benannte Nachbildung von Duga-3, weshalb der „brain scorcher" in *Shadow of Chernobyl* – zumindest in der Fiktion des Spiels – eine andere Anlage darstellen müsste. Dennoch scheint die These plausibel, dass bereits der „brain scorcher" vom Überlandradar zumindest inspiriert war.

um Genre- und real-historische Elemente erweitert wird, und dies in Form des Computerspiels dem kulturellen Gedächtnis zuführt. Dieser Prozess lässt sich selbst an den fantastischsten Elemente innerhalb der Spielfiktion beobachten – den Kreaturen zum Beispiel, die die Zone bewohnen. Viele von ihnen – untote Menschen, blutsaugende Bestien – entsprechen zwar vordergründig Tropen der Genre-Literatur und des Genre-Films, doch sie können zugleich als Reflexion von Erzählungen und Bildern, die sich dem sowjetischen und post-sowjetischen kollektiven Gedächtnis tief eingeprägt haben, gelesen werden. Der ‚Zone' dichteten nämlich nicht erst *GDC Game World* widernatürliche Wesen an. SVETLANA ALEXIEVITCH, eine der wichtigsten Chronistinnen der Tschernobyl-Katastrophe, beschrieb vielmehr genau dies als Teil des unmittelbaren Verarbeitungsprozesses seitens der Opfer:

> „Am meisten erstaunte mich, daß es sich um die Selbstzerstörung des Denkens handelte. Während dieser Tage interessierte ich mich sehr für die irrationale Seite des Menschen. Das Bewußtsein war auf dem Rückzug, die Kultur war auf dem Rückzug. Und das Unterbewußtsein begann zu arbeiten. Die Leute fürchteten sich vor Monstern, sie erzählten Geschichten über Kinder mit fünf Köpfen, über kopf- und flügellose Vögel. Auch hier versuchte der Mensch also, seine eigenen Grenzen zu überschreiten." (ALEXIJEWITSCH/VIRILIO 2003: 12)

Abb. 9 Ein ‚Blind Dog' in *Shadow of Chernobyl*

Viele der Kreaturen, die die Zone in *Shadow of Chernobyl* lebensgefähr-
lich machen, wirken wie Wesen, die vom Bildergedächtnis hinabgesunken
sind in das Reich des Unterbewussten und Irrationalen. Solche Gegner sind
etwa die sogenannten ‚Blind Dogs‘, die gemäß der Fiktion des Spiels aus der
Strahleneinwirkung auf die verbliebenen streunenden Hunde hervorgegangen
sind – zurückgelassene, ausgehungerte und kranke Hunde waren, ebenso wie
die Bilder von ihnen, ein emotional aufgeladenes Phänomen im Kontext der
Zone. SVETLANA ALEXIJEWITSCH erinnert sich im Gespräch mit ALEXAN-
DER KLUGE: „Ich habe mit Milizionären gesprochen. Sie bekamen den Befehl, am Tag so 20, 30 Hunde zu erschießen. Und der Milizionär sagte, das
Allerwichtigste war, dem Hund nicht in die Augen zu gucken, den Blick
nicht aufzufangen. Aber die Hunde kamen den Menschen entgegen“ (KLUGE
1996: 141).

Ein anderer Gegner, dem der Spieler oder die Spielerin in *Shadow of
Chernobyl* begegnen kann, ist der sogenannte ‚Snork‘, eine humanoide, ver-
wildert wirkende Gestalt. Auch ihre Erscheinung weckt unzweideutige Assoziationen an eines der prägnantesten Bilder, die von Tschernobyl geblieben
sind: das der sogenannten ‚Liquidatoren‘, die unter Einsatz ihres Lebens und
oft nur mit dürftigsten Schutzmaßnahmen ausgerüstet die Folgen der Katastrophe unmittelbar nach dem GAU einzudämmen versuchten.

Abb. 10 Ein ‚Snork‘ in *Shadow of Chernobyl*

Die fantastische Natur des Unbestimmten, das von den Grenzen der
‚Zone' in *Shadow of Chernobyl* eingedämmt ist, kann aber nicht nur als Re-
flexion des kollektiven Bildergedächtnisses gelesen werden. Ebenso ist der
Einfluss zweier fiktionaler Prätexte präsent: Zum einen der Science-Fiction-
Roman *Picknick am Wegesrand* (1972) von ARKADI und BORIS STRUGAZKI,
zum anderen ANDREI TARKOWSKIs Film *Stalker* (1979).

Beide stellen ebenfalls eine scharf abgegrenzte ‚Zone'[12] ins Zentrum des
Werks, eine Landschaft, die durch den Kontakt mit unmenschlichen Mächten
– die im Roman als „außerirdisch" benannt werden, im Film jedoch von un-
geklärter Natur bleiben[13] – zur Tabu-Zone wurde: Biologische und physikalische Abnormitäten, die sich der rationalen Erklärung entziehen, machen den
Aufenthalt für den Menschen lebensbedrohlich, das Militär überwacht die
Grenzen und verhindert unbefugten Zutritt. Diesen Kontrollversuchen entziehen sich die sogenannten „Stalker", eine Art Pfadfinder, die durch eine
Mischung aus Instinkt und Erfahrung gelernt haben, die tödliche ‚Zone' zu
navigieren und in sie vorstoßen, um dort auftretende, mit mysteriösen Kräf-
ten ausgestattete „Artefakte" zu bergen.[14]

---

12 Im Roman existieren mehrere solcher Zonen, allerdings bleibt die Handlung fokussiert
auf eine von ihnen.

13 In *Shadow of Chernobyl* ist die Ursache der ‚Zone' ein komplexes Phänomen. Die
Fiktion des Spiels pendelt zwischen kontrafaktischer Geschichtsschreibung und spe-
kulativer Science-Fiction. Kristallisationspunkt ist mit 2006 das Entwicklungsjahr des
Spiels, in dem, so die Fiktion, eine zweite Explosion am AKW von Tschernobyl die
Versuche, das Gebiet durch Forschung und Militär neu zu besiedeln, scheitern lässt
und die real-existierende ‚Zone' ihren fiktionalen Vorbildern angleicht: Alle verbliebenen Organismen werden schweren Mutationen unterworfen, die aus Roman und
Film übernommenen physikalischen Abnormitäten treten auf. Die eigentliche Handlung ist wenige Jahre nach diesem zweiten „Ur-Knall" angesetzt. Bei aktiver Exploration und Interpretation seitens des Spielers kann die als versteckte Information behan-
delte Ursache für diese zweite Explosion – die wiederum eng an den GAU von 1986
gekoppelt ist – aufgedeckt werden. Eine ausführliche Rekonstruktion der Hintergrundgeschichte findet sich o. V. c (o. J.).

14 Die Motivation hinter dieser Suche variiert in den verschiedenen Werken. Im opaker
angeleten *Stalker* bleibt sie weitgehend offen, im bewusst kapitalismuskritisch angelegten Roman (vgl. STRUGAZKI 2010: 866) jedoch ist – zumindest anfänglich – das
Motiv klar ökonomisch: Die Artefakte werden ungeachtet der damit einhergehenden,
nicht absehbaren Konsequenzen auf dem Schwarzmarkt verkauft. Das Spiel übernimmt den Handel mit auffindbaren Artefakten als wesentliches Spielelement (jedoch
ohne den kritischen Unterton).

Eine ausführliche Besprechung der – durchaus zahlreichen – narrativen und motivischen Anleihen, die *Shadow of Chernobyl* bei *Stalker* wie *Picknick am Wegesrand* macht, soll hier nicht stattfinden. Bemerkenswert für den Kontext dieses Beitrags ist aber der Umstand, dass die Annäherung an diese – wohlgemerkt vor 1986 entstandenen – fiktionalen Prä-Texte nicht im Widerspruch zur Arbeit mit dem und am kollektiven Gedächtnis stehen muss. Im Gegenteil erlauben viele Elemente im Film wie im Roman den Anschluss an den real-historischen Tschernobyl-GAU und seine Konsequenzen oder fordern sie geradezu heraus. Nicht umsonst wurden sowohl der Roman der STRUGAZKIs als auch TARKOWSKIs Film postum als „prophetisch" (BIRD 2008: 9) bezeichnet.[15]

Exemplarisch sei hier nur eines dieser in allen drei Werken auftretenden Elemente genannt, das nicht nur zwischen den Werken, sondern auch zwischen Fiktion, Historie und fiktionalisierter Erinnerung oszilliert: die bereits erwähnten übernatürlichen Anomalien, die im Roman, im Film und im Spiel charakteristisch für die ‚Zone‘ sind. Wesentlich für sie ist, dass sie als lokal und temporal begrenzte Suspendierung der bekannten logischen und physikalischen Gesetze eine eher topografische als personalisierte Gefahr darstellen. Ihre Gefährlichkeit ergibt sich gerade daraus, dass sie unsichtbar sind und sich der Meisterung durch den Verstand entziehen, also unberechenbar sind.[16] Dies prädestiniert sie für eine Lesart als vorweggenommene Metapher für die radioaktive Verseuchung, die in *Shadow of Chernobyl* dann auch eine ähnliche Funktion einnimmt wie die direkt aus *Picknick am Wegesrand* übernommenen Anomalien – beide Gefahrentypen sind topografisch gebunden, zumindest aus der Distanz dem Sehsinn kaum zugänglich und werden erst durch sekundäre Indikatoren wie zunehmend eindringliche Warngeräusche wahrnehmbar.

Durch ihre absolute Tödlichkeit, ihre Unsichtbarkeit und Omnipräsenz dominieren bzw. definieren diese Gefahren den Raum und seine Wahrnehmung in allen drei Werken – die Navigation wird zum Hindernislauf. Der

---

15 wobei sich der prophetische Weitblick teilweise mit den in Fußnote 9 erwähnten Ereignissen erklären lässt sowie der daran teilweise gekoppelten und bereits dargelegten Tatsache, dass sich das Konzept der ‚Zone‘ nicht erst mit Tschernobyl herausgebildet hat

16 Die Problematik der Grenzen von Wissen und Verstehen kann durchaus als zentrales Thema zumindest von *Picknick am Wegesrand* betrachtet werden (vgl. JOHNSON/ PETRIE 1994: 141).

Stalker in TARKOWSKIS Film fokussiert ausdrücklich diesen Aspekt, wenn er die ‚Zone' charakterisiert als „ein sehr kompliziertes System von Fallen, oder so was, und die sind alle tödlich. Ich weiß nicht, was hier passiert, wenn kein Mensch da ist, aber sobald hier jemand erscheint, kommt alles in Bewegung" (TC 0:59:25). Diese Ausrichtung auf das Individuum wird auch von TAR-KOWSKI selbst betont, wenn er in seinen späteren Tagen erklärt, die ‚Zone' sei in seinem Film "not a territory, but a test that results in a man either withstanding or breaking" (zitiert nach BIRD 2008: 69).

Nimmt man diese beiden Aussagen zusammen und versteht die ‚Zone' mit ihnen als ein komplexes, auf den ‚Nutzer' bzw. ‚Besucher' ausgerichtetes System voller Fallen und Hindernisse, die in ihrer Gänze eine Art Test ergeben, ist der Weg zum Computerspiel nicht weit. Wie ROBERT BIRD (ebd., 162) angemerkt hat, mutet das Verhalten des Stalkers in TARKOWSKIS Film ohnehin spielerisch an, wenn er versucht, die nie durch manifeste Beweise erhärtete übernatürliche Natur der Zone zu bekräftigen: "It is almost as if the Stalker is conducting an apocalyptic variation of a children's game, like hide-and-seek or 'capture the flag'." So gesehen könnte *Shadow of Chernobyl* als Versuch betrachtet werden, die bei TARKOWSKI nur metaphorisch behauptete systemische Natur der ‚Zone' manifest zu machen.

„Out of Control: Die ‚Zone' als System"

Die Zuordnung der *S.T.A.L.K.E.R.*-Spiele zu einem Game-Genre ist problematisch. Während die Perspektive, die Präsenz von Feuerwaffen und der temporäre Zwang zur zeitkritischen Reaktion eine Subsumierung unter das Genre des First Person Shooters nahelegen, wurde das Spiel aufgrund seiner Handels- und Charakteraufbauelemente auch als „taktisches Action-Shooter-Spiel" (HÖLTGEN 2011: 74) bezeichnet oder mit Hinblick auf die Verletzlichkeit des Avatar-Körpers,[17] die spärlichen lebensnotwendigen Ressourcen (Nahrung, Munition, Verbandszeug) und die (unter anderem daraus resultierende) Reaktion seitens der Rezipienten dem „survival horror"[18] zugeordnet.

Das vielleicht wichtigste Charakteristikum, das *Shadow of Chernobyl* abhebt von den populärsten aktuellen Vertretern des First Person Shooters, ist

---

17 Der Avatar in *Shadow of Chernobyl* muss, was im Genre ungewöhnlich ist, regelmäßig Nahrung zu sich nehmen, die Auswirkung radioaktiver Strahlung mit Medizin bekämpfen und Blutungen, die nach der unmittelbaren Auseinandersetzung mit Gegnern weiterhin wirken, stillen.

18 Vgl. SENIOR (2011) für ein beliebiges unter zahlreichen Beispielen dieser Zuordnung.

allerdings seine Struktur. Zumindest im Einzelspielermodus strebt die Entwicklung innerhalb des Genres zunehmend hin zu einem Model, das mit GONZALO FRASCA (2003: 230) als „ludus"-artig, d. h. als linear und autorzentriert beschrieben werden könnte. *Shadow of Chernobyl* dagegen orientiert sich weniger am Ideal einer eng geführten linearen Narration als dem einer offenen, „paidia"-ähnlichen Struktur. Einige Ausführungen zur künstlichen Intelligenz sollen dies veranschaulichen.[19]

Für *Shadow of Chernobyl* wurde eine eigene Engine entwickelt, die eine künstliche Intelligenz umfasst. Letztere wurde „A-Life" getauft, im doppelten Wortsinn von „ein Leben" und „lebendig". Wer aber soll im Spiel zum Leben erweckt werden? Einerseits sind die animalischen Wesen in der ‚Zone' „lebendig", da sie über rudimentäre Routinen wie Schlafzyklen oder Rudelverhalten verfügen, andererseits aber auch die humanoiden Non Playable Characters (NPCs), die über umfassende, nicht geskriptete bzw. vorgeschriebene Routinen verfügen und sowohl temporal als auch spatial nur begrenzt an die Position des Spielercharakters gebunden sind. Mit anderen Worten: Selbst wenn der Spieler oder die Spielerin sie nicht sieht, sind sie bis zu einem gewissen Grad handlungsfähig. Dadurch distanziert sich *Shadow of Chernobyl* vom im Genre vorherrschenden Design-Paradigma, wonach Operationen, die für den Spieler unsichtbar sind, eine Vergeudung von Ressourcen darstellen.

Charaktere können in *Shadow of Chernobyl*, abhängig von der Distanz zum Spieler-Charakter, ‚online' oder ‚offline' sein. Zwar entspricht nur der ‚online'-Status einem komplett detaillierten Verhalten, doch selbst im ‚offline'-Modus sind sie nicht handlungsunfähig, wie dies in vielen Spielen der Fall ist. Im Gegenteil: Die NPCs verfolgen in diesem Modus noch Routinen und Ziele selbst – einschließlich ‚Quests', die der Spieler selbst hätte übernehmen können. Dies ist innerhalb des Genres ebenso bemerkenswert wie die Tatsache, dass die meisten NPCs denselben Gefahren ausgesetzt sind wie der Spielercharakter selbst: Während sie in anderen Spielen aus praktischen

---

19 Die folgenden Ausführungen stützen sich auf ein Interview mit DIMITRY IASSENEV, dem Hauptverantwortlichen für die künstliche Intelligenz im Spiel (vgl. CHAMPANDARD/IASSENEV 2008). Dies erscheint legitim für die Zwecke dieser Arbeit, in der es auch um die Intention der Entwickler geht und nicht nur um deren Umsetzung. Grundsätzlich sei aber darauf hingewiesen, dass in der kritischen Analyse des Programmcodes ein Ansatzpunkt gegeben wäre, an dem die noch junge Disziplin der *Code Studies* einen wesentlichen Beitrag zur Interpretation eines Werks liefern könnte.

Gründen häufig unverwundbar sind, können in *Shadow of Chernobyl* die meisten Charaktere von Anomalien, Monstern oder anderen menschlichen Besuchern der Zone getötet werden – dies gilt ebenfalls für Charaktere, die für eine Nebenquest des Spiels von Bedeutung hätten sein können. Die ‚Zone' ist also, gemessen an den Standards des Genres,[20] ein außergewöhnlich komplexes, dynamisches und autonomes System, das sich dem Zugriff des Spielercharakters und damit auch des Spielers selbst bewusst entzieht. Die ‚Zone' ist von ihrer Mechanik her gelesen wortwörtlich ein System, das *außer Kontrolle* ist.

Fazit

Shadow of Chernobyl geht innerhalb des gewählten Mediums und Genres ungewöhnliche Wege. Auf diesen Wegen aber gelingt es ihm, einigen potenziellen Fallstricken des Mediums auszuweichen, oder wenigstens nur über sie zu stolpern anstatt zu stürzen: *Shadow of Chernobyl* sucht Anschluss an ein Narrativ (wobei der Begriff sowohl die genuin fiktionalen Quellen als auch die sagenartigen fiktionalisierten Fakten meint), in dessen Zentrum immer schon ein Raum und ein System standen, in und vor dem der Mensch verschwindet. Dies umfasst ausdrücklich auch den Spielercharakter, der diesem System verhältnismäßig machtlos gegenüber steht – insofern tritt an die Stelle, oder doch zumindest die Seite, des „egologischen Primats" (MERSCH 2008: 29) des Mediums ein *ökol*ogisches. Während in anderen Spielen die Identifikation mit den Charakteren im Computerspiel schon deshalb misslingen muss, weil sie vom Spieler oder von der Spielerin nur als Spielfiguren, als Teil eines Systems wahrgenommen werden (ebd.), verweist *Shadow of Chernobyl* auf die gewaltige und gewalttätige Natur der ‚Zone' und erwidert durchaus nihilistisch: „Natürlich sind sie lediglich Teil eines Systems. Alles andere wäre Vorspiegelung falscher Tatsachen."

---

20 Die ursprünglichen Pläne waren, wie IASSENEV erkärt, noch weit ambitionierter. So war die ‚Zone' ursprünglich als zusammenhängendes Territorium konzipiert und nicht in Form diskreter, verbundener Levels, die nun die Struktur darstellen. Zugleich wurde auch mit der Idee experimentiert, dass jeder NPC die Hauptquest anstelle des Spielers hätte lösen können. Beide Pläne wurden letztlich aus Ressourcen- sowie dramaturgischen Gründen aufgegeben. *Shadow of Chernobyl* kann insgesamt als Kompromiss zwischen ambitionierteren Plänen und der Realität bzw. den Zwängen eines kommerziellen Produkts betrachtet werden; dennoch erscheint es für die Zwecke dieses Beitrags legitim, die ursprünglichen, oft publik gemachten Pläne in die Betrachtungen einzubeziehen – zumal sie gerade im Kontrast zu den Standards des Genres durchaus noch im fertigen Spiel erkennbar sind.

Dass diese Tatsachen im Übrigen nicht als Informationen übermittelt, sondern in den emotional wie auch narrativ stark aufgeladenen Bildern und Symbolen nur evoziert werden, erscheint im Kontext von Tschernobyl nicht unpassend. DIETER MERSCH merkt zwar kritisch an, dass bei der Rezeption eines Computerspiels nicht „Zuschreibungen oder Interpretationen" gefragt seien, sondern nur „Navigationen sowie die Erfüllung von Aufgaben und andere Regelwendungen", dass „Verstehen systematisch durch Erlebnis" ersetzt werde, und sogar, dass „die ‚Erste-Person-Perspektive' des Computerspiels jeden Abstand schwinden [lasse] und die Möglichkeit von Reflexivität als Bedingung für Verständnis und ‚Wissen' auslösche" (ebd.). Man könnte sich aber fragen, ob im Falle der Katastrophe von Tschernobyl (die sich dem menschlichen Fassungsvermögen entzieht) und einer Gesellschaft wie der ukrainischen (in der Informationen darüber nicht zirkulieren), das „Erlebnis" nicht ein legitimer erster Schritt zur Annäherung sein könnte.

Der ‚optimale' Ausgang der Handlung von *Shadow of Chernobyl* thematisiert übrigens den Versuch des Protagonisten, die Zone verschwinden zu lassen. Dieser Versuch gelingt scheinbar: Das letzte Bild zeigt den Stalker in einer idyllischen Landschaft. Die bittere Pointe ist allerdings, dass er lediglich halluziniert.[21] Die Botschaft ist klar: Die ‚Zone' wurde von Menschenhand gemacht. Sie wird aber nicht durch Menschenhand verschwinden. Auch die Augen davor zu verschließen, ändert nichts daran.

Quellenverzeichnis

Bibliografie

ALEXIEVITSCH, SVETLANA; VIRILIO, PAUL (2003), „Radioaktives Feuer. Warum die Erfahrung von Tschernobyl unser Weltbild in Frage stellt", in: *Lettre internationanal*, 60, S. 11–15.

Amnesty International (2005): Prisoner of Conscience Professor Yury Bandazhevsky is free. http://www.amnesty.org.au/news/comments/2406; verifiziert am 11.10.11.

---

21 In einer finalen Cutscene, die an einem alternativen Ende von *Shadow of Chernobyl* steht, wird explizit gezeigt, dass der Spielercharakter blind geworden ist. Diese Einstellung fehlt zwar in der Cutscene des „optimalen" Endes; die kanonische Weiterführung der Geschichte in *Call of Prybiat* belegt jedoch, dass die Bemühungen des Spielers mitnichten zu einer Aufhebung der Zone geführt haben.

ASSMANN, ALEIDA (2006): *Der lange Schatten der Vergangenheit : Erinnerungskultur und Geschichtspolitik*. München: C. H. Beck.

BELGRADER, MICHAEL (1992), „Sage", in: DINZELBACHER, PETER (Hrsg.): *Sachwörterbuch der Mediävistik*. Stuttgart: Alfred Kröner, S. 72.

BIRD, ROBERT (2008): *Andre Tarkovski : Elements of Cinema*. London: Reaktion Books.

BOGOST, IAN (2007): *Persuasive Games : The Expressive Power of Videogames*, Cambridge MA; London: MIT Press.

CHAMPANDARD, ALEX J.; IASSENEV, DMITRIY (2008): A-Life, Emergent AI and S.T.A.L.K.E.R.: An Interview with Dmitriy Iassenev. http://aigamedev.com/open/interviews/stalker-alife; verifiziert am 11.10.11.

FRANÇOIS, ETIENNE; SCHULZE, HAGEN (2001), „Einleitung", in: SCHULZE, FRANÇOIS (Hrsg.): *Deutsche Erinnerungsorte* (Bd. 1), München: C. H. Beck, S. 9–24.

FRASCA, GONZALO (2003), „Simulation versus Narrative: Introduction to Ludology", in: PERRON, BERNARD; WOLF, MARK J. P. (Hrsg.): *The Videogame Theory Reader*. New York: Routledge, S. 221–235.

FULLERTON, TRACY (2008), „Documentary Games. Putting the Player in the Path of History", in: TAYLOR, LAURIE N.; WHALEN, ZACH (Hrsg.): *Playing the Past : History and Nostalgia in Video Games*. Nashville: Vanderbilt University Press, S. 215–238.

FURTWÄNGLER, FRANK (2008), „Im Spiel unbegrenzter Möglichkeiten. Zu den Ambiguitäten der Videospielforschung und -industrie", in: DISTELMEYER, JAN; HANKE, CHRISTINE; MERSCH, DIETER (Hrsg.): *Game over!? : Perspektiven des Computerspiels*. Bielefeld: transcript, S. 59–72.

HÖLTGEN, STEFAN (2011), „Spielen (in) der atomaren Situation. Atomkriegsszenarien im 8- und 16-bit Computerspiel", in: INDERST, RUDOLF THOMAS; JUST, PETER (Hrsg.): *Contact · Conflict · Combat : Zur Tradition des Konfliktes in digitalen Spielen*. Boizenburg: Verlag Werner Hülsbusch, S. 73–92.

JENKINS, HENRY (2004), „Game Design as Narrative Architecture", in: HARRIGAN, PAT; WARDRIP-FRUIN, NOAH (Hrsg.): *First Person : New Media as Story, Performance, and Game*. Cambridge MA; London: MIT Press, S. 118–130.

JOHNSON, VIDA T.; PETRIE, GRAHAM (1994): *The Films of Andrei Tarkovsky : A Visual Fugue*. Bloomington: Indiana University Press.

JUUL, JESPER (2005): *Half-Real : Video Games between Real Rules and Fictional Worlds*. Cambridge MA; London: MIT Press.

KLUGE, ALEXANDER (1996): *Die Wächter des Sarkophags : 10 Jahre Tschernobyl*. Hamburg: Rotbuch.

MERSCH, DIETER (2008), „Logik und Medialität des Computerspiels. Eine medientheoretische Analyse", in: DISTELMEYER, JAN; HANKE, CHRISTINE; MERSCH, DIETER (Hrsg.): *Game over!? : Perspektiven des Computerspiels.* transcript: Bielefeld, S. 19–41.

o.V. a (o. J.): Russian Woodpecker. http://en.wikipedia.org/wiki/Russian_Woodpecker; verifiziert am 11.10.11.

o.V. b (o. J.): S.T.A.L.K.E.R. Complete 2009 (2012). http://www.moddb.com/mods/stalker-complete-2009; verifiziert am 11.10.11.

o.V. c (o. J.): The Zone. http://stalker.wikia.com/wiki/The_Zone; verifiziert am 11.10.11.

PLATON (1991), „Phaidros", in: ders.: *Sämtliche Werke : Griechisch und Deutsch nach der Übersetzung Friedrich Schleiermachers, ergänzt durch Übersetzungen von Franz Susemihl und anderen. Herausgegeben von Karlheinz Hülser* (Bd. 6). Frankfurt a. M./Leipzig: Insel, S. 9–159.

RANIÈRE, JACQUES (2008): *Die Aufteilung des Sinnlichen : Die Politik der Kunst und ihre Paradoxien.* b_books: Berlin.

ROSSIGNOL, JIM (2007a): S.T.A.L.K.E.R. I.N.T.E.R.V.I.E.W. http://www.rockpapershotgun.com/2007/12/10/stalker-interview; verifiziert am 11.10.11.

ROSSIGNOL, JIM (2007b): S.T.A.L.K.E.R. – the myth and reality. Poring over the history of GSC Game World's first-person shooter. http://www.computerandvideogames.com/171458/features/stalker-the-myth-and-reality-1; verifiziert am 11.10.11.

SALEN, KATIE; ZIMMERMAN, ERIC (2004): *Rules of Play : Game Design Fundamentals.* Cambridge MA; London: MIT Press.

SCHADE, SIGRID; WENK, SILKE (2011): *Studien zur visuellen Kultur : Einführung in ein transdisziplinäres Forschungsfeld.* Bielefeld: transcript.

SENIOR, TOM (2011): Modders recreating STALKER in Cryengine 2. http://www.pcgamer.com/2011/02/07/modders-recreating-stalker-in-cryengine-2; verifiziert am 11.10.11.

STRUGAZKI, ARKADI; STRUGAZKI, BORIS (1972): *Picknick am Wegesrand* (Werkausgabe Bd. 2, 2010), hg. von MAMCZAK, SASCHA; SIMON, ERIK), München: Heyne, S. 7–232.

VOORWINDEN, NORBERT (2003), „Sage", in: MÜLLER, JAN-DIRK (Hrsg.): *Reallexikon der deutschen Literaturwissenschaft : Neubearbeitung des Reallexikons der deutschen Literaturgeschichte* (Bd. 3). Berlin; New York: Walter de Gruyter, S. 347–350.

ŽIŽEK, SLAVOI (2000), „The Thing from Inner Space", in: SALECL, RENATA (Hrsg.): *Sexuation.* Durham; London: Duke University Press, S. 216–259.

Ludografie

BOLSHAKOV, ANTON[22] (2007): *S.T.A.L.K.E.R. – Shadow of Chernobyl.* GSC Game World; THQ. System: PC.

BOLSHAKOV, ANTON (2008): *S.T.A.L.K.E.R. – Clear Sky.* GSC Game World; GSC World Publishing. System: PC.

DIDENKO, RUSLAN (2009): *S.T.A.L.K.E.R. – Call of Pripyat.* GSC Game World; GSC World Publishing. System: PC.

Filmografie

Arte (2011): „*Tchernobyl forever": Interview d'Alain de Halleux* (Interview 4/9: Le futur du nucléaire en Ukraine). http://www.arte.tv/fr/3835902.html; verifiziert am 11.10.11.

DE HALEUX, ALAIN (2011): *Chernobyl Forever,* 54 min. Frankreich: Crescendo Films.

TARKOWSKI, ANDREI (1979): *Stalker,* 163 min. UdSSR: Mosfilm; DVD ‚Coffret Tarkovsky': mk2.

Abbildungsverzeichnis[23]

---

22 Entgegen der Zitiernorm in diesem Buch wird nicht der Executive Producer, sondern der Project Lead der Spiele aufgeführt.

23 Alle im Bildverzeichnis als „eigene Screenshots" bezeichneten Bilder wurden aufgenommen mit der weitverbreiteten *S.T.A.L.K.E.R. Complete*-Modifikation, die hochauflösendere Texturen, dynamischeres Licht und eine Reihe von weiteren optischen Verbesserungen erlaubt, aber dem Originalcharakter der Grafik treu bleibt. – Vgl. o. V. b (o. J.).

Abb. 4: Verlassenes Haus in *Shadow of Chernobyl*; eigener Screenshot aus *S.T.A.L.K.E.R. – Shadow of Chernobyl*

Abb. 5: Das Kernkraftwerk Tschernobyl; von GSC Game World zur Verfügung gestellt

Abb. 6: Das Kernkraftwerk in *Shadow of Chernobyl*; eigener Screenshot aus *S.T.A.L.K.E.R. – Shadow of Chernobyl*

Abb. 7: Der Überlandradar ‚Duga-3'; von GSC Game World zur Verfügung gestellt

Abb. 8: Der ‚brain scorcher' in *Shadow of Chernobyl*; eigener Screenshot aus *S.T.A.L.K.E.R. – Shadow of Chernobyl*

Abb. 9: Ein ‚Blind Dog' in *Shadow of Chernobyl*; von GSC Game World zur Verfügung gestellt[24]

Abb. 10: Ein ‚Snork' in *Shadow of Chernobyl*; Screenshot aus *S.T.A.L.K.E.R. – Shadow of Chernobyl*. Quelle: http://stalker.wikia.com/wiki/Snork; verifiziert am 11.10.11[25]

---

24 Für ein mögliches historisches „Vor-Bild" vgl. http://www.corbisimages.com/stock-photo/rights-managed/42-15785184/chernobyl-the-aftermath; verifiziert am 11.10.11.

25 Für ein mögliches historisches „Vor-Bild" vgl. http://www.corbisimages.com/stock-photo/rights-managed/42-15784474/chernobyl-the-aftermath; verifiziert am 11.10.11.

Markus Engelns

„Man kommt sich fast vor wie in einem realen Film!"[1]

Ansätze für eine Typologie von Realitäts- und Realismuseffekten in Computerspielen

Das Titelzitat aus einer Kundenrezension von Amazon.de lenkt den Blick auf den wie auch immer gearteten Realismus von Computerspielen: Wenn der Militärshooter *Call of Duty 4: Modern Warfare* (2007) als realistisch erfahren wird, liegt es auf der Hand zu fragen, was der User denn – hier stellvertretend für viele andere Rezensionen, Diskussionsbeiträge und Kritiken – unter ‚real' bzw. ‚realistisch' versteht. Für eine erste Präzisierung des damit Gemeinten kann die Produktbeschreibung hinzugezogen werden. „[R]ealistische Waffen und Fahrzeuge […] [sowie] realistische Animationen und Bewegungsabläufe [und ein n]och realistischerer Look"[2] weisen das Spiel über Nachbildungen von ‚echten' Gegenständen und über die grafische Qualität als realistisch aus.

Bei genauerer Betrachtung fällt auf, dass der Realismus hier zumindest schon für zwei nicht zwingend synonyme Phänomene steht. Das eine eröffnet den Bezug zur Realität jenseits der Computerspielwelt (Waffen, die es auch in ‚echt' gibt), das andere verweist auf Berechnungen hochqualitativer Bilder am Computer. Diese Diffusion des mit ‚realistisch' Bezeichneten wird auf der Internetseite sogar noch weitergetrieben, wenn der im Spiel ausgetragene Militärkonflikt in einer weiteren Kundenrezension als einer beschrieben wird, „der so real wirkt, als würde man CNN anknipsen: Kein Stalingrad, kein Omaha Beach, kein Berlin, stattdessen tummelt ihr euch im Nahen Os-

---

1 Amazon.de-User Jörg Böhlmann: Kundenrezension zu *Call of Duty 4: Modern Warfare*. http://www.amazon.de/review/R29AID5XHH0P03/ref=cm_srch_res_rtr_alt_11; verifiziert am 13.11.11.

2 Amazon.de: Produktbeschreibung zu *Call of Duty 4: Modern Warfare*. http://www.amazon.de/Call-Duty-Modern-Warfare-DVD-ROM/dp/B000UKW3AK/ ref=sr_1_1?s=videogames&ie=UTF8&qid=1308132786&sr=1-1; verifiziert am 13.11.11.

ten, in Tschernobyl oder im Altai-Gebirge"[3]. Neben der Faktualität der im Spiel verwendeten Ortschaften wird auf den Realismus ‚dokumentarischer‘ Informationsmedien verwiesen, was dann noch einmal gesteigert wird, wenn der User des Titelzitats von einem „realen Film" spricht und damit *vielleicht* den Realismus der Optik, *vielleicht* den Realismus der Ereignisinszenierung oder *vielleicht* doch den inhaltlichen Bezug des Spiels zu Kriegs- und Militärfilmen meint.

Es ist also an der Zeit, die insbesondere im Zusammenhang mit Computerspielen vielfach verwendete Beschreibungsformel ‚Realismus‘ einer genaueren Betrachtung zu unterziehen, vor allem auch deswegen, weil die wissenschaftliche Literatur zum Thema gerne selbst verschiedene Realismuskonzepte verwendet.[4] Insofern liegt das Erkenntnisinteresse dieser Studie darin, einen ordnenden methodischen Zugang zu diesen mäandrierenden Realismuskonzepten zu eröffnen. Dazu wird eine Typologie vorgeschlagen, die zwischen *Realitätseffekten* (im Sinne einer alternativen, virtuellen Realität) und *Realismuseffekten* (im Sinne einer Nachbildung von historischer und gesellschaftlicher Realität; vgl. BARTHES 1982: 12) unterscheidet und so verschiedene Fälle des vielfach konnotierten ‚Realismus‘ zu benennen vermag.[5] Diese Konzepte werden an einigen Beispielen herausgearbeitet und abschließend zu einer ersten kleinen Typologie zusammengefasst.

Ein erster Ansatzpunkt zur Ordnung der Begrifflichkeiten ist die von MARIE-LAURE RYAN vorgeschlagene Beschreibung von vier Typen realistischer Texte: Bei der „correspondence interpretation" (RYAN 2001: 157) stellt der Text seine Gegenstände so dar, wie sie in der realen Welt sind. Dem-

---

3 Amazon.de-User Steven Seufer: Kundenrezension zu *Call of Duty 4: Modern Warfare*. http://www.amazon.de/review/RBGUOT01YDFW6/ref=cm_srch_res_rtr_alt_12; verifiziert am 13.11.11.

4 Je nach Arbeitsschwerpunkt werden verschiedene Konzepte verwendet. So beziehen sich an RezipientInnen orientierte Studien vor allem auf einen grafischen Realismus (vgl. u.a. GENTILE et al. 2004: 8). Andere Studien nehmen die mathematische Berechnung dreidimensionaler Räume in den Blick und verstehen diesen in Bezug auf die Erfahrbarkeit der Ereignisse als einen realistischen Raum (vgl. u.a. GÜNZEL 2008). Darüber hinausgehend lassen sich Ansätze finden, die Dokumente und Fiktionen von Dokumenten in Computerspielen in den Blick nehmen und damit einen Realismusansatz, basierend auf der ‚Faktizität‘ von Geschichte, wählen (vgl. FULLERTON 2008).

5 Demnach kann auch zwischen den Wörtern ‚real‘ und ‚realistisch‘ unterschieden werden, indem sich ‚real‘ auf die Realitätseffekte und ‚realistisch‘ auf die Realismuseffekte bezieht.

gegenüber unterscheidet sie die „probalistic, Aristotelian interpretation" (ebd.), die weniger auf Gegenstände als auf Ereignisse abzielt, die in der realen Welt ebenfalls stattfinden könnten. Auf der sprachlichen Ebene ist dann die „illocutionary conception" (ebd.) angesiedelt, deren Sprechakte oder Diskurse realweltlicher Kommunikation und deren Sätze von einem ‚echten' Lebewesen getätigt werden können. Der vierte Typ „illusionist conception" (ebd.) weist den Text dann als realistisch aus, wenn er eine vorstellbare, scheinbar autonome und sprach-unabhängige Welt hervorbringt.

Insbesondere der letzte Typ wirft aber mehr Fragen auf, als er klärt. Während die ersten drei Typen sich auf die Nachbildung bzw. auf die Situierung realweltlicher Phänomene in die durch den Text neu geschaffene Realität beschäftigen, erscheint die „illusionist conception" als eine grundlegend andere Kategorie. Schließlich geht es hier weniger um die Beziehung realweltlicher und textueller Phänomene, sondern vielmehr um die Konsistenz der im Text geschaffenen Welt. Demnach kann aber auch eine hochgradig surreale Welt ‚realistisch' sein, sofern sie als konsistent, authentisch etc. aufgefasst wird.

Demnach können zwei grundlegende Tendenzen unterschieden werden, in denen das Wort ‚Realismus' gebraucht wird:

- Erstens kann Realismus im Computerspiel im Anschluss an den Gedanken der ‚Virtual Reality' als eine alternative, von der Lebensrealität losgelöste, mögliche zweite Welt verstanden werden, die ihre eigenen Gesetzmäßigkeiten, Regeln und Maße besitzt und dabei ebenfalls als eine weitere ‚echte' (weil funktionierende und oftmals autonome) Welt verstanden wird.[6] Die Gesamtheit dieser, eine eigenständige zweite Welt konstituierenden Effekte wird hier als Summe von *Realitäts*effekten verstanden.

- Demgegenüber stehen solche Effekte, die das Spiel auf die Lebensrealität jenseits des Computerspiels beziehen, also Gegebenheiten, Objekte und Figuren der Gesellschaft und Geschichte aufgreifen und im Spiel nachbilden. Diese Effekte, Marker und Intertexte werden zur Abgrenzung vom ersten Typ als *Realismus*effekte bezeichnet. Hierbei steht Realismus

---

6 „Die AnwenderInnen von Computerspielen bewegen sich in virtuellen Welten. Hier ermöglicht die Technologie ein Eintauchen in sichtbare, aber immaterielle gedankliche Welten. In diesem ersten Punkt ist die virtuelle Welt mit der realen zu vergleichen: ‚Welche Welten werden uns angeboten? Welche Rolle bekommen wir in ihnen zugeschrieben? Welche Handlungsspielräume existieren?'" (RISI et al. 1998: 265).

für die Tendenz, dass etwas so nachgestellt ist, als sei es direkt aus der Realität (also der Wirklichkeit außerhalb des Computers bzw. des Computerspiels) entnommen.

Nun gilt es, die verschiedenen Modi dieser Kategorien herauszuarbeiten, indem der Blick auf verschiedene Spiele und die dortigen Realitäts- und Realismuseffekte geworfen wird.

In der Einleitung zum Adventuregame *Myst* (1993)[7] wird das Spiel auf recht eigentümliche Art beschrieben: „Noch nie zuvor gab es ein Spiel mit vergleichbarer Komplexität, Tiefe, Detailreichtum und Realität. [...] Myst ist Wirklichkeit. [...] Lassen Sie sich auf diese fantastische virtuelle Entdeckungsreise ein und reagieren und agieren Sie so, als wären Sie tatsächlich anwesend" (*Myst*-Handbuch, S. 2). Das Spiel ist Fantasmus und Realität zugleich und stellt dabei eine echt wirkende alternative Welt in Aussicht, die aufgrund der Surrealität des Settings allerdings deutlich als eine ‚andere' Realität zu verstehen ist. Trotzdem bleibt zu fragen, was *Myst* zu einer Realität macht. Schließlich demonstrieren die technischen Aspekte (das Spiel besteht aus aneinandergereihten Bildern der Spielwelt, die mithilfe der Maus durchgeklickt und damit bereist werden können) die hohe Verkünstlichung der Spielwelt wie auch die strikte Limitierung des Handelns. Genau diese Begrenzung führt allerdings zu einem Begriff der ‚virtuellen Realität':

> „Virtuelle Realität zeichnet sich durch ihre Abgeschlossenheit aus: Denken und Handeln erfolgen innerhalb eines vom Computer vorgegebenen Systems. Die virtuelle Umgebung in Sciencefiction-Computerspielen, sei es ‚Natur' oder ‚Architektur', kann nur so begangen und betrachtet werden, wie es die Programmierer vorgesehen haben. [...] Virtuelle Umgebungen funktionieren nach ihrer eigenen Logik; sie sind nicht einfach Abbild der realen Welt und kopieren oder repräsentieren Realität, sondern sie schaffen neue, eigene Welten. Insofern handelt es sich bei virtual reality worlds um kulturelle wie auch technische Konstruktionen." (RISI et al. 1998: 267)

Die Begrenzungen virtueller Realitäten im Computerspiel zeigen zwar einerseits eine Verkünstlichung der Spielwelt, andererseits wird deren Regelhaftigkeit, die hier angesprochene innere ‚Logik', zum bestimmenden Merkmal einer Realität jenseits des Computermonitors. Noch irritierender ist die Auseinandersetzung mit *Myst*, wenn eines der Remakes des Spiels mit dem Titel *Real Myst* (2000) hinzugezogen wird. Inwiefern ist also das Remake noch

---

7 Von *Myst* wurden inzwischen verschiedene Versionen veröffentlicht. Die Angaben hier beziehen sich auf die technisch überarbeitete *Masterpiece Edition* aus dem Jahr 1999.

‚realer' als die vorhergehende Version? Der einzige Unterschied zwischen den beiden Fassungen ist, dass die Spielwelt von *Real Myst* nicht mehr aus Standbildern, sondern aus dreidimensionalen, vom Computer berechneten Raumbildern besteht. Mit STEPHAN GÜNZELs Ansätzen zu einer Bildtheorie des Computerspiels kann der Unterschied näher betrachtet werden.

> „Ich meine, wenn man Lefebvres Ansatz als den der Komplexität der Lebens-welt angemessenen Zugang ansieht – und davon gehen etwa Raumtheoretiker wie Edward Soja aus –, dann muss man Computerspielen vom Typ Egoshooter zugestehen, dass sie genau dies tun: Sie ermöglichen die Konstitution eines Raums, den man der Struktur nach als ‚wirklich' bezeichnen kann, obwohl er nur im Medium existiert bzw. genauer: dem Medium ‚insistiert'." (GÜNZEL 2008: 5)

Realität heißt im Computerspiel zunächst, dass es einen berechneten Raum gibt, der innerhalb der ‚virtuellen Realität' existiert. Dieser Raum besitzt konkrete Eigenschaften, die ihn vermessbar machen und über informatische und mathematische Parameter steuern. Insofern bezieht sich die Zuschrei-bung der Realität an dieser Stelle darauf, dass – obwohl es im Computerspiel immer einen Grad der Vermittlung gibt (der Computer ist ein zwingender Teil des Spielvorgangs) – der Spielraum aufgrund seiner Konstitution nicht irreal ist … er ist nur kein Teil der Welt diesseits des Computers.[8]

Die mathematischen und informatischen Überlegungen führen zu einem zweiten Realitätskonzept, das insbesondere die Spielstrukturen in den Blick nimmt. Ein Beispiel: Die Reihe *Gran Turismo* (2010) gilt unter SpielerInnen als eine besonders ‚realistische' Rennspielsimulation; so finden sich in zahl-losen Foren und Rezensionen Einträge, die von einer spielmechanischen Rea-litätsnähe berichten. „Die Fahrphysik ist so wie man es von Gran Tourismo kennt eben real jeder Wagen steuert sich anders."[9] Andere Rennspiele hin-gegen werden als weniger oder gar nicht realistisch angesehen, wie eine Kun-denrezension zu *TrackMania* (2003) – ebenfalls ein Rennspiel – zeigt: „Wer

---

8 Dies macht im Übrigen eine Auseinandersetzung mit dem Verhältnis des Computer-spiels zum Begriff der Fiktion interessant. Wird die Fiktion als ein Ereignisbericht ver-standen, der empirisch nicht mehr nachweisbar ist (vgl. GENETTE 1998), so muss er-fragt werden, inwiefern Computerspiele überhaupt als Fiktionen bezeichnet werden können, wenn sie grundlegend aus einer mathematischen Empirie der Zahlen bestehen.

9 Amazon.de-User I. Rautert „Raui": Kundenrezension zu *Gran Turismo 5*. http://www.amazon.de/review/R1Q2B543X8664F/ref=cm_srch_res_rtr_alt_2; verifi-ziert am 13.11.11.

[...] über fehlenden Realismus hinwegsehen kann, sollte zugreifen"[10]. Beide Realismusbegriffe rekurrieren auf Spielmechaniken bzw. auf das Zahlensystem (zum Beispiel die Fahrphysik), anhand dessen der Spielverlauf berechnet werden kann. Insofern werden die Zahlenkombinationen, die je die Spielwerte und Möglichkeiten des Handelns (hier also vor allem die technischen Eckdaten der Fahrzeuge) codieren, in *Gran Turismo* als realistischer (oder vielmehr realer) eingeschätzt[11] als in *TrackMania*.[12]

Diese Zahlenbündel werden aber freilich der Realität nachempfunden, weswegen sie eigentlich den Realismuseffekten und eben nicht den Realitätseffekten zugeordnet werden müssten. Es muss aber beachtet werden, dass die Zahlenkombinationen Teil der Spielstruktur sind und diese gar hervorbringen, sodass eine virtuelle Realität ohne diese Zahlenkombinationen schlicht nicht denkbar wäre. In diesem Sinne konstituiert sich die Realität der Computerspielsimulation aus Werten, die in einer Differenzbeziehung zur Realität stehen und somit als mal mehr, mal weniger realistisch betrachtet werden.

Bereits auf Basis der bisherigen Überlegungen kann man sagen, dass eine erste Auseinandersetzung mit dem Realismus von Computerspielen nicht etwa bei der Realitätsnähe des Settings oder der verwendeten Thematiken ansetzen muss. Vielmehr sollten bei der Analyse von Computerspielen immer auch spielstrukturelle Realitätseffekte, die sowohl auf die Konstruktion

---

10 Amazon.de-User Jim Hal Wilson: Kundenrezension zu *TrackMania*. http://www.amazon.de/product-reviews/3853230539/ref=dp_top_cm_cr_acr_txt?ie=UTF8&showViewpoints=1; verifiziert am 13.11.11.

11 In diesem Zuge kommt es anscheinend – und dies müsste in Rezeptionsstudien genauer untersucht werden – während der Rezeption der jeweiligen Spiele zu einem Abgleich zwischen der Realität diesseits und der virtuellen Realität jenseits des Computers, bei dem die Differenzen auf eine Irrealität und die Gemeinsamkeiten auf eine Realität des Spiels verweisen.

12 Demnach ließe sich ein Spektrum von Spielen aller Couleur aufstellen, bei denen die Zahlenwerte (für die Fahrzeuge, aber auch für die Interaktionsmöglichkeiten des Avatars in Bezug auf Sprungweite etc.) mal stärker der Realität und dann wieder mal stärker dem Fantasmus zugeordnet werden können. Dies geschieht sogar: Die populäre Spielezeitschrift *GameStar* (sie erscheint im Münchener IDG-Verlag) hat in ihren Bewertungskriterien für Spiele ein Spektrum eingebaut, das auf einer stufenlosen Skala von links nach rechts zwischen den Polen ‚realistisch' und ‚fiktiv' verschoben werden kann.

alternativer Welten als auch auf die Konstruktion spielerischer Prozesse verweisen, mit einbezogen werden.

> "The referential power of games – both visually and in terms of underlying simulation – has grown dramatically in recent years. Where once games played primarily in the realm of abstract or exaggerated scenarios, we are now beginning to see game scenarios that attempt to represent and/or re-create historical events & situations." (FULLERTON 2008: 215)

TRACY FULLERTON spricht hier einen nicht unwesentlichen Punkt zahlreicher Computerspiele an, indem sie auf die Nachbildung und Neuordnung konkreter historischer wie gesellschaftlicher Phänomene verweist. Angefangen bei Rekonstruktionen von Kriegsmaterial und -szenarien in Militär-Ego-Shootern über den Rekurs auf bekannte Ortschaften bis hin zur Nachbildung gesellschaftlicher Zusammenhänge in den sogenannten *serious games*[13], kann ein breites Spektrum von Spielen gefunden werden, die Ereignisse, Daten, aber auch Gegenstände und ‚Fakten' aus der Realität in den Spielverlauf einarbeiten. Dabei handelt es sich immer um Rekonstruktionen, die einem Pool historischer Daten entnommen sind. Der Unterschied zum spielstrukturellen Realismus liegt darin begründet, dass hier naturalistische Darstellungen angestrebt werden. Frei nach dem Motto „Kunst = Natur – X" (vgl. HOLZ 1925: 118 f.) werden Objekte, Daten und Ereignisse mit den Methoden des Computerspiels nachgebildet und im Spiel situiert.

Die Ausgestaltungen und Funktionen dieser faktischen Realismuseffekte sind unterschiedlich. In der Regel verwenden Militär-Shooter echtweltliche Szenarien wie Weltkriege (so spielt zum Beispiel die *Medal of Honor*-Reihe während des Zweiten Weltkriegs) oder zumindest solche Szenarien, die passiert sein könnten. FULLERTON zeigt auf, dass die Verwendung von realen Kriegsszenarien in Computerspielen nicht nur eine Hollywoodsche Verklärung historischer Gegebenheiten ist. Vielmehr ist die Unmöglichkeit, an den vergangenen Ereignissen etwas zu ändern, bei gleichzeitiger Möglichkeit, in das Spielgeschehen einzugreifen, von Interesse:

> "By putting the player in the position of an ordinary sailor, without power to make significant change to the outcome of the event, the game allows us to experience this moment from the past 'first hand', to take action but not to expect any critical difference in effect." (FULLERTON 2008: 223)

---

13 Interessant ist in diesem Zusammenhang u.a. die *Global Conflicts*-Reihe. Hier wird der Spieler/die Spielerin in einen nachgebildeten sozialen Konflikt versetzt (etwa soziale Probleme in Lateinamerika). Dabei gilt es in der Regel, die Probleme nachzuvollziehen.

Das Erlebnis einer historischen Gegebenheit, freilich immer gebrochen durch dramatische wie filmische Effekte, Narrative und Topoi, erlaubt einerseits einen Zugriff auf die Realität, wobei diese andererseits so unabänderlich und – wichtiger noch – romantisiert und verklärt wirkt, sodass keine Verantwortung für die historischen Paten übernommen werden müsste. Das Weltkriegssetting bedient sich dabei in der Regel zweier Vorbilder: Das erste Vorbild sind Dokumente wie Fotografien und Artefakte der nachzubildenden Kriege und Szenarien, die durch das zweite Vorbild – Drama, Film, Kunst – abgeändert werden. Dabei sorgen beide Vorbilder vor allem für einen sofortigen Wiedererkennungswert des Settings, weil das eine aus dem Geschichtsunterricht, aus Museen etc. bekannt ist, das andere hingegen ständig im Fernsehen und Kino rezipiert werden kann. In diesem Zusammenhang ist es nicht mehr nötig, die Konflikte und Zusammenhänge, also die historischen und gesellschaftlichen Phänomene, die zu den jeweiligen Szenerien geführt haben, zu erläutern, da die Vorbilder so bekannt sind, dass der Spieler/die Spielerin umgehend weiß, was er/sie zu tun hat.

Demnach übernehmen diese Rekonstruktionen eine andere Funktion als die spielstrukturellen Realitätseffekte. Während letztere eine virtuelle Welt konstruieren, deren innere Logik Konsequenzen innerhalb der virtuellen Realität fordern, verwehren die faktischen Realismuseffekte solcherlei Konsequenzen, weil es nicht mehr möglich ist, das historische Geschehen zu verändern. Ein besonders prägnantes Beispiel hierfür ist der berüchtigte Flughafenlevel „No Russian" aus *Call of Duty – Modern Warfare 2* (2009): In diesem Spielabschnitt soll der Spieler/die Spielerin ein Terroristennetzwerk ausspionieren und muss zu diesem Zweck einen Anschlag auf einen Flughafen verüben. ZivilistInnen wie auch Ordnungshütende werden kurzerhand erschossen und es ist dem Spieler/der Spielerin untersagt, sich gegen die Terroristen zu stellen. Obwohl die Mission keiner konkreten historischen Vorlage entspricht, sondern diese vielmehr faktische Realismuseffekte (wie beispielsweise Gestaltungen der Spielwelt) und Fiktionen verschränkt, kann an diesem Beispiel deutlich gemacht werden, wie sehr sich Überlegungen zu spielstrukturellen Realitäten und zu faktischen Realismuseffekten widersprechen: Das durch die Verwendung faktischer Realismuseffekte und den Aufgriff historischer Diskurse ‚realistische' Szenario schränkt das Handeln innerhalb der virtuellen Realität ein; es entbindet den Spieler/die Spielerin von der Verantwortung, Konsequenzen für den Spielverlauf zu übernehmen, weil das Setting nun einmal so ist, wie es ist und die Geschichte nicht geändert werden kann.[14]

Eine weitere, in den letzten Jahren überaus berühmt gewordene Spielreihe, bedient sich beim Motiv einer unabänderlichen Vergangenheit: In *Assassin's Creed* (2007) schlüpft der Spieler/die Spielerin in die Rolle eines Meuchelmörders im Orient zur Zeit der Kreuzzüge, wo er Attentate verübt und gegen die Tempelritter kämpft. Die grafische Qualität der historischen Rekonstruktionen machte das Spiel berühmt. Die Spielwelt, bestehend aus drei historischen Städten (Jerusalem, Damaskus, Akkon), zeigt sich als eine – im Auge des/der Betrachtenden – korrekte und überaus ansehnliche Nachbildung orientalisch-mittelalterlicher Städte (Abb. 1). Auf den ersten Blick funktioniert dieses Beispiel kaum anders als der erwähnte Flughafenlevel aus *Call of Duty: Modern Warfare 2*, denn auch in *Assassin's Creed* kann der Spieler/die Spielerin nichts an den vermeintlich historischen Ereignissen ändern; der Assassine muss seine Aufgaben erfüllen, ob der Spieler/die Spielerin nun will oder nicht. Allerdings greift das Spiel dieses Motiv einer Unmöglichkeit des Eingriffs auf, indem es um die Ereignisse im Mittelalter einen gegenwärtigen Plot spinnt.

Abb. 1 Stadtszene aus *Assassin's Creed*

Der Spieler/die Spielerin steuert eigentlich nicht den Assassinen, sondern dessen Nachfahren in der Gegenwart, der mittels einer futuristischen Technologie lediglich in eine Simulation des Lebens seines Vorfahrens versetzt wird, um an bestimmte Informationen zu gelangen. Insofern bricht das Spiel mit seinen historischen Vorlagen, indem es diese in eine Simulation einbaut,

---

14 So betrachtet, zeigt die Mission, inwiefern eine fiktive Handlung als eine zumindest pseudo-historische Handlung inszeniert wird, die dann zu einer Unabänderlichkeit der Ereignisse führt.

die jederzeit verdeutlicht, dass sie nicht abgeändert werden kann. Nicht umsonst ist die für Actionspiele typische ‚Lebensanzeige' (in den meisten Ac-
tionspielen durch einen roten Balken symbolisiert, der bei gegnerischen Treffern abnimmt) eine Synchronitätsanzeige, bei der der Spieler/die Spielerin
dann ‚Lebensenergie' verliert, wenn er/sie gegen den Ablauf der historischen
‚Tatsachen' verstößt. Erste Aufgabe des Spiels ist es also, mit der Geschichte
synchron zu bleiben, wobei damit gleich eine Synchronität von Geschichte
(nicht nur im Sinne eines historisierenden, sondern auch im Sinne eines narrativen Prozesses von Handlungsrekonstruktion) verstanden werden kann.
Assassin's Creed verwendet demnach seine faktischen Realismuseffekte nur
sehr bedingt, um historische Wirklichkeiten abzubilden, sondern versucht
diese vielmehr als Teil einer unnachgiebigen und in diesem Fall fiktionalisierten (also durchaus unrealistischen) Simulation zu zeigen.

Assassin's Creed und seine Auseinandersetzung mit einer fiktiven Simulation führt zu einem Aspekt, der gerade im Zusammenhang mit der Faktizität von besonderem Interesse ist. Zahlreiche Spiele bedienen sich des Modus
der Faktenrekonstruktion, um Fiktionen zu authentifizieren. Im Rollenspiel
The Elder Scrolls IV: Oblivion (2006), das in einer recht offen gestalteten
Fantasy-Welt spielt, werden Sach- und Tagebücher, Briefe und andere Zeug-
nisse als Dokumente ausgestellt, die von der fiktiven Historie der Spielwelt
berichten. Regalweise können im Spiel Bücher über die Geschichte des
Reichs, über Waffen- sowie Schmiedekunst und über Abenteuergeschichten,
die alsbald zu Schätzen und Aufgaben führen, gefunden werden. Dabei wird
ein Verfahren angewandt, das anders funktioniert als der bisher betrachtete
optisch-faktische Realismus der Weltkriegsspiele. In diesem Fall werden
Dokumente als faktisch markiert, um eine Zeitlichkeit im Sinne einer Geschichtsschreibung nachzubilden.

Demnach können also schon zwei Modi der faktischen Realismuseffekte
unterschieden werden: Zum einen solche Effekte, die rein optisch Realita
nachbilden, und zum anderen Effekte, die Dokumente aufgreifen und diese
rekonstruieren. Dokumente und Pseudo-Dokumente lassen die Spielwelt tiefer und echter, überlegter und komplexer wirken. Sie bezeugen etwas, das im
Spielprozess selbst kaum mehr erfahrbar ist und somit nur noch in textueller
oder fotografischer Weise nachgereicht werden kann.

Dies zeigt, dass die faktischen Realismuseffekte immer auch auf verschiedenen Ebenen vorkommen können. Optische Effekte können realen
Pendants nachempfunden sein; sie können aber auch so gestaltet sein, als
könnten sie in der Realität existieren. Ein Beispiel hierfür ist die Level-

architektur des Fantasy-Shooters *The Wheel of Time* (1999), die unter Mit-
wirkung eines Architekten entstanden ist und somit für besonderen baukünst-
lerischen Realismus einsteht, obwohl das Setting der Gebäude dem Fundus
des Fantasy-Genres entnommen sind. Die optischen wie dokumentarischen
Realismuseffekte können demnach im Modus der Faktizität und der Semi-
Faktizität[15] auftreten.

Dabei ist Faktizität kein Garant für Tatsächliches, sondern lediglich ein
Authentizitätsmerkmal, das als Faktum markiert wird und somit den Status
von Wirklichkeit erhält. Dies kann insbesondere anhand der zahlreichen, auf
gängige Verschwörungstheorien rekurrierenden Adventuregames wie die
Broken Sword- oder *Gabriel Knight*-Reihe gezeigt werden, in denen historische Fakten durch verschwörungstheoretische Welterklärungslogiken interpretiert und in der Vermengung mit Fiktionen zu einem Abenteuerplot verschmolzen werden, die schließlich eine Trennung von Fakt und Fiktion nicht
mehr zulassen – und dies im Sinne einer Abenteuerliteratur auch nicht mehr
müssen. Insbesondere die *Gabriel Knight*-Reihe hat hier einige interessante
Plots zu bieten: Im ersten Teil *Gabriel Knight: Sins of the Fathers* (1993)
wird das Wissen über die Voodoo-Kultur einer fiktiven Verschwörung moderner Voodoo-Anhänger zur Seite gestellt. Im Anschluss an die Spiel-
ereignisse wird die Hauptfigur Gabriel Knight einen Roman schreiben; das
macht der Spielverlauf jederzeit durch Figurenäußerungen deutlich. Dieser
Roman sorgt im zweiten Teil *The Beast Within: A Gabriel Knight Mystery*
(1995) für Konfusionen, weil Knight seine recht emanzipierte Assistentin
Grace Nakimura im Roman umschreibt und verführt, obwohl er im Spielverlauf selbst nur abschätzige und oftmals zynische Kommentare von ihr zu
erwarten hat. Insofern kommt es zu einem doppelten Abgleich von Fakt und
Fiktion, der zum einen in der Differenz zwischen den vom Spiel präsentierten
Fakten und den beigemengten Abenteuerplots gefunden werden kann und
zum anderen exakt jene Differenz auf die Unterschiede zwischen den tatsächlichen Ereignissen im ersten Serienteil und dem Roman umlegt. So wird die
nur scheinbare Faktizität der Spiele unmittelbar im Plot als eine Semi-
Faktizität entlarvt. Gleichwohl wird damit aber eine Realität konstruiert, die
das Spielgeschehen als real, das Buchgeschehen als Fiktion begreift, womit

---

15 Polemischer ausgedrückt hätte auch von Pseudofaktizität die Rede sein können.
  Allerdings wurde hier der Begriff der Semi-Faktizität gewählt, weil die fiktiven Dokumente innerhalb der Realitätskonstruktion der Simulation durchaus als faktisch gewertet werden können.

der Anschluss zu den spielstrukturellen Realismuseffekten greifbar wird. Der Spielverlauf steht immer noch für eine virtuelle Realität ein, die durch Fakten ergänzt und bestätigt werden kann.

Faktische und semi-faktische Realismuseffekte haben gemein, dass sie anscheinend reale, also stattgefundene oder existente Phänomene in unterschiedlichen Formen nachbilden und für die eigenen Zwecke einsetzen. Dabei geht es in der Regel eben nicht darum, Wirklichkeiten nachzubilden. Vielmehr sollen die spielstrukturellen Realitäten im Computer mit der Realität des Spielers/der Spielerin verknüpft werden, um so Spielbarkeit herzustellen.

Ein interessantes Beispiel für weitere Realismuseffekte bietet das Rollenspiel *Venetica* (2009). Das Spiel ist in einem weitestgehend künstlerisch verklärten Venedig der frühen Renaissance angesiedelt. Die weibliche Hauptfigur entdeckt, dass sie die Tochter des Todes ist, und soll in seinem Namen eine Verschwörung gegen ihn aufdecken. Der Plot zeigt die starke Verhaftung des Spiels im Fantasy-Bereich. Deshalb ist die Stadt Venedig auch kaum als die ‚echte‘ wiederzuerkennen. Zwar tauchen Gondolieri sowie Kanäle auf und freilich scheinen auch einige Gebäude bekannt zu sein, allerdings ist der Großteil der Stadt überdimensioniert, übertrieben verschachtelt und karikaturistisch verkünstlicht. Um einen optisch-faktualen Realismus handelt es sich bei *Venetica* also nur bedingt. Von Interesse ist hier auch vielmehr, in welchem Stil die Stadt dargestellt wird. Blickt der Spieler/die Spielerin auf weiter entfernte Punkte im Bild, so sind Gebäude nur noch als zweidimensionale Texturen sichtbar. Kirchen, Häuser und auch die Natur werden wie Miniaturgemälde nebeneinander dargestellt (Abb. 2).

Abb. 2 Stadtszene aus *Venetica*

Die grafische Ausgestaltung versucht gar nicht mehr, ein realistisches Bild von Venedig zu vermitteln, sondern rekurriert durch die jederzeit sichtbare Verkünstlichung auf einen kulturellen Fundus der RezipientInnen über die Stadt.[16] So ähnelt das Panorama aus Abbildung 2 eher einem Gemälde des italienischen Venedig-Malers GIOVANNI ANTONIO CANAL (1697–1768) als einer fotografisch-realistischen Stadtansicht. Venedig wird im Spiel zu einem Kulminationspunkt künstlerischer Auseinandersetzungen, Klischees und narrativer Vorstellungen und entzieht sich somit der optischen Faktizität.

Gleichwohl werden dadurch aber intertextuelle und auch intermediale Querverweise zu anderen künstlerischen Auseinandersetzungen mit dem Gegenstand Venedig eröffnet, die auf einen Pool kulturellen Wissens des Spielers/der Spielerin zurückgreifen. *Venetica* verweist auf Gegenstände der realen Welt, obwohl diese als Fiktionen und als Kunst gleichzeitig auch wieder ihre eigenen Realitäten erschaffen. Solcherlei Realismuseffekte beziehen sich also nicht mehr ausschließlich auf Fakten, sondern auf das alltägliche Wissen des Spielers/der Spielerin um andere kulturelle Phänomene. Dies zeigt schon der titelgebende Ausspruch des *Amazon*-Rezensenten, in dem ein Spiel einem „realen Film"[17] gleichgesetzt wird und somit der mediale Lebensbezug auch zum Realismus wird. Recht deutlich kann dies an den *Sam & Max*-Spielen gezeigt werden, die stetig Querverweise auf einen Pool von kulturellem Wissen setzen: In einer Episode müssen die beiden Titelhelden gegen das personifizierte Internet kämpfen und finden sich dazu in einer virtuellen Realität ein. Diese virtuelle Realität besteht einzig aus Computerspiel- und Internetzitaten; so müssen die Helden wie in den *Super Mario*-Titeln Münzen einsammeln, sie müssen wie in den bekannten *Final Fantasy*-Rollenspielen kämpfen oder wie in *Myst* Logik- und Schalterrätsel lösen. Die Zitate und Querverweise der Reihe sind nur dann verständlich, wenn die Vorlagen bekannt sind, wobei gerade dadurch auf die Lebensrealität des Spielers/der Spielerin eingegangen wird, indem Phänomene der Alltagskultur aufgegriffen und persifliert werden.

---

16 Das hier angewandte Verfahren, dreidimensionale Objekte in der Ferne zu weniger rechenintensiven zweidimensionalen Objekten zusammenzufassen, ist nicht neu und führt auch nicht zwingend zu einer Lesbarkeit von Computergrafik als Kulminationspunkte für kulturelle Vorstellungen. Im spezifischen Fall *Venetica* wird diese Technik aber so angewandt, dass die Gebäude verzogen und wie gemalt wirken, sodass es zulässig ist, diesen Gedanken weiterzuverfolgen.

17 Amazon.de-User Jörg Böhlmann (vgl. Fußnote 1)

Solche kulturellen (intertextuellen) Realismuseffekte sind deshalb als realistisch einzustufen, weil sie auf konkrete Gegenstände rekurrieren. Allerdings soll nicht verschwiegen werden, dass diese Kategorie in Bezug auf ihre
Trennschärfe Probleme verursacht. Ebenso wie andere Medien und Kultur-
gegenstände müssen Computerspiele solche Codes und Marker verwenden,
die innerhalb einer Kultur gelesen werden können, um überhaupt verständlich sein zu können. Dies kann schon damit verdeutlicht werden, dass Super
Mario seine Prinzessin Peach retten muss und damit einhergehend zumindest
narrative Topoi bedient. Auch *Tetris* (1989) erinnert mit seiner Klötzchen-
stapelei durchaus an Kindertage.

Ein Spiel ganz ohne jeden Rückgriff auf kulturelle Vorlagen wäre freilich
undenkbar. Dies zeigt aber nur, dass jedes Computerspiel auch immer auf die
Lebenswirklichkeit und damit auf die Realität zurückgreift. Im spezifischen
Fall kultureller Realismuseffekte werden allerdings sehr konkrete Phänomene direkt zitiert. Im Grunde kommt es dabei zu einem faktischen Realismuseffekt, der sich eben nicht mehr auf Dokumente, sondern auf Kulturwissen
(das schließlich auch wieder Dokument sein kann) bezieht und damit einen
spezifischen neuen Fall erschafft. Insofern kann auch der Rückgriff auf das
Irreale ein Realismuseffekt sein.

Eine letzte Kategorie von Realismuseffekten wird in Bezug auf Computerspiele in der Regel eher selten verwendet und bezieht sich auf den literarischen Realismus (verstanden als Epochenbegriff). Dieser wird dabei zwar
ausschließlich für die Literatur des späten 19. Jahrhunderts verwendet, allerdings findet der Stilbegriff des Realismus auch im 20. und 21. Jahrhundert
regen Gebrauch. Dabei ist von Interesse, dass der Begriff auch hier keinesfalls eindeutig verwendet wird, sondern für verschiedene Ebenen einsteht. So
arbeitet MARIANNE WÜNSCH in ihrer Studie zu den literarischen Transforma-
tionen zwischen bürgerlichem Realismus und Moderne verschiedene Kategorien heraus, die sich weitestgehend auf die Ausgestaltung der Figuren beziehen und beschreiben, inwiefern diese zum Beispiel wandelbar und psycho-
logisierbar sind (vgl. WÜNSCH 2007). Wie vielfältig der Begriff und wie
lebendig die Diskussion eines literarischen Realismus auch im 20. und 21.
Jahrhundert noch ist, zeigen verschiedene Studien, die sich mit dem Begriff
beschäftigen[18] und die Frage zu klären versuchen, ab wann Literatur als realistisch verstanden werden kann.

---

18 In den 1960er-Jahren beschäftigte sich u.a. PETER LAEMMLE in einem Sammelband, in
   dem sechzehn Autoren ihren zeitgenössischen Realismusbegriff entwickeln (vgl.

Im spezifischen Fall des Computerspiels ist die Beschreibung eines solchen Realismus durchaus problematisch, weil es sich hierbei nicht mehr vollends um eine Literatur oder eine Erzählung handelt.[19] Allerdings hat JÜRGEN
LINK einen Zugang zum vielfachen Phänomen des Realismus gewählt, der
doch für viele Computerspiele nutzbar gemacht werden kann. LINK begreift
den Realismus als „ein[en] Prozess, der den Effekt von ‚Realität' dadurch
herstellt, dass eine ‚unrealistische Welt' als illusionär entlarvt und zerstört
wird: Was als Resultat dieses Prozesses der Desillusionierung sozusagen als
caput mortuum zurückbleibt, erhält dadurch diskursiv den Status ‚harter Realität'" (LINK 2008: 12). Dieser Realismus, der im Computerspiel freilich nur
noch bedingt auf Grafiken oder Spielstrukturen zurückgreift, sondern vielmehr die Ausgestaltung des Plots in den Blick nimmt, eröffnet eine neue
Ebene von Realismen in Computerspielen. Der „harte Realismus", von dem
Link spricht, kann in zahlreichen Spielen gefunden werden, die hier nur sehr
exemplarisch verhandelt werden können. In der Adventurereihe *Syberia* wird
eine junge Anwältin durch Europa geschickt, um den greisen Erben einer
Spielzeugmanufaktur zu finden. Die Anwältin findet den Erben, doch dieser
bittet sie, ihm dabei zu helfen, zur namensgebenden Insel Syberia zu gelangen, wo der Legende nach noch Mammuts leben sollen. Die Anwältin schafft
es im Nachfolger *Syberia II* (2003) auch, den Erben zur Insel zu bringen,
erlebt dort die Erfüllung seines Traums und bleibt in der Schlusssequenz
allein zurück. Am Ende des Spiels steht eine Desillusionierung: Die Anwältin hat ihren Job und auch ihre Lebensbezüge (in Form ihres untreuen Ver-
lobten) aufgegeben, um schließlich allein da zu stehen und den fremden
Traum von *Syberia* gleichfalls erfüllt und verabschiedet zu sehen, weil der
Traum – dies wird in der letzten Sequenz schmerzlich bewusst – nicht der
ihre ist. Ein anderes Beispiel ist der Shooter *Max Payne 2: The Fall of Max
Payne* (2003), in dem der vom Mord an seiner Familie gezeichnete Polizist
Max Payne schon dem Untertitel des Spiels nach eine stetige Fallbewegung
unternimmt. Neben dem Leveldesign, das beständig nach unten führt, ist

---

LAEMMLE 1976), mit dem Begriff, der in den 1970er-Jahren zudem noch von MARTIN
WALSER in den Blick genommen wird (vgl. WALSER 1965). Aber auch im 21. Jahr-
hundert erlebt der Realismus immer wieder Konjunkturen, wie beispielsweise RALF
SIMONS Auseinandersetzungen (vgl. SIMON 2007) oder RALF SCHNELLS Lehrbuch zur
Literatur nach 1945 (vgl. SCHNELL 2003) zeigen.

19 Die Diskussionen um die Narrativität des Computerspiels sind freilich andernorts
ausgetragen worden (vgl. HARTMANN 2004, BACKE 2008, FRASCA 2003, RYAN 2001).

insbesondere die Auseinandersetzung des Plots mit Märchen zu betonen. Payne verliebt sich im Laufe des Spiels in eine Auftragsmörderin, die sich selbst als „damsel in distress" (ebd.; während der Einführungssequenz) bezeichnet und somit im Sinne einer Märchenfigur verstanden werden kann. Am Ende wird sie sterben und Payne versucht seine Geliebte wie ein Prinz mit Hilfe eines Kusses zu erwecken; sie erwacht allerdings nicht[20] und dem Märchen wird eine harte Realität entgegengestellt, in der der Prinz seine Prinzessin nicht erwecken kann. "Waking up from the American Dream" (ebd.) kommentiert Payne diese Szene und verweist darauf, dass die Utopie des Traums durch die Realität aufgelöst wurde.

Desillusionierungsstrategien und solche Plots, die das Geschehen immer weiter auf das herunterbrechen, was am Ende übrig bleibt, können mit LINK als realistisch verstanden werden. Dieser Realismusbegriff bezieht sich demnach auf Aussagen, Ereignisse und Plotdetails, die sich nur noch zwischen den Spielstrukturen abspielen und dabei in Erzähltexten situiert sind. Deshalb wird diese Kategorie hier auch als ein semantischer Realismus verstanden, dessen Inhalte für die zahlreichen literarischen Realismuskonzepte anschlussfähig sind.

Die Rede vom ‚Realismus' von Computerspielen konnte in der vorliegenden Studie in eine kleine Typologie überführt werden. Dabei haben sich mehrere Fälle von Realitäts- und Realismuseffekten gezeigt, die sich anhand ihrer Verweisstrukturen unterscheiden lassen. Die *Realitätseffekte* verweisen in erster Linie nach innen, also auf die dem Spiel zugrundeliegende Simulation, ihrer Mathematik und ihrer daraus resultierenden virtuellen Realität. Aufgabe dieser Kategorie von Effekten ist es, die präsentierte Simulation als eine weitestgehend funktionale, authentische und autonome Zweitrealität zu etablieren und in diesem Zuge das für das Spiel so wichtige Handeln erst zu ermöglichen.

Die *Realismuseffekte* dagegen verweisen nach außen. Die Reproduktionen der faktischen und semi-faktischen Realismuseffekte entlehnen ihre Gegenstände der Realität diesseits der Simulation und verknüpfen so die virtuelle Realität mit der Realität (im Sinne der ‚wirklichen Welt'). Für diese Kategorie konnten zwei Modi unterschieden werden, die zum einen optische und zum anderen dokumentarische Rekonstruktionen beschreiben. Auch die kulturellen Realismuseffekte verweisen nach außen, obwohl sie anders als ihre

---

20 Das stimmt nur halb: Wird das Spiel im höchsten von mehreren Schwierigkeitsgraden durchgespielt, so erwacht Mona Sax am Ende doch.

faktischen Pendants eben nicht mehr auf die Realität, sondern auf weitere virtuelle, erzählte oder künstliche Welten zurückgreifen. Das jeweilige Computerspiel wird über diese intertextuellen Brücken mit anderen (Medien-) Phänomenen verknüpft, wobei gleichzeitig die Lebensrealität des Spielers/ der Spielerin in Bezug auf mediale Alltagserfahrungen angesprochen wird. Auch hier konnten zwei Modi unterschieden werden, die entweder auf sehr konkrete andere Medien Bezug nehmen oder unkonkreter auf kulturelle Codes, Topoi und Diskurse. Die semantischen Realismuseffekte machen das Computerspiel freilich anschlussfähig für theoretische Auseinandersetzungen auf literarischer Ebene und verdeutlichen, wie eine Realitätswahrnehmung durch Text-Semantiken erzeugt werden kann. Abbildung 3 fasst die Kategorien zusammen.

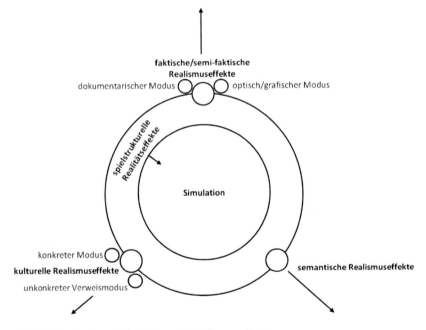

Abb. 3 Typologie von Realitäts- und Realismuseffekten

Die runde Form des Schemas verdeutlicht, dass die hier aufgestellten Kategorien nur sehr bedingt trennbar sind. In der Regel werden mehrere Kategorien gemeinsam in den jeweiligen Computerspielen beobachtbar sein. Dies ist kein Nachteil: Die Betrachtung der Interaktion der verschiedenen Realismuseffekte – durchaus auch im Zusammenspiel mit gegenrealistischen, auf Utopien und Fiktionen verweisenden Effekten – kann Aufschluss darüber geben, was der so oft zitierte Realismus in Computerspielen eigentlich bedeutet und aussagt.

Ein abschließendes Beispiel führt dies noch einmal aus. Im Rollenspiel *Fallout 3* (2008) können die vorliegenden Kategorien gemeinsam betrachtet werden. Das Spiel legt erstens großen Wert darauf, eine plausible und funktionierende Spielwelt mit Städten und zahlreichen Figuren zu simulieren und greift darüber hinaus auf ein komplexes, spielstrukturelles Zahlensystem zurück, dass es jedem Spieler/jeder Spielerin erlaubt, den Spielverlauf weitestgehend frei zu gestalten. Die spielstrukturellen Realitätseffekte zeigen sich hier so weit ausgeprägt, dass der Wahrnehmung des Spiels als virtuelle Realität nichts im Wege steht. Diese Spielwelt bildet einen Teil des durch einen Nuklearschlag verwüsteten Washington D.C. nach und weiß damit auch einen faktischen Realismus auf optischer wie dokumentarischer Ebene (so wird zum Beispiel der Zweite Weltkrieg zur historischen Referenz) nutzbar zu machen. Dazu gesellen sich semi-faktische Realismuseffekte, die jene Zeitepoche zwischen dem Zweiten Weltkrieg und der spielinternen Gegenwart (das Jahr 2277) herstellen. Zudem bildet die Kultur der amerikanischen 1950er-Jahre einen Grundstein des Spiels, der mit seinem naiven Futurismus und Schlagern, die von Utopia berichten, in ein Spannungsverhältnis zum harten (und damit semantischen) Realismus der präsentierten Postapokalypse tritt. Schließlich ist es dann auch eine Idealismuskritik am utopischen Kapitalismusdenken der USA, die das Spiel mit seinen ineinanderverschlungenen Realitäts- und Realismuseffekten recht beeindruckend darstellt.

Zwar ist die Frage nach dem Realismus in Computerspielen damit keinesfalls erschöpfend beantwortet, allerdings können die je unterschiedlichen Ansätze, Methoden und Konzepte nun strukturiert an das Computerspiel herangetragen werden, um so weitere Anschlussfragen, ob nun narrativer, ludologischer oder rezeptionsorientierter Art, stellen zu können.

Quellenverzeichnis

Bibliografie

BACKE, HANS-JOACHIM (2008): *Strukturen und Funktionen des Erzählens im Computerspiel : Eine typologische Einführung.* Würzburg: Königshausen & Neumann.

BARTHES, ROLAND (1982), „The Reality Effect", in: TODOROV, TZVETAN (Hrsg.): *French Theory Today*. Cambridge: Cambridge University Press, S. 11–17.

FRASCA, GONZALO: Ludology Meets Narratology: Similitude and Differences between (Video) Games and Narrative. http://www.ludology.org/articles/ludology.htm; verifiziert am 03.11.11.

FULLERTON, TRACY (2008), „Documentary Games. Putting the Player in the Path of History", in: TAYLOR, LAURIE; WHALEN, ZACH (Hrsg.): *Playing the Past : Nostalgia in Video Games and Electronic Literature*. Nashville: Vanderbilt University Press, S. 215–238.

GENETTE, GÉRARD (1998): *Die Erzählung*. München: Wilhelm Fink Verlag.

GENTILE, DOUGLAS et al. (2004), „The effects of violent video game habits on adolescent hostility, aggressive behaviors, and school performance", in: *Journal of Adolescence*, 2004, Ausgabe 27, S. 5–22.

GÜNZEL, STEPHAN (2008): Die Realität des Simulationsbildes. Raum im Computerpiel. http://www.stephan-guenzel.de/Texte/Guenzel_Realitaet.pdf; verifiziert am 03.11.11.

HARTMANN, BERND (2004): *Literatur, Film und das Computerspiel : Beiträge zur Medienästhetik und Mediengeschichte*. Münster: Lit.

HOLZ, ARNO (1925): *Das Werk von Arno Holz. Erste Ausgabe mit Einführungen von Dr. Hans W. Fischer*. Band 10: *Die neue Wortkunst : Eine Zusammenfassung ihrer ersten grundlegenden Dokumente*. Berlin: J. H. W. Dietz Nachfolger.

LAEMMLE, PETER (Hrsg.) (1976): *Realismus – welcher? : Sechzehn Autoren auf der Suche nach einem literarischen Begriff*. München: edition text + kritik.

LINK, JÜRGEN (2008), „‚Wiederkehr des Realismus' – aber welches? Mit besonderem Bezug auf Jonathan Littell", in: *kultuRRevolution. zeitschrift für angewandte diskurstheorie*, 2008, Ausgabe 54, S. 6–21.

RISI, MARIUS et al. (1998), „Das Hirn in der Kiste. Zum Verhältnis von Technik und Subjekt in der virtuellen Welt der Computerspiele", in: HENGARTNER, THOMAS; ROLSHOVEN, JOHANNA (Hrsg.): *Technik-Kultur : Formen der Veralltäglichung von Technik – Technisches als Alltag*. Zürich: Chronos, S. 263–290.

RYAN, MARIE-LAURE (2001): *Narrative as Virtual Reality : Immersion and Interactivity in Literature and Electronic Media*. Baltimore/London: The John Hopkins University Press.

SCHNELL, RALF (2003): *Geschichte der deutschsprachigen Literatur seit 1945*. Stuttgart: Metzler.

SIMON, RALF (2007), „Übergänge. Literarischer Realismus und ästhetische Moderne", in: BEGEMANN, CHRISTIAN (Hrsg.): *Realismus : Epoche – Autoren – Werke*. Darmstadt: WBG, S. 207–223.

WALSER, MARTIN (1965), „Imitation oder Realismus", in: ders. (Hrsg.): *Erfahrungen und Leseerfahrungen*. Frankfurt a.m.: Suhrkamp, S. 66–93.

WÜNSCH, MARIANNE (2007), „Vom späten ‚Realismus‘ zur ‚Frühen Moderne‘. Versuch eines Modells des literarischen Strukturwandels", in: KRAH, HANS (Hrsg.): *Realismus (1850–1890) : Zugänge zu einer literarischen Epoche*. Kiel: LIMES – Literatur- und Medienwissenschaftliche Studien, Band 7, S. 337–369.

Ludografie

CECIL, CHARLES (1996): *Broken Sword: The Shadow of the Templars*. Revolution Software; Virgin Interactive. System: PC, Sony PlayStation, Nintendo Wii, Nintendo DS, Game Boy Color.

HOUSER, SAM (2003): *Max Payne 2: The Fall of Max Payne. A Film Noire Love Story*. Remedy; Rockstar. System: PC, Sony PlayStation 2.

HOWARD, TODD (2006): *The Elder Scrolls IV: Oblivion*. Bethesda Softworks; Take-Two Interactive. System: PC, Sony PlayStation 3, Microsoft Xbox360.

HOWARD, TODD (2008): *Fallout 3*. Bethesda Softworks; Bethesda Softworks. System: PC, Sony PlayStation 3, Microsoft Xbox360.

IMASAKI, TAKU (2011): *Gran Turismo 5*. Polyphony Digital; Sony Computer Entertainment. System: Sony PlayStation 3.

JENSEN, JANE (1993): *Gabriel Knight: Sins of the Fathers*. Sierra On-Line; Sierra On-Line. System: PC.

JENSEN, JANE (1995): *The Beast Within: A Gabriel Knight Mystery*. Sierra On-Line; Sierra On-Line. System: PC.

MILLER, RAND; MILLER, ROBYN (1999): *Myst. Masterpiece Edition*. Cyan Productions; Red Orb. System: PC.

MILLER, RAND; MILLER, ROBYN (2000): *Real Myst*. Cyan Productions; Ubisoft. System: PC.

PASCHITNOW, ALEXEI (1989): *Tetris*. Nintendo R&D1; Nintendo of America. System: Game Boy. Diverse weitere Umsetzungen.

RAYMOND, JADE (2007): *Assassin's Creed*. Ubisoft Montreal; Ubisoft Entertainment. System: PC, Sony PlayStation 3, Microsoft Xbox360.

RODGERS, PARRISH (2003): *TrackMania*. Nadeo; Enlight Interactive. System: PC.

SÔKAL, BENOIT (2003): *Syberia II*. Microïds; Atari. System: PC, Sony PlayStation 2, Microsoft Xbox, Nintendo DS.

STADLBAUER, FLORIAN (2009): *Venetica*. Deck 13; dtp Entertainment. System: PC, Sony PlayStation 3, Microsoft Xbox360.

STERN, JESSE (2007): *Call of Duty 4: Modern Warfare*. Infinty Ward; Activision. System: PC, Sony PlayStation 3, Microsoft Xbox360.

STERN, JESSE (2010): *Call of Duty: Modern Warfare 2*. Infinty Ward; Activision. System: PC, Sony PlayStation 3, Microsoft Xbox360.

VERDU, MIKE (1999): *The Wheel of Time*. Legend Entertainment; Infogrames (heute Atari). System: PC.

Abbildungsverzeichnis

Abb. 1: Stadtszene aus *Assassin's Creed*; eigener Screenshot aus *Assassin's Creed*

Abb. 2: Stadtszene aus *Venetica*; eigener Screenshot aus *Venetica*

Abb. 3: Typologie von Realitäts- und Realismuseffekten; Abbildung des Verfassers

Daniel Appel

Die Authentizität im virtuellen Schützengraben
Zum möglichen Forschungsfeld eines Authentizitätsbegriffs im Computerspiel

> *„Authentizität, wenn man mit dem allgemeinen Begriff beginnen will,*
> *ist nicht, was sie zu sein scheint oder sein soll:*
> *unhinterfragbare, unhintergehbare Wesenheit, Wahrheit, Qualität.*
> *Aber sie ist auch nicht nichts, nicht nur Hirngespinst."*
> JAN BERG (2001: 54)

Ein zentraler Aspekt von Geistes- und Sozialwissenschaften ist die Klärung von Begriffen. Nahezu jede Einzeldisziplin in diesem Spektrum ringt innerhalb ihrer Fachgrenzen um Termini, deren beständige Klärung, Zuordnung, Abgrenzung, Anpassung und weitere Ausschärfung für sie von größter Wichtigkeit ist, da auf ihnen alle fachlichen Annahmen und Explikationen beruhen. Vieles steht und fällt mit der Definition und Klärung der verwendeten Begrifflichkeiten. So wird zuvorderst in der Philosophie schon seit Jahrtausenden um die Definition von Begriffen wie ‚das Gute' oder ‚Wirklichkeit' gerungen, in den Poltikwissenschaften um ‚Normativität' und ‚Souveränität' und in der Soziologie um ‚Gesellschaft' und ‚Habitus' – um nur einige beliebige Beispiele zu nennen. Auch in den Kultur- und Medienwissenschaften verhält es sich ähnlich, wie eine ganze Reihe von Begriffen beweist. Zu diesen Begriffen gehört insbesondere in den Bildwissenschaften auch der vieldeutige und in zahlreichen Zusammenhängen verhandelte Authentizitätsbegriff. Ob im Kontext der Fotografie, des Theaters oder im (Dokumentar-) Film: ‚Authentizität' ist einer der zentralen Begriffe, um den in diesen Bereichen beständig gerungen wird.

Um so erstaunlicher erscheint es allerdings, dass der Begriff der Authentizität in den *Game Studies* (und in Bezug auf Texte zum Thema Computerspiele insgesamt) zwar gebräuchlich und präsent ist, seine systematische Erschließung für diese Disziplin aber bislang kaum forciert wurde. Mögliche Gründe dafür lassen sich leicht ausmachen: So mag unter anderem der hohe Grad an Interdisziplinarität in den *Game Studies* eine Rolle spielen. Von Historikern und Literaturwissenschaftlern über Philosophen und Pädagogen bis hin zu genuinen Kultur- und Medienwissenschaftlern ist hier ein breites

Spektrum an wissenschaftlichen Disziplinen vertreten. Deren einzelne Vertreter bringen selbstverständlich auch jeweils ein eigenes begriffliches Vorverständnis mit, dessen Konstitution im Kontext ihrer ursprünglichen Disziplin steht. Begriffsklärungen erscheinen dadurch mitunter nur bedingt nötig, da die eigene Disziplin in diesem Bereich möglicherweise gängige Definitionen kennt, die der Autor dann auch mehr oder weniger implizit vorauszusetzen geneigt ist. Möglich wäre auch, dass eine allgemeine Begriffsklärung als ein zu großes Unterfangen für den partikularen Zugriff auf die Begriffsbedeutung im jeweiligen Zusammenhang erscheint. Die Konsequenz daraus ist dann ein zumeist kontextabhängiger Zugriff auf die Termini: Eine Vielzahl von Aufsätzen greift einen zentralen Begriff auf und wirft ein Schlaglicht auf die Facette, die zwar für das eigene Thema des Aufsatzes relevant ist, aber den Rest des Begriffs unbeleuchtet lässt. Ein weiterer zentraler und gewichtiger Grund für die bislang nicht in allen Teilen ausgereifte systematische Begriffsbetrachtung in den *Game Studies* dürfte aber auch der verhältnismäßig junge Betrachtungsgegenstand und seine zögerliche Rezeption seitens der Medienwissenschaft sein: Insbesondere im deutschen Sprachraum stellen wissenschaftliche Texte zum Thema Computerspiel eine relativ junge Gattung dar,[1] die zumeist in Aufsatzform verhandelt und bislang noch selten zu größeren Standardwerken und Monografien[2] verdichtet wird. Daher ist die überschaubare Anzahl an systematischen Begriffsklärungen wenig verwunderlich und in weiten Teilen eher der kurzen Geschichte und der besonderen Beschaffenheit der Disziplin, denn dem mangelnden Interesse von Seiten der Forschungsgemeinschaft, geschuldet.

Dabei könnte möglicherweise gerade der Begriff der Authentizität für die *Game Studies* von besonderem Interesse sein. Vor dem Hintergrund der häufig gestellten Frage „Ist die Darstellung bestimmter historischer Settings oder

---

1 Erste nennenswerte deutschsprachige Publikationen, in denen die dem Videospiel eigene Ästhetik herausgearbeitet und beleuchtet wird, erschienen erst kurz nach der Jahrtausendwende – so zum Beispiel MERTENS, MATHIAS; MEISSNER, TOBIAS (2002): *Wir waren Space Invaders : Geschichten vom Computerspielen*. Frankfurt a.M.: Eichborn, ebenfalls sei hier PIAS, CLAUS (2002): *Computer Spiel Welten*. München: Sequenzia, erwähnt.

2 Eine Ausnahme stellt hier beispielsweise das o.g. Werk von CLAUS PIAS dar, das mittlerweile unter http://e-pub.uni-weimar.de/volltexte/2004/37/pdf/Pias.pdf (verifiziert am 16.01.12) komplett einsehbar ist.

Sachverhalte im Computerspiel realistisch?"[3] eröffnet der Begriff der Authentizität mitunter eine interessante Perspektive jenseits von schematischen „Ja"- oder „Nein"-Antworten. Er verschiebt die Fragedimension vielmehr in Richtung „Wann und unter welchen Voraussetzungen bin ich bereit, ein Computerspiel als glaubwürdig zu erachten?" – geht also weg von der bloßen Betrachtung des Gegenstandes, hin zur Betrachtung des Verhältnisses von Gegenstand zu Rezipient. Während in PR, Werbung und Unterhaltungsmagazinen die Begriffe ‚realistisch' und ‚authentisch' häufig synonym benutzt und bestenfalls aus stilistischen Gründen variiert werden, gibt es in den Bildwissenschaften bereits einen äußerst umfangreichen und differenzierten Diskurs rund um den Authentizitätsbegriff und seinen Kontext im Bezug auf die Abbildung von Wirklichkeit in den Bildmedien.[4]

Um den Begriff der ‚Authentizität' jedoch auch im Zusammenhang mit den *Game Studies* nutzbar zu machen, ist es in meinen Augen sinnvoll, sich sowohl von der o.g. alltagssprachlichen und vorschnellen Synonymisierung zu verabschieden, als auch die ungeheuren Abgründe des bisherigen bildwissenschaftlichen Diskurses bewusst nicht vollends auszuloten. Dementsprechend möchte ich mich im Rahmen des vorliegenden Aufsatzes dem Authentizitätsbegriff auch nur in loser Anlehnung an die bildwissenschaftlich-strukturelle Begriffsanalyse nähern, mit der MANFRED HATTENDORF (1999) in seiner umfangreichen Dissertation *Dokumentarfilm und Authentizität. Ästhetik und Pragmatik einer Gattung* Ende des vergangenen Jahrhunderts im Rahmen des Dokumentarfilm-bezogenen Authentizitätsdiskurses diesen Begriff untersuchte. Damit dieser Ansatz auch in Bezug auf ein neues, eigenständiges Medium wie das Computerspiel Früchte tragen kann, ist selbstverständlich eine tiefgreifende Modifikation des Verständnisses der zugrunde liegenden Kategorien vonnöten, da sich das Computerspiel in vielen Fällen fundamental vom Dokumentarfilm unterscheidet. Zudem wird die Erforschung eines Sujets, das die Rolle des Rezipienten und seiner partikularen Wahrnehmung betont, niemals ohne eine gewisse Anzahl von empirischen Erhebungen und qualitativen Einzelfallstudien am Objekt auskommen. Bei-

---

3 Einen möglichen Ansatz zur differenzierten Betrachtung der vielschichtigen Begriffe „Realismus" und „Realität" im Computerspiel bietet der Beitrag von MARKUS ENGELNS im vorliegenden Band.

4 Einen aufschlussreichen kulturgeschichtlichen Überblick über die Authentizitätsdiskurse im Bezug auf die Bildmedien liefert u. a. WORTMANN, VOLKER (2003): *Authentisches Bild und authentisierende Form*. Köln: Halem.

des werde ich im vorliegenden Aufsatz nicht leisten können. Ich erhoffe mir vielmehr mit dieser begrifflichen Skizze eine erste mögliche Stoßrichtung bei der Klärung des Authentizitätsbegriffs für die *Game Studies* aufzeigen zu können, wobei das Ziel jedoch keinesfalls eine fixe lexikalische Begriffsdefinition sein soll. Im Gegenteil: Unter den unzähligen möglichen Zugängen zum Begriff und zum Thema, möchte ich mit meinen vorliegenden Überlegungen lediglich einen ersten gedanklichen Anstoß zur Erschließung dieses Forschungsfelds geben – in der Hoffnung, einen entsprechenden Diskurs anzuregen und im besten Falle einige plausible und brauchbare Ideen für eine weiterführende, fruchtbare Diskussion zu liefern.

Die Ausgangslage

Die Durchsage einer Computerstimme reißt mich aus dem Schlaf. Ich öffne die Augen und ziehe mich aus meiner engen Schlafmulde, während meine Augen sich langsam an die schummerige Beleuchtung des spartanisch eingerichteten Raums gewöhnen. Stahl dominiert hier das Bild und ich gähne meinem unrasierten Antlitz in dem kleinen Spiegel über dem sterilen Waschbecken entgegen. Mein Kampfanzug mitsamt seiner zahlreichen Munitionstaschen, dem Granatengürtel und dem bläulich schimmernden Display meines Einsatzcomputers lässt mich breitschulterig und massiv wirken. Ein ebenfalls unrasierter Kamerad in ISA-Uniform und mit Hightech-Maschinengewehr steckt den Kopf durch den Türrahmen und fordert mich zur Eile auf. Garza, so sein Name, und ich stürmen die langen Metallstege des Raumkreuzers entlang, während der Kreuzer beinahe geräuschlos über der dichten Wolkendecke Helghans schwebt. Durch die großen Panoramafenster erblicke ich im Vorbeilaufen die unzähligen anderen Schiffe der ISA-Flotte, die sich langsam in Position schieben. Meine Stiefel dröhnen laut auf den Metallstegen, während Garza mich über unsere Vorgehensweise nach der Landung auf der Planetenoberfläche ins Bild setzt. Wir passieren ein massives Metallschott und betreten einen großen Raum, in dem bereits einige Mitglieder der Landungstruppen warten. Mein alter Freund Rico wird gerade von einer Wissenschaftlerin über irgendetwas instruiert, das ich im Vorbeilaufen jedoch nur bruchstückhaft verstehen kann. Wir stürmen in den nächsten Raum, während Rico sich uns anschließt, und treffen auf Natko, der uns mit geschultertem MG und einigen derben Scherzen empfängt. Gemeinsam überprüfen wir kurz unsere Ausrüstung, nehmen die aufmunternden Worte von Captain Templar entgegen und springen auf die Plattform unseres Landegleiters. Mit dem Rücken gegen das Metallgeländer gestemmt, erwarten wir gespannt unseren Abflug. Die riesigen mechanischen Arme bringen unser Gefährt neben dutzenden anderen in Position, die Lichter gehen an und wir beobachten, wie die Reihen der Landegleiter unter uns ausgeklinkt werden. Ricos raue Stimme brüllt „Festhalten!" und schon befinden wir uns mitsamt unseres Gleiters im freien Fall. Nach wenigen Sekunden zünden die Plasma-Triebwerke und wir rasen der Oberfläche von Helghan entgegen. Rico brüllt einige letzte Instruktionen, dann teilt sich die Wolkendecke und knapp über dem Wasser fliegend nähern wir uns der Skyline einer zerbombten und brennenden Stadt. Das massive Luftabwehrfeuer schlägt uns ungezügelt in Form von blauem und orangenem Blitzlichtgewitter entgegen. Es dröhnt und kracht aus allen Richtungen. Ein Treffer zerreißt die Triebwerke des Landunggleiters neben uns und ein Regen aus Metallschrott, Leichen, Blut und Schmutz geht auf uns nieder. Wir halten die Köpfe unten, während unser Gleiter weiterem Beschuss ausweicht und sich nach einem Schlenker unsanft in den küstennahen Erdboden rammt. Dreck spritzt mir entgegen, während meine Kameraden links und rechts vom Gleiter hechten. Ich bemühe mich, ihnen zu folgen, stürme unter einer zerbombten Zugtrasse entlang, biege um die Ecke und laufe direkt einer Helghan-Patrouille in die Arme. Lässig greife ich mit meiner Hand über die Schulter zum Waffenholster und ziehe ... einen mit filigranen Runen und Schnitzereien verzierten elfischen Zauberstab hervor. Während ich verdutzt den langen, schmalen, geschwungenen und unglaublich nutzlosen Holzstock anstarre, zerfetzen mich die Plasma- und Titanprojektile meiner höhnisch lachenden Feinde – game over.

Abgesehen von einer gewissen Ungereimtheit am Ende, geben die obigen Schilderungen exakt den Auftakt von *Guerilla Games'* SciFi-First-Person-Shooter *Killzone 2* (2009) wieder. Die Ungereimtheit ist recht offensichtlich der Griff nach dem elfischen Zauberstab statt dem hochmodernen Maschinengewehr. „WTF?![5] Das glaube ich jetzt nicht!", würde mitunter manch ein frustrierter Spieler im Moment seines virtuellen Ablebens rufen und das Gamepad gegen die Zimmerwand schleudern. Das Faktum, dass da mitunter ,irgendwas nicht stimmt' bzw. die Glaubwürdigkeit der Situation unter dem seltsamen Holzstab leidet, ist nicht von der Hand zu weisen. Zweifellos würde uns auch ein ähnliches Befremden überkommen, wenn wir Skeletten, Drachen, Zauberern, Wikingerverschnitten und von nordischer Mythologie ge-

---

5 „WTF" steht im Rahmen der verwendeten Chat-Abkürzungen, vor allem in Computerspielen mit Online-Komponenten, für die englische Phrase „What the fuck", womit in der Regel ungläubige Verärgerung zum Ausdruck gebracht wird.

prägten Fabelwesen in *Bethesdas* First-Person-RPG *The Elder Scrolls V: Skyrim* (2011, im Folgenden *Skyrim* genannt) mit Minigun und Granatenwerfer anstelle von Bogen und Feuerzauber entgegentreten würden.

Abb. 1 Killzone

Abb. 2 Skyrim

Freilich: Auch ohne die genannten Brüche in der Spielerfahrung würden wir zumindest zögern, die genannten Beispiele *Killzone 2* oder *Skyrim* des Realismus im engeren Wortsinn[6] zu bezichtigen. Zu gravierend erschienen uns die Imaginationen von Fabelwesen und High-Tech-Raumschiffen, von denen wir wissen, dass sie in der uns bekannten Wirklichkeit der Außenwelt nicht existieren. Aber im Rahmen des Universums beider Spiele, in der Realität Spiel, befremdet uns weder der kolossale Raumkreuzer der ISA in *Killzone 2* einerseits, noch das Fabelwesen oder der Feuerzauber in *Skyrim* andererseits. Das ist nicht weiter verwunderlich, wenn wir die Einsicht zugrunde-

---

6 Unter engerem Wortsinn verstehe ich hier „die Wirklichkeit nachahmende, mit der Wirklichkeit übereinstimmende künstlerische Darstellung[sweise] in Literatur u. bildender Kunst" (DROSDOWSKI 1997: 688).

legen, dass „Bilder nur das dar[stellen], was (auf dem Bild) *ist*, obwohl das sehr wohl etwas Erfundenes sein kann, etwa Raumschiff ‚Enterprise' in den unendlichen Weiten des Weltalls [...]. Bilder konstruieren ihre eigene ‚Wirklichkeit'. Oder wie Wolterstorff es fasst: Sie ‚entwerfen eine Welt'" (EITZEN 1998: 29; Hervorhebung im Original). Dieser Entwurf einer Welt kann, muss aber in weiten Teilen nicht – gemäß unserer Auffassung von einem (SciFi- oder Fantasy-) Computerspiel – unserer Realität entsprechen. Nichtsdestotrotz haben wir ein Gespür für die Konsistenz dieser Welten – und wenn uns Raumkreuzer in *Killzone 2* bzw. Feuerzauber in *Skyrim* nicht befremden, so hat das wesentlich damit zu tun, dass wir beide Welten für in hohem Maße *authentisch* erachten. Doch was ist unter *authentisch* genau zu verstehen? Was passiert mit dem Verständnis von Authentizität, wenn wir nicht mehr nur Spiele mit Fantasy- oder SciFi-Settings betrachten?

Authentizität – Bedeutung, Geschichte und Herkunft des Begriffs

Die aktuelle Wortbedeutung von ‚Authentizität' und dem entsprechenden Adjektiv ‚authentisch' wird übereinstimmend in verschiedenen Nachschlagewerken mit „Echtheit, Zuverlässigkeit, Glaubwürdigkeit" (DROSDOWSKI et al. 1997: 97) bzw. „echt, glaubwürdig" (REGENBOGEN/MEYER 2005: 87) oder „maßgeblich, echt" (KLUGE/SEEBOLD 2011: 77) angegeben. Im *Etymologischen Wörterbuch des Deutschen* wird darüber hinaus auch die Definition „von der maßgeblichen Instanz ausgehend, mitgeteilt" angeführt (PFEIFER 1989: 102). Der Begriff authentisch ist dem lateinischen *authenticus* entlehnt und dieses wiederum vom griechischen *authentikós* abgeleitet. Die Bedeutung des ursprünglichen griechischen Begriffs kann dabei nicht mehr eindeutig bestimmt werden. Stammt der erste Wortteil vom griechischen Begriff *autós* und bedeutet damit ‚selbst', ist die genaue Bedeutung des zweiten Wortteils nicht mehr exakt zu rekonstruieren. Möglicherweise handelt es sich um eine Form des Begriffs *hanýein*, der ‚zustandebringen' bzw. ‚vollbringen' meint. Aber auch die Bedeutung ‚Mörder' ist für den zweiten Teil des Wortes überliefert, sodass der Einfluss einer weiteren sprachlichen Wurzel nicht ausgeschlossen werden kann (vgl. KLUGE/SEEBOLD 2011, 77). In der ursprünglichen Form kann der Begriff somit sowohl ‚Selbstvollbringer' bzw. jemand, der etwas mit eigener Hand vollbringt, meinen, oder aber auch ‚Selbst-Mörder' im Sinne von Urheber der Tat heißen.[7] Das lateinische

---

7 Das Lexikon für Theologie und Kirche stellt hier auch den etymologischen Bezug zum lateinischen *auctor* (= Urheber, Gründer, Gewährsmann) bzw. *auctoritas* (= Ansehen, Ermächtigung, Bürgschaft) her (vgl. KASPER 1993: 1287).

authenticus wurde, wie auch schon sein griechischer Vorgänger, insbesondere unter dem o. g. Aspekt der Urheberschaft auf Schriftstücke im Sinne von
„‚eingenhändige, urschriftliche' Fassung im Gegensatz zur Kopie" (Pfeiffer
1989, 102) bezogen. Bereits im Mittellateinischen erweitert sich der Anwen-
dungsbereich des Adjektivs jedoch sowohl auf „‚original, echt, zuverlässig'
als auch ‚anerkannt, rechtmäßig, verbindlich'" (ebd.) und findet in dieser
Form Eingang in einige seiner zentralen Anwendungsbereiche, wie zum Beispiel den theologisch-liturgiewissenschaftlichen, den damit einhergehenden
philologischen und den juristischen Diskurs.

   In der deutschen Sprache taucht der Begriff ‚authentisch' erstmalig im 16.
Jahrhundert entsprechend der o. g. Definition auf. Im 18. Jahrhundert hält das
Lehnwort *authentique* Einzug in die französische Sprache (vgl. ebd.). Das im
Rechtswesen anerkannte, originale Dokument (später auch der originäre Ge-
setzestext), der Kanon der Heiligen Schrift, kirchlicher Urkunden und Reli-
quien sowie ein hoher Grad von inhaltlicher Zuverlässigkeit und präziser
Feststellung der Urheberschaft bei historischen Textquellen wurden in den
o. g. Bereichen als ‚authentisch' bezeichnet (vgl. RITTER 1971: 691 f.). Daneben finden sich einige philosophische Sonderbedeutungen des Begriffs:
KANT grenzt die authentische von der doktrinalen Bibelauslegung ab, wobei
erstere philologisch einwandfrei sein muss, die letztere sinngemäß sein darf.
In HEIDEGGERs Existenzphilosophie wird authentisch synonym für ‚eigentlich' gebraucht und LÉVI-STRAUSS nutzt den Terminus im ethnologischen
Sinne in Hinblick auf ‚primitive' Gesellschaften, denen der direkte, persönliche zwischenmenschliche Kontakt im Gegensatz zu modernen Gesellschaften noch nicht abhandengekommen ist (vgl. ebd.). Im 20. Jahrhundert findet
der Begriff des Authentischen dann durch ADORNOs Musikästhetik (vgl.
ADORNO 1958: 199) und MARCUSEs Betrachtungen des Kunstwerks (vgl.
MARCUSE 1968: 100) Eingang in den ästhetischen Diskurs.

   In der zweiten Hälfte des 20. Jahrhunderts bürgert sich der Begriff
‚authentisch' dann auch vollends in die moderne Alltagssprache ein, in deren
Kontext eine Bedeutungsverschiebung sichtbar wird: Heute spricht man von
authentischen Lebensweisen, Gefühlen, Erlebnissen und Personen, wodurch
die mittellateinische Bedeutungskomponente des objektiv bzw. allgemein
Anerkannten, Rechtmäßigen, Verbindlichen wegfällt und ein subjektives
Moment der persönlichen Bewertung Eingang in den Begriff des Authentischen findet. Auf eine ähnliche, mitunter in wechselseitigem Verhältnis dazu
stehende, Entwicklung im literaturwissenschaftlichen Rahmen weist auch
HATTENDORF hin:

„Die Problematisierung des objektiven Gültigkeits-Anspruchs der Authentizität in der Bedeutung von ‚echt' durchzieht die deutsche Gegenwartsliteratur [...]. Besonders Christa Wolfs ausdrückliches Bekenntnis zu einer ‚subjektiven Authentizität' gewinnt in diesem Zusammenhang an Bedeutung. Äußere und innere Erlebnisbereiche in der Wahrnehmung von Realität sind hier miteinander verschmolzen. Christa Wolf betont zwar, daß ihr Bemühen um subjektive Authentizität den produktiven Versuch einer Auseinandersetzung mit der als objektiv anerkannten Realität darstellt. Doch für die Produktions- wie für die Rezeptionsseite von Literatur gesteht sie die Fragmentarisierung dieser Wirklichkeit ein. ‚Authentisch' wird damit zu einer relativen Kategorie, einem Gradmesser für die Glaubwürdigkeit eines äußeren Ereignisses oder eines inneren Erlebnisses. Diese Glaubwürdigkeit entfaltet ihre Überzeugungskraft in der künstlerischen Vermittlung, die sich an der eigenen Wahrnehmung der Rezipienten messen lassen muß. Authentizität wird damit zu einer Frage der Rhetorik und der Wahrnehmungspsychologie." (HATTENDORF 1999: 67)

Die Struktur der Authentizität im Computerspiel

Folgt man diesem modernen Begriffsverständnis, ergibt sich daraus notwendig der Effektcharakter der Authentizität (vgl. BERG 2001: 56). Authentizität liegt dementsprechend weniger in der Quelle begründet (also dem ‚echten' Ereignis, das medial vermittelt wird), sondern wird als Effekt durch die Wirkung bestimmter Vermittlungsstrategien in der Rezeption des Mediennutzers hervorgerufen (vgl. ebd.: 67 f.). Scheint eine solch starke Gewichtung des Aspekts der vermittelnden Inszenierung im Bezug auf den Dokumentarfilm (der ja ‚echte' Ereignisse abbildet und sich dabei um den Eindruck der Unmittelbarkeit bemüht) zunächst tendenziell erklärungsbedürftig[8], wirkt diese Einsicht im Bezug auf das Computerspiel (das ja sowohl fiktive als auch nonfiktive Inhalte offenkundig inszeniert) schon beinahe trivial. Bei fiktiven Settings, wie dem o.g. Beispiel *Killzone 2*, sind wir uns sofort darüber im Klaren, dass dem Spiel hier kein ‚echtes' Ereignis zugrundeliegen kann. Bei Spielen mit realhistorischem Setting hingegen, wie zum Beispiel *Call of Duty: World at War* (2008), sticht uns auch trotz der beeindruckenden visuellen Qualität moderner Computerspiele schnell die grafische und, nach einigen Augenblicken der Reflexion, auch die spielmechanische[9] Inszeniertheit ins Auge. Das Computerspiel macht es uns also gewissermaßen leichter, „[d]ie Paradoxie einer Darstellung von Nichtdarstellung" (ebd.: 57) zu ver-

---

8 Für die entsprechende Erklärung im Bezug auf den Dokumentarfilm siehe HATTENDORF (1999: 67 ff.).

9 Vgl. hierzu den Beitrag von CHRISTIAN HUBERTS aus dem vorliegenden Band.

stehen. Wenn im Computerspiel offenkundig alles inszeniert ist,[10] ohne dass damit die Möglichkeit von Authentizität negiert wird, so muss auch diese ein Ergebnis der Inszenierung sein. Mediale Authentizität und Inszenierung gehören also trotz der vordergründigen Paradoxie des Begriffspaares zwangsläufig zusammen.[11]

Woher rührt nun aber der Effekt der Authentizität im Computerspiel? Nach meinem Verständnis spielt dabei die Erfüllung der beiden folgenden strukturellen Kriterien eine zentrale Rolle:

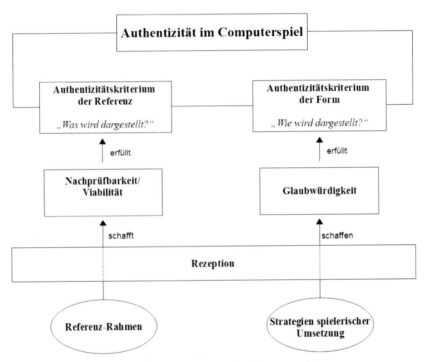

Abb. 3 Modell der Authentizitätskriterien für das Computerspiel

Die beiden in Abbildung 3 dargestellten Authentizitätskriterien haben maßgeblichen Einfluss darauf, ob ein Computerspiel im Gesamteindruck als

---

10 Ein offensichtliches Beispiel hierfür ist die Anordnung von Gegnern, Hindernissen, NPCs, Items, Triggern etc. nach gameplay-technischen Maßgaben in der Spielwelt.

11 Für eine eingehende Auseinandersetzung mit diesem Paradoxon siehe auch STRUB (1997: 8 ff.).

authentisch empfunden wird oder nicht. Dabei stehen sie jedoch nicht einfach nebeneinander, sondern bedingen und beeinflussen sich gegenseitig. Nur die adäquate Erfüllung dieser beiden Kriterien erzeugt am Ende das Gesamtgefühl der ‚Authentizität im Computerspiel'. Wenden wir uns also den inhaltlichen Implikationen der einzelnen Authentizitätskriterien zu.

Das Authentizitätskriterium der Referenz

Das Authentizitätskriterium der Referenz kann durch das Abstecken eines spezifischen Referenzrahmens für das Spiel erfüllt werden, mit dem es auf die Frage „Was wird dargestellt?" antwortet. Der Referenzrahmen umfasst im weitesten Sinne das Setting (mitsamt aller dazugehörigen Elemente und der spezifischen Hintergrundgeschichte) der Spielwelt. Im Idealfall sorgt dieser Referenzrahmen je nach seiner Beschaffenheit im Ergebnis für die ‚Nachprüfbarkeit' oder die ‚Viabilität' des Spielinhalts. Zu diesem Zweck weist der Referenzrahmen entweder einen real-geschichtlichen oder einen fiktiven Bezug auf, der durch ein strukturelles Moment von Remediation[12] ergänzt und verstärkt werden kann. Der real-geschichtliche und der fiktive Bezug können dabei zwar in Einzelfällen Berührungspunkte aufweisen, sind allerdings gemäß der folgenden Definitionen in den meisten Fällen doch klar voneinander abgrenzbar.

Unter einem real-geschichtlichen Referenzrahmen verstehe ich hier einen Komplex aus zeitgeschichtlichen bzw. historischen Zeitabschnitten, Orten, Personen(gruppen), Gegenständen, Ereignissen etc., deren Existenz in dieser Form als gesichert oder zumindest hochgradig wahrscheinlich gilt und die in einem nachweisbaren oder zumindest äußerst nachvollziehbaren Verhältnis zueinander stehen. Ein Beispiel für einen offenkundig häufig bemühten real-geschichtlichen Referenzrahmen stellt der Zweite Weltkrieg dar, auf den in zahlreichen Computerspielen aus verschiedenen Genres Bezug genommen wird[13] und der eine ganze Palette von signifikanten Personen, Kleidungsstü-

---

12 Zur Auseinandersetzung mit dem Begriff der Remediation siehe auch SANDKÜHLER (2009: 55 ff.) und MÜLLER (2009: 273 ff.). Strukturelle Remediation meint im hier verhandelten Kontext ein Moment von Remediation, das bereits in der Struktur des Referenzrahmens angelegt ist. Ein Spiel wie *Star Wars: Republic Commando* (2005) entlehnt jedes seiner den Referenzrahmen konstituierenden Elemente aus anderen *Star Wars*-Filmen, Romanen, Computerspielen etc.

13 darunter zum Beispiel die First-Person-Shooter-Reihen *Medal of Honor* (seit 1999), *Call of Duty* (seit 2003) und *Brothers in Arms* (seit 2005), die Strategiespiele *Sudden*

cken, Waffen, Fahrzeugen, Schauplätzen, Schlachten etc. einschließt. Unter einem fiktiven Referenzrahmen hingegen verstehe ich einen Komplex aus Zeitabschnitten, Orten, Personen(gruppen), Gegenständen, Ereignissen, Sphären etc., von denen mindestens eines der genannten Elemente oder eine Beziehung zwischen den einzelnen Elementen einen verhältnismäßig offenkundigen Mangel an Realitätsbezug aufweist.

Beispiele für fiktive Referenzrahmen verschiedenster Abstufungen finden sich in den Bereichen Fantasy und (Science-) Fiction en masse. Sie reichen von teilweise der geschichtlichen Realität verhafteten Spielen, wie der *Assassin's Creed*-Reihe (seit 2007), in denen lediglich eine offensichtlich fiktive Konspiration in die Weltgeschichte eingeflochten und mit fiktiven Technologien und Artefakten (die eindeutig mangelnden Realitätsbezug aufweisen) in Verbindung gebracht wird, bis hin zu nahezu komplett fiktiven Welten, in denen erdachte Kontinente, eigene Zeitrechnungen, fremdartige Rassen oder die grundlegende Existenz von Magie den mangelnden Realitätsbezug offensichtlich werden lassen.[14]

Beide der genannten Arten von Referenzrahmen erfüllen nun auf ihre jeweils spezifische Art das Authentizitätskriterium der Referenz. So ist der real-geschichtliche Referenzrahmen dem Moment der Nachprüfbarkeit verhaftet, da er ja, wie bereits erwähnt, auf historisch erschlossene Tatsachen zurückgreift. Der fiktive Referenzrahmen hingegen ist dem Moment der Viabilität[15] verhaftet, d. h. er bemüht sich um eine plausible Verquickung von fiktiven und realen Elementen oder bringt verschiedene fiktive Elemente in Passung zueinander. Zusätzlich können beide Arten von Referenzrahmen auf ihre Weise vom Gebrauch struktureller Remediation profitieren, die für sie als ergänzendes Moment in Betracht kommt. ,Nachprüfbarkeit' meint dabei in Bezug auf den real-geschichtlichen Referenzrahmen natürlich ,konkrete Nachprüfbarkeit' von Sachverhalten. So lassen sich der dargestellte Komplex und die Beziehung seiner Elemente zueinander hier in der Regel tatsächlich mittels lexikalischer Quellen überprüfen. Im Kontext des Zweiten Weltkriegs lässt sich beispielsweise verhältnismäßig mühelos herausfinden, in welcher

---

Strike (2000), *Company of Heroes* (2006), *Hearts of Iron* (2002) oder die Simulations-Reihe *IL-2 Sturmovik* (seit 2001)

14 Das bereits erwähnte *Skyrim* böte sich hier als nennenswertes Beispiel an.

15 Der Begriff stammt aus dem Kontext des radikalen Konstruktivismus und bezeichnet dort die Passung eines Erkenntnismusters zum entsprechenden Phänomen der Außenwelt.

Abfolge Schlachten an bestimmten Orten stattgefunden haben, welche Regimenter dort stationiert waren und welche Waffen die jeweiligen Truppenteile eingesetzt haben. Alle Namen, Daten, geografischen Verortungen etc. – die ‚harten Fakten‘, die der real-geschichtliche Referenzrahmen absteckt – sind mühelos einseh- und abgleichbar.

Selbst, wenn diese Möglichkeit von kaum einem Spieler genutzt werden dürfte, ist die bloße Existenz der Möglichkeit ein entscheidender Faktor, der zur Erfüllung des Authentizitätskriteriums der Referenz beiträgt. Allein durch sie fasst der Spieler ein gewisses Vertrauen zum Produzenten und gewährt ihm auch einen entsprechenden Vertrauensvorschuss. Denn welcher Produzent würde schon einen überprüfbaren real-geschichtlichen Referenzrahmen wählen, nur um dann durch offenkundig falsche Fakten seinen Ruf zu riskieren? Dieser Vertrauensvorschuss von Seiten des Spielers ist solange gewährleistet, wie der real-geschichtliche Referenzrahmen dem Anspruch der ‚spontanen Nachprüfbarkeit‘ gerecht wird. Hier weist der Referenzrahmen dann auch eine Parallele zur Quelle im Dokumentarfilm auf, denn die Darstellung beider ist in ihrem „Montagezusammenhang [...] einer spontanen, mentalen Prüfung des Rezipienten ausgesetzt" (HATTENDORF 1999: 70). Dabei vergleichen sowohl der Spieler als auch der Filmzuschauer die „vermittelten Ereignisse [...] mit dem eigenen, inneren Bild, das [sie] von dem vorgeführten Zusammenhang besitz[en]" (ebd.). Wird dabei eine weitestgehend hohe Deckungsgleichheit erreicht,[16] vertraut der Spieler dem Produzenten auch weiterhin; die ‚konkrete Nachprüfbarkeit‘ wird nur in ihrer Funktion als vertrauensschaffendes Element in Anspruch genommen. Das Authentizitätskriterium der Referenz wird erfüllt. Tritt jedoch eine größere Diskrepanz zwischen den Elementen des dargestellten Referenzrahmens und dem inneren Bild des Spielers auf, reagiert dieser mit Ablehnung. Je nach Schwere und Signifikanz der Abweichung stuft er den Referenzrahmen schlimmstenfalls entweder direkt als ungeeignet zur Erfüllung des Authentizitätskriteriums der Referenz ein oder aber er prüft den Sachverhalt nach. Sollte die Prüfung ergeben, dass sein inneres Bild falsch bzw. unvollständig

---

16 Zur Schaffung dieser Deckungsgleichheit kann sich der Referenzrahmen struktureller remediativer Elemente bedienen. Insbesondere im First-Person-Shooter gibt es diesbezüglich eine starke Tendenz (vgl. SANDKÜHLER 2009: 60 ff.). Ein Beispiel hierfür stellt *Brothers in Arms: Hell's Highway* (2008) dar, das in der *Amazon*-Produktbeschreibung als „kinoreifes Erlebnis" angepriesen wird und tatsächlich massiv auf Elemente des *neuen Kriegsfilms* Bezug nimmt, wie der Beitrag von OSKAR HENDRIK VORETZSCH im vorliegenden Band zeigt.

war, so korrigiert er dieses – oder er verwirft den Referenzrahmen, der auch in diesem Fall das Authentizitätskriterium der Referenz nicht erfüllt.

Eine solche Form der Nachprüfbarkeit von Ereignissen ist nun das Spezifikum des real-geschichtlichen Referenzrahmens und kann vom fiktiven Referenzrahmen bestenfalls unter Rückgriff auf ein starkes Moment der strukturellen Remediation fingiert werden: So bestünde für ein Computerspiel mit Verortung im *Star Wars*-Universum durchaus die Möglichkeit Personen, Orte, Sachverhalte o. ä. in einem (quasi von „offizieller" Seite „abgesegneten") Nachschlagewerk zu überprüfen.[17] Da in diesem Fall jedoch einzelne fiktive Elemente des Referenzrahmens mithilfe eines Lexikons überprüft würden, dessen gesammeltes Wissen wiederum auf fiktiven Elementen aus Romanen, Filmen etc. basiert, handelt es sich hier weniger um einen Fall von Nachprüfbarkeit, sondern um einen Fall von Viabilität. Das Phänomen der Viabilität stellt dabei das Spezifikum des fiktiven Referenzrahmens dar. Mittels der Viabilität kann der fiktive Referenzrahmen das Authentizitätskriterium der Referenz erfüllen. Sie bezeichnet in diesem Kontext ganz basal die logische Passung und die Widerspruchsfreiheit aller verwendeten Elemente und Beziehungen im fiktiven Referenzrahmen untereinander.

Dabei ist die Viabilität der o. g. spontanen mentalen Prüfung eines Sachverhalts im real-geschichtlichen Referenzrahmen nicht ganz unähnlich. Allerdings ist der fiktive Referenzrahmen in der Regel maßgeblich an der Konstitution des inneren Bildes, das der Spieler von ihm hat, beteiligt. Das bedeutet einerseits, dass er in weitaus geringerem Maße auf vorhandenes Kontextwissen des Spielers zurückgreifen kann, ergo die dargestellten Elemente und ihre Beziehungen zueinander (die häufig eigenen Gesetzmäßigkeiten folgen) weitaus ausführlicher erklären muss.[18] Zum anderen bedeutet es, dass er in seinen Erklärungen dabei logisch widerspruchsfrei verfahren muss,

---

17 In diversen Fan-Foren wird häufig auf *The Complete Star Wars Encyclopedia* von STEPHEN J. SANSWEET et al verwiesen, die persönlich von GEORGE LUCAS „abgesegnet" und entsprechend auch direkt bei *Lucasbooks* verlegt wird.

18 Dieser Problematik kann sich der fiktive Referenzrahmen allerdings durch ein Moment der strukturellen Remediation entziehen. Wenn er zum Beispiel auf ein schon bekanntes Spiel- oder Filmuniversum (wie *Star Wars*) zurückgreift, lagert er mitunter die Erklärung bestimmter Phänomene in andere Medien aus bzw. kann ein bestimmtes Kontextwissen über seine Elemente und deren Beziehungen zueinander voraussetzen. Auch der weniger explizite Rückgriff auf einzelne Genrestereotypen (wie zum Beispiel, dass Zwerge starrköpfig sind) kann Erklärungen ersparen und zur Schaffung von Viabilität beitragen.

da der Spieler sonst Gefahr läuft, einzelne Elemente oder deren Beziehungen zueinander nicht zu verstehen. Beides ist aber notwendig, um Viabilität zu erzielen. So ist es keineswegs unmittelbar einsichtig, warum es in der Welt von *Skyrim* Magie gibt, welche Rolle Drachen spielen und warum bestimmte Reiche mit anderen im Streit liegen – oder aber, wie der ‚Animus‘[19] in *Assassin's Creed* funktioniert und warum Assassinen und Templer über Jahrhunderte eine Feindschaft pflegen.

Abb. 4
Drache in *Skyrim*

Abb. 5
Der ‚Animus‘ in
Assassin's Creed

Beantwortet der fiktive Referenzrahmen diese Fragen zufriedenstellend, gewährleistet er die Viabilität der Elemente und Beziehungen innerhalb sei-ner selbst – die Welt wirkt konsistent und in sich schlüssig. Beantwortet er

---

19 ein technisches Gerät, mit dem man Zugriff auf die Erinnerungen seiner genetischen Vorfahren erhält

sie jedoch nicht zufriedenstellend, so entstehen Leerstellen bzw. Widersprüche beim Abgleich einzelner Elemente oder Beziehungen mit dem inneren Bild des Spieler von der Welt (das der fiktive Referenzrahmen ja selbst unlängst im Kopf des Spielers geschaffen hat). Die eingangs dargestellte Situation mit dem Zauberstab in *Killzone 2* wäre ein Beispiel für solch einen Widerspruch bzw. eine erklärungstechnische Leerstelle, die das Kontinuum der Konsistenz der Welt zerstört. Viabilität ist in solch einem Falle nicht mehr gewährleistet und das Authentizitätskriterium der Referenz wird nicht erfüllt.

Das Authentizitätskriterium der Form

Das Authentizitätskriterium der Form kann durch die Verwendung adäquater Strategien der spielerischen Umsetzung des Referenzrahmens erfüllt werden. Hier rückt die Frage „Wie wird dargestellt?" in den Mittelpunkt der Betrachtung. Dazu muss direkt angemerkt werden, dass es dabei nicht ausschließlich um den visuellen Aspekt der Darstellung geht: Die grafische Umsetzung des Referenzrahmens bzw. seiner Elemente ist hier zwar ein wichtiger, nicht jedoch der einzige Aspekt. Insgesamt lassen sich hier mindestens drei verschiedene Bereiche ausmachen, die in der Rezeption des Spielers Glaubwürdigkeit schaffen können und somit zur Erfüllung des Authentizitätskriteriums der Form mehr oder weniger stark beitragen: 1.) die audiovisuelle Struktur des Spiels, 2.) das Gameplay des Spiels sowie 3.) das Eingabegerät des Spiels.

Insbesondere diese Bereiche, die in ihrem Zusammenwirken in der Rezeption des Spielers den Effekt einer umfassenden Glaubwürdigkeit schaffen müssen, um das Authentizitätskriterium der Form zu erfüllen, bedürften weitergehender Einzelanalysen. als sie hier möglich sind. Aus diesem Grund möchte ich an dieser Stelle nur einige grundlegende Punkte und beachtenswerte Einzelbeispiele für jeden der genannten Bereiche anführen.

Der Grad der Glaubwürdigkeit, die durch die audiovisuelle Struktur des Spiels hervorgerufen wird, hängt zunächst von der grafischen und tonalen Umsetzung des Referenzrahmens ab. Das Ideal der wirklichkeitsgetreuen Umsetzung bei real-geschichtlichen Referenzrahmen wird dabei durch das (remediative) Kontextwissen des Spielers aufgeweicht. So verfüge ich auch, ohne jemals eine „Mosin-Nagant" abgefeuert zu haben, über eine gewisse (medial geprägte wie vermittelte) Vorstellung davon, wie der Schuss eines Repetiergewehrs zu klingen hat und werde diese Vorstellung auch zum Maßstab für die Glaubwürdigkeit des Schussgeräusches im Spiel machen. Ganz ähnlich verhält es sich bei der optischen Umsetzung des real-geschichtlichen

Referenzrahmens. Auch hier habe ich eine Vorstellung davon, wie eine Wehrmachtsuniform oder ein „Tiger"-Panzer beschaffen ist. Solange die grafische Darstellung diesem Bild gerecht wird, erachte ich diesen Aspekt der visuellen Struktur des Spiels für glaubwürdig. Im gegenteiligen Fall bin ich mitunter auf das Moment der Nachprüfbarkeit des real-geschichtlichen Referenzrahmens zurückverwiesen.

Der fiktive Referenzrahmen hingegen folgt mitnichten dem Ideal der wirklichkeitsgetreuen Darstellung. Hier können auch abstrakte Grafikstile und symbolische Darstellungen für Glaubwürdigkeit sorgen. Ein nennenswertes Beispiel hierfür stellt *Ōkami* (2006) dar, in dem der Grafikstil an die japanische Tuschmalerei (*Sumi-e*) angelehnt ist. Der fiktive Referenzrahmen umfasst in *Ōkami* das mystische Japan, das von Shinto-Gottheiten in Tierform und Dämonen durchwandert wird. Durch diesen Referenzrahmen und durch die Implementierung des *Sumi-e* in das Gameplay trägt die abstrakte grafische Umsetzung in diesem Fall durchaus zur Glaubwürdigkeit des Spiels bei.

Abb. 6 Ōkami

Neben diesem Moment der grafischen und tonalen Umsetzung einzelner Elemente des jeweiligen Referenzrahmens spielen im Bereich der audiovisuellen Struktur des Spiels auch Aspekte wie die Perspektive, der Einsatz von Farbfiltern und -effekten eine gewichtige Rolle, auf die hier jedoch nicht näher eingegangen werden soll.

Dass auch die Gameplay-Mechaniken eines Spiels (unter Berücksichtigung des jeweiligen Referenzrahmens) einen nennenswerten Einfluss auf die Glaubwürdigkeit und damit auf die Erfüllung des Authentizitätskriteriums der Form haben, ist nahezu offensichtlich.[20] So mag es innerhalb eines fiktiven Referenzrahmens, wie er sich zum Beispiel in *Halo: Combat Evolved* (2002) finden lässt, durchaus glaubwürdig erscheinen, dass ich als genetisch modifizierter Supersoldat mit der besten Ausrüstung der Menschheit während eines Einsatzes zweihundert Aliens erschieße und dabei im offenen Gelände mehrere Dutzend Treffer mittels meines Energieschilds verwinde. Derart offensiv ausgerichtetes und komplexitätsreduziertes Gameplay, in dem ich weder Deckung brauche, noch Mitstreiter befehligen oder gar unentdeckt bleiben muss, wirkt jedoch innerhalb eines Spiels mit real-geschichtlichem Referenzrahmen (wie zum Beispiel *Call of Duty: World at War*) wenig glaubwürdig. Wenn ich als einfacher US-Marineinfanterist im Südpazifik bei einer einfachen Patrouillenmission über zweihundert feindlichen Japanern den Garaus mache, während ich dabei durchgehend dem Schema „Löse einen Trigger aus, eliminiere die auftauchenden Feinde, begib dich zum nächsten Trigger" folge, leidet die Glaubwürdigkeit auch trotz gelungener audiovisueller Umsetzung des Referenzrahmens beträchtlich.

Als dritten und letzten Punkt möchte ich die Ebene der Eingabegeräte ansprechen. Zweifellos können auch diese einen maßgeblichen Einfluss auf die Glaubwürdigkeit nehmen und tragen damit zur Erfüllung des Authentizitätskriteriums der Form bei. Sind die klassischen Eingabegeräte wie Gamepad bzw. Maus und Tastatur eher ein Relikt aus früheren Zeiten, an die Spiele im Laufe der Jahre gemäß ihrer Bedienungsmöglichkeiten angepasst wurden, gibt es auch eine Reihe von Beispielen für Eingabegeräte, die durchaus das Potenzial haben, die Glaubwürdigkeit von Spielen maßgeblich zu erhöhen. Diese reichen von aufwendigen Arcade-Automaten – wie *Silent Scope* (1999), das mit dem Plastikimitat eines Scharfschützengewehrs gespielt wird und dabei ein voll-funktionsfähiges Zielfernrohr zur besseren Zielerfassung bietet – bis hin zu *Microsofts Kinect*-Kamera, die Spieleingaben mittels Körperbewegungen ermöglicht. Welchen Einfluss diese und ähnliche an die jeweiligen Spielinhalte und Referenzrahmen angepasste Eingabegeräte auf die

---

20 An dieser Stelle möchte ich auch noch einmal auf den treffenden Beitrag von CHRIS-
TIAN HUBERTS im vorliegenden Band verweisen, in dem einige problematische Gameplay-Mechaniken exemplarisch erörtert werden.

Glaubwürdigkeit im Einzelnen haben, ist schwer abzusehen, aber mit Sicherheit von hohem Interesse.

Fazit und Ausblick

An dieser Stelle der Überlegung möchte ich vorerst innehalten und auf das Geschriebene zurückblicken. Es liegt in der Natur der Sache, dass eine erste Annäherung an ein Themenfeld immer mit einem hohen Grad der Abstraktion einhergeht, damit der Betrachtungsgegenstand nicht schon im Vorfeld unnötig eingeengt und beschränkt wird – so auch im Hinblick auf den Themenkomplex ‚Authentizität im Computerspiel‘, zu dem sich ohne die Eingrenzung auf eine bestimmte Gattung von Spielen (oder gar ein einzelnes Spiel) nur sehr abstrakte Überlegungen anstellen lassen. Nichtsdestotrotz scheint mir die Vergegenwärtigung einiger grundlegender Elemente von Authentizität in diesem Kontext wichtig und ein guter Ausgangspunkt für weitere Überlegungen in dieser Richtung zu sein. Ob sich das Modell der hier vorgeschlagenen Authentizitätskriterien in solch einer Form bewährt, ob es um weitere Kriterien ergänzt, in kleinteiligere aufgesplittet oder ganz verworfen werden muss, wird erst die Weiterentwicklung des Gedankengangs auf Basis von vergleichenden Einzelfallstudien an Spielen aus verschiedenen Genres und mit verschiedenen Referenzrahmen zeigen. Nur im Rahmen solcher kleinteiliger Studien ist auch die detaillierte Betrachtung einzelner Gameplay-Mechaniken, grafischer Darstellungen, Eingabeinterfaces etc. und deren Auswirkungen auf die Dimension der Glaubwürdigkeit möglich. Ich hoffe, im Rahmen dieses ersten gedanklichen Zugangs zum Thema der Authentizität im Computerspiel zum Durchführen solcher Studien angeregt zu haben – unabhängig davon, ob sie dem Geist der Zustimmung oder des Widerspruchs entspringen.

Quellenverzeichnis

Bibliografie

ADORNO, THEODOR W. (1958): *Philosophie der neuen Musik.* Frankfurt a. M.: Europäische Verlagsanstalt.

BERG, JAN (2001), „Techniken der medialen Authentifizierung Jahrhunderte vor der Erfindung des ‚Dokumentarischen‘“, in: HOFFMANN, KAY; KEITZ, URSULA VON (Hrsg.): *Die Einübung des dokumentarischen Blicks.* Marburg: Schüren, S. 51–70.

DROSDOWSKI, GÜNTHER (Hrsg.) (1997): *Duden – Das Fremdwörterbuch* (6. Auflage). Mannheim: Brockhaus.

EITZEN, DIRK (1998), „Wann ist ein Dokumentarfilm? Der Dokumentarfilm als Rezeptionsmodus", in: *montage/av*, 1998, Ausgabe 7/2/1998 , S. 13–44.

HATTENDORF, MANFRED (1999): *Dokumentarfilm und Authentizität : Ästhetik und Pragmatik einer Gattung* (2. Auflage). Konstanz: UVK Medien.

KASPER, WALTER (Hrsg.) (1993): *Lexikon für Theologie und Kirche (Erster Band)*. Freiburg/Basel/Rom/Wien: Herder.

KLUGE, FRIEDRICH; SEEBOLD, ELMAR (2011): *Etymologisches Wörterbuch der deutschen Sprache* (25. Auflage). Berlin/Boston: De Gruyter.

MARCUSE, HERBERT (1968): *Kritik der reinen Toleranz*. Frankfurt a. M.: Suhrkamp.

MEYER, UWE; REGENBOGEN, ARNIM (Hrsg.) (2005): *Wörterbuch der philosophischen Begriffe*. Hamburg: Meiner.

MÜLLER, JÜRGEN E. (2009): „Remediationen in sekundären (und primären) Welten. Zur gattungsspezifischen Paratextualität digitaler Spiele", in: GWOZDZ, ANDRZEJ (Hrsg.): *Film als Baustelle : Das Kino und seine Paratexte*. Marburg: Schüren, S. 273–287.

PFEIFER, WOLFGANG (Hrsg.) (1989): *Etymologisches Wörterbuch des Deutschen*. Berlin: Akademie Verlag.

RITTER, JOACHIM (Hrsg.) (1971): *Historisches Wörterbuch der Philosophie (Band 1)*. Basel: Schwabe Verlag.

SANDKÜHLER, GUNNAR (2009), „Der zweite Weltkrieg im Computerspiel. Ego-Shooter als Geschichtsdarstellung zwischen Remediation und Immersion", in: MEYER, ERIK (Hrsg.): *Erinnerungskultur 2.0 : Kommemorative Kommunikation in digitalen Medien*. Frankfurt a. M.: Campus, S. 55–65.

STRUB, CHRISTIAN (1997), „Trockene Rede über mögliche Ordnungen der Authentizität", in: BERG, JAN; HÜGEL, HANS OTTO; KURZENBERGER, HAJO (Hrsg.): *Authentizität als Darstellung*. Hildesheim: Universitätsverlag, S. 7–17.

Ludografie

GOODRICH, GREG (1999): *Medal of Honor*. Dreamworks Interactive; Electronic Arts. System: Sony PlayStation.

HOWARD, TODD (2011): *The Elder Scrolls V: Skyrim*. Bethesda Softworks. System: PC, Sony PlayStation 3, Microsoft Xbox360.

JOHNSON, JOHN (2006): *Company of Heroes*. Relic Entertainment, THQ. System: PC.

LUCAS, GEORGE; WILLIAMS, CHRIS (2005): *Star Wars: Republic Commando*. Lucas Arts; Activision. System: PC.

MACDONALD, RYAN (2009): *Killzone 2*. Guerilla Games, Sony Computer Entertainment. System: Sony PlayStation 3.

MACHIGUCHI, HIROYASU; TANAKA, FAMIAKI (1999): *Silent Scope*. Konami; Konami. System: Arcade, Sony PlayStation 2, Sega Dreamcast.

MALMBERG, FREDRIK (2002): *Hearts of Iron*. Paradox Interactive; Koch Media. System: PC.

MARTEL, BRIAN; PITCHFORD, RANDY (2008): *Brothers in Arms: Hell's Highway*. Gearbox Software; Ubisoft. System: PC, Sony PlayStation 3, Microsoft Xbox360.

MISHIMA, YOYOJI (2006): *Ōkami*. Clover Studios, Capcom. System: Sony PlayStation 2, Nintendo Wii.

NORMAN, CARL (2001): *IL-2 Sturmovik*. 1C:Maddox Games; Ubisoft. System: PC.

PITCHFORD, RANDY (2005): *Brothers in Arms: Road to Hill 30*. Gearbox Software; Ubisoft. System: PC, Sony PlayStation 2, Microsoft Xbox.

RAYMOND, JADE (2007): *Assassin's Creed*. Ubisoft Montral; Ubisoft. System: PC, Sony PlayStation 3, Microsoft Xbox360.

RYAN, RICK (2002): *Halo: Combat Evolved*. Bungie Studios, Microsoft Game Studios. System: Microsoft Xbox, PC.

TANG, MARGARET (2008): *Call of Duty: World at War*. Treyarch; Activision. System: PC, Sony PlayStation 3, Microsoft Xbox360.

VINUKUROV, VICTOR (2000): *Sudden Strike*. Fireglow Games; CDV Software Entertainment. System: PC.

ZAMPELLA, VINCE (2003): *Call of Duty*. Infinity Ward; Activision; System: PC.

Abbildungsverzeichnis

Autorenverzeichnis

Daniel Appel, Jg. 1986, B.A., studiert Philosophie, Kultur und Politikwissenschaften an der Leibniz Universität Hannover und der Stiftung Universität Hildesheim.

Neben seinem Engagement in den Game Studies liegen seine Arbeitsschwerpunkte in der Philosophie in den Bereichen normative Ethik und Geschichte der Philosophie.

Eine weitere Veröffentlichung mit dem vorläufigen Arbeitstitel „Der klassische Utilitarismus im Kontext seiner zeitgeschichtlichen Entstehungsbedingungen" befindet sich in Vorbereitung.

Kontakt: daniel.appel@uni-hildesheim.de

Markus Engelns, Jg. 1983, ist Doktorand und Rektoratsstipendiat der Universität Bielefeld. Derzeit arbeitet er an der Fertigstellung seines Dissertationsprojektes „Inszeniertes Erzählen. Eine Typologie der narrativen Realisierungen des Computerspiels", betreut von Prof. Dr. Rolf Parr (Duisburg-Essen) und Prof. Dr. Tanja Nusser (Cincinnati). Darüber hinaus ist er in der Comicforschung tätig.

Kontakt: markus.engelns@uni-bielefeld.de

Letzte Veröffentlichungen:

ENGELNS, MARKUS (2012): „„[E]ine Literatur der [...] Verbindungen'. Comics als interdiskursive Erzählungen über Medien", in: BRUNKEN, OTTO (Hrsg.): *Erzählen im Comic*. Bochum: Christian A. Bachmann Verlag, erscheint 2012.

ENGELNS, MARKUS (2010): „Mediation von Faschismus- und Opferrollen oder: Warum konnte Superman rein gewaschen werden?", in: *kultuRRevolution. zeitschrift für angewandte diskurstheorie*, 2008, Ausgabe 58, S. 30–36.

Christian Huberts, Jg. 1982, Dipl.-Kulturwiss., ist zzt. wiss. Mitarbeiter am Institut für Medien und Theater der Universität Hildesheim. Außerdem schreibt er für wissenschaftliche Publikationen und Kulturmagazine über die Partizipation an virtuellen Welten.

Kontakt: info@christianhuberts.de

Letzte Veröffentlichungen:

HUBERTS, CHRISTIAN (2010): *Raumtemperatur. Marshall McLuhans Kategorien „heiß" und „kalt" im Computerspiel*. Göttingen: Blumenkamp.

HUBERTS, CHRISTIAN (2011): „Zwischen 1 und 0. Der romantische Konflikt zwischen realen und virtuellen Welten", in: INDERST, RUDOLF THOMAS; JUST, PETER (Hrsg.): *Contact · Conflict · Combat. Zur Tradition des Konfliktes in digitalen Spielen*. Boizenburg: Verlag Werner Hülsbusch, S. 33–42.

Rudolf Thomas Inderst, Jg. 1978, Dr. phil., studierte Politikwissenschaften, Neuere und Neuste Geschichte sowie Amerikanische Kulturgeschichte in München und Kopenhagen. Anschließend promovierte er am Amerika-Institut der Ludwig-Maximilians-Universität in München zum Thema „Vergemeinschaftung in MMORPGs".

Er arbeitet als Ressortleiter Digitale Spiele für das *TITEL-Kulturmagazin*, spielt aktiv seit 1986 und kam mit seinem Lieblingsgenre 1992 zum ersten Mal in ludisch-erotisierende Berührung: „Eva, auf Wiedersehen!".

Kontakt: splattertainment@gmail.com

Letzte Veröffentlichungen:

INDERST, RUDOLF THOMAS (2012) „Von der Sehnsucht nach der Möglichkeit der besten aller Welten. Gemeinschaftsbildung in Massively Multiplayer Online Role-Playing Games-Gilden", in: BRINCKEN, JÖRG VON; KONIETZNY, HORST (Hrsg.) *Emotional Gaming. Gefühlsdimensionen des Computerspielens*. München: epodium Verlag, S. 107–119.

INDERST, RUDOLF THOMAS; JUST, PETER (Hrsg.) (2011): *Contact · Conflict · Combat. Zur Tradition des Konfliktes in digitalen Spielen*. Boizenburg: Verlag Werner Hülsbusch.

Andreas Koch, Jg. 1989, studiert derzeitig im Bachelorstudiengang Kulturwissenschaften und ästhetische Praxis an der Stiftung Universität Hildesheim. Derzeitig arbeitet er an einigen wissenschaftlichen Publikationen mit.

Kontakt: andyinthehouse@vr-web.de

Maren Lachmund, Jg. 1987, B.A., studiert Philosophie – Künste – Medien an der Stiftung Universität Hildesheim. Nachdem sie in ihrer Bachelorarbeit die „Freiheit im Spiel" untersucht hat, arbeitet sie derzeit an einer Masterarbeit zum Thema „Sex und Sprache. Performativität in Alltag und Kunst". Des Weiteren arbeitet sie an (kultur-) journalistischen und literarischen Veröffentlichungen (inhaltliche Schwerpunkte Gender Studies und Medienwissenschaften) mit. Sie ist außerdem in Grafikdesign, Buchgestaltung und Satz für diverse wissenschaftliche Publikationen tätig.

Kontakt: marenlachmund@yahoo.de

Artur M. Pakosch, Jg. 1986, B.A., studiert im Masterstudiengang Medienwissenschaften an der Universität Bonn. Er ist außerdem als studentischer Mitarbeiter bei dem Nachrichtensender *Phoenix* tätig.

Kontakt: s5arpako@uni-bonn.de

Tim Raupach, Jg. 1977, Dr. phil., Diplom-Kulturwissenschaftler, ist zzt. Lehrkraft für besondere Aufgaben am Institut für Medienwissenschaften der Philipps-Universität Marburg.

Kontakt: t.raupach@yahoo.de

Sebastian Standke, Jg. 1988, B.A., studierte von 2008 bis 2011 Kulturwissenschaften und ästhetische Praxis und ab 2011 Inszenierung der Künste und Medien mit dem Fokus auf Medien und Populäre Kultur an der Stiftung Universität Hildesheim. Sein Forschungsschwerpunkt in den Game Studies liegt in der Computer-SpielerInnen-Kultur.
Derzeit erarbeitet er für seine Masterarbeit ein Reenactment von Klaus Kinskis „Jesus Christus Erlöser".

Kontakt: Sebastian_Standke@gmx.de

Ricarda Tesch, Jg. 1989, studiert seit 2009 an der Stiftung Universität Hildesheim Kreatives Schreiben und Kulturjournalismus mit Medien im Nebenfach.

Kontakt: ricarda.tesch@t-online.de

Letzte Veröffentlichung:
TESCH, RICARDA (2010): „Johanna", in: BERNING, JAN et al. (Hrsg.): *fünfundzwanzig*. Hildesheim: Edition Pächterhaus, S. 45–54.

Oskar Hendrik Voretzsch, Jg. 1985, B.A., studierte von 2008 bis 2011 Kulturwissenschaften und ästhetische Praxis mit Hauptfach Medien und Nebenfach Kunst an der Stiftung Universität Hildesheim. Nach dem Abschluss wechselte er an die Hochschule für Technik und Wirtschaft Berlin und studiert dort im Masterstudiengang Museumsmanagement und -kommunikation.

Philipp Winkler, Jg. 1986, studiert seit 2009 Kreatives Schreiben und Kulturjournalismus an der Stiftung Universität Hildesheim. Er lebt und schreibt in Hildesheim und Leipzig.

Letzte Veröffentlichungen:
WINKLER, PHILIPP (2010), „Batista", in: BERNING, JAN et al. (Hrsg.): *fünfundzwanzig*. Hildesheim: Edition Pächterhaus, S. 27–32.
WINKLER, PHILIPP (2011), „Derbymentalität", in: HERBING, ALINA et al. (Hrsg.): *Landpartie 2011*. Hildesheim: Edition Pächterhaus, S. 167–171.

Christof Zurschmitten, Jg. 1982, Studium der Germanistik, Geschichte und Medienwissenschaft in Bern und Berlin. Arbeitet als Assistent an der Pädagogischen Hochschule Bern und schreibt an einer Dissertation zum Thema „Intermediale Relationen zwischen (ludischer) Literatur und Computerspiel". Zudem tätig als freier Journalist für diverse Print- und Online-Magazine und Blogger auf www.gotohaneda.com.

Kontakt: christof.zurschmitten@gmail.com

Letzte Veröffentlichung:
ZURSCHMITTEN, CHRISTOF (2011), „Zwischen Zerfall und Zelebrierung, Film und Spiel. Amanita Design", in: INDERST, RUDOLF THOMAS; JUST, PETER (Hrsg.): *Contact · Conflict · Combat. Zur Tradition des Konfliktes in digitalen Spielen*. Boizenburg: Verlag Werner Hülsbusch, S. 133–144.

Weitere Titel aus dem vwh-Verlag (Auszug; Stand: Juli 2013)

Reihe „Game Studies"

J. Pacher: Game. Play. Story?
2007, 27,90 €, ISBN 978-3-940317-10-0

H. Witzmann: Game Controller
2007, 25,90 €, ISBN 978-3-940317-14-8

S. Schwingeler: Die Raummaschine
2008, 28,90 €, ISBN 978-3-940317-24-7

T. Rittmann: MMORPGs als virtuelle
Welten 2008, 26,50 €, 978-3-940317-20-9

B. Rapp: Selbstreflexivität im Computerspiel 2008, 32,90 €, 978-3-940317-35-3

R. Seda: Interactive Storytelling
im Computerspiel
2008, 35,90 €, ISBN 978-3-940317-33-9

M. Mosel (Hg.): Gefangen im Flow?
2009, 29,90 €, ISBN 978-3-940317-37-7

A. Stoll: „Killerspiele" oder E-Sport?
2009, 28,90 €, ISBN 978-3-940317-42-1

J. Sieck/M. A. Herzog (Hg.): Serious
Games 2009, 30,90 €, 978-3-940317-47-6

R. T. Inderst:
Vergemeinschaftung in MMORPGs
2009, 34,90 €, ISBN 978-3-940317-50-6

A. Beyer/G. Kreuzberger (Hg.):
Digitale Spiele – Herausforderung und
Chance 2009, 32,50 €, 978-3-940317-04-9

M. Mayer: Warum leben, wenn man
stattdessen spielen kann?
2009, 36,90 €, ISBN 978-3-940317-54-4

D. Pietschmann: Das Erleben virtueller
Welten 2009, 28,90 €, 978-3-940317-44-5

R. T. Inderst/D. Wüllner:
10 Fragen zu Videospielen
2009, 22,90 €, ISBN 978-3-940317-56-8

A. Tolino: Gaming 2.0 –
Computerspiele und Kulturproduktion
2010, 44,90 €, ISBN 978-3-940317-66-7

K.-M. Behr: Kreativer Umgang mit
Computerspielen
2010, 31,50 €, ISBN 978-3-940317-75-9

G. Werdenich: PC bang, E-Sport und
der Zauber von StarCraft
2010, 25,90 €, ISBN 978-3-940317-74-2

R. T. Inderst/P. Just (Hg.):
Contact · Conflict · Combat
2011, 29,90 €, ISBN 978-3-940317-89-6

M. Mosel: Deranged Minds
2011, 27,90 €, ISBN 978-3-940317-96-4

M. Breuer: E-Sport – eine Markt- und
ordnungsökonomische Analyse
2011, 31,90 €, ISBN 978-3-940317-97-1

B. Sterbenz: Genres in Computerspielen – eine Annäherung
2011, 24,50 €, ISBN 978-3-940317-99-5

S. Felzmann: Playing Yesterday
Mediennostalgie im Computerspiel
2012, 22,50 €, ISBN 978-3-86488-015-5

M. Breuer (Hg.): E-Sport – Perspektiven aus Wissenschaft und Wirtschaft
2012, 26,90 €, ISBN 978-3-86488-026-1

R. T. Inderst/P. Just (Hg.):
Build 'em Up – Shoot 'em Down
Körperlichkeit in digitalen Spielen
2013, 35,90 €, ISBN 978-3-86488-027-8

Reihe „Web 2.0"

T. Seeber: Weblogs – die 5. Gewalt?
2008, 25,50 €, ISBN 978-3-940317-23-0

J. Moskaliuk (Hg.): Konstruktion und
Kommunikation von Wissen mit Wikis
2008, 27,50 €, ISBN 978-3-940317-29-2

J. L. Brinning: Persönliches Publizieren
im Web 2.0 Zur Herausbildung dyna-
mischer Öffentlichkeitssphären und publi-
zistischer Vielfalt
2008, 27,50 €, ISBN 978-3-940317-32-2

F.-R. Habbel/A. Huber (Hg.): Web 2.0
für Kommunen und Kommunalpolitik
2008, 27,50 €, ISBN 978-3-940317-36-0

A. Hutter: Watchblogs: Medienkritik
2.0? 2009, 27,90 €, 978-3-940317-12-4

M. Mara: Narziss im Cyberspace
Zur Konstruktion digitaler Selbstbilder auf
der Social Network Site *studiVZ*
2009, 27,90 €, ISBN 978-3-940317-46-9

R. Stephan: Cyber-Bullying in sozialen
Netzwerken Maßnahmen gegen Internet-
Mobbing am Beispiel von *schülerVZ*
2010, 20,90 €, ISBN 978-3-940317-64-3

H. Frohner: Social Tagging
2010, 26,90 €, ISBN 978-3-940317-03-2

R. Bauer: Die digitale Bibliothek von
Babel Über den Umgang mit
Wissensressourcen im Web 2.0
2010, 26,90 €, ISBN 978-3-940317-71-1

J. Jochem: Performance 2.0
Zur Mediengeschichte der Flashmobs
2011, 24,90 €, ISBN 978-3-940317-98-8

G. Franz: Die vielen Wikipedias
Vielsprachigkeit als Zugang zu einer
globalisierten Online-Welt
2011, 27,50 €, ISBN 978-3-86488-002-5